贪婪的游戏

金融投机100年

Torsten Dennin

[德] 托斯滕·丹宁 著 张 翎 译

GAMES OF GREED
EXCESS, HUBRIS, FRAUD, AND THEFT ON MAIN STREET AND WALL STREET

浙江人民出版社

Games of Greed: Excess, Hubris, Fraud, and Theft on Main Street and Wall Street

Original English Language Edition Copyright © Torsten Dennin, 2023

Simplified Chinese rights arranged by Cristina Prepelita Chiarasini, through Peony Literary Agency, www.agencelitteraire-cgr.com.

Simplified Chinese Translation Copyright © Zhejiang People's Publishing House, CO., LTD, 2025.

All Rights Reserved.

浙江省版权局
著作权合同登记章
图字：11-2023-198

图书在版编目（CIP）数据

贪婪的游戏：金融投机100年／（德）托斯滕·丹宁著；张翎译. -- 杭州：浙江人民出版社，2025.8.
ISBN 978-7-213-11951-4

Ⅰ．F830.91

中国国家版本CIP数据核字第2025841K6R号

贪婪的游戏：金融投机100年
TANLAN DE YOUXI : JINRONG TOUJI 100 NIAN
［德］托斯滕·丹宁 著　张 翎 译

出版发行：	浙江人民出版社（杭州市环城北路177号　邮编　310006） 市场部电话：（0571）85061682　85176516
责任编辑：	齐桃丽　孙汉果
策划编辑：	孙汉果
营销编辑：	张紫懿
责任校对：	陈　春
责任印务：	幸天骄
封面设计：	天津北极光设计工作室
电脑制版：	董　董
印　　刷：	杭州丰源印刷有限公司
开　　本：	710毫米×1000毫米　1/16　　印　张：17.25
字　　数：	226千字　　插　页：2
版　　次：	2025年8月第1版　　印　次：2025年8月第1次印刷
书　　号：	ISBN 978-7-213-11951-4
定　　价：	68.00元

如发现印装质量问题，影响阅读，请与市场部联系调换。

《贪婪的游戏：金融投机100年》好评

贪婪与恐惧，是股市的两大情绪驱动力。托斯滕·丹宁深挖金融投资丑闻，揭示贪婪是如何一步步诱使投资者深陷泥潭，进而令投资者难以自拔的。本书对个人投资者意义重大，因为它可以时刻让人们警醒，不要重蹈他人覆辙。

——迈克尔·费伯（Michael Ferber）

《新苏黎世报》记者

书中所述内容，简直就是现实版的惊悚大片！

——弗兰克·迈耶（Frank Meyer）

德国新闻电视台记者

翻开这本书，让我们彻底看清什么是人类贪婪的无底深渊。

——弗洛里安·霍弗（Florian Hofer）

刚读完托斯滕·丹宁的《商品投机400年：从郁金香到比特币》，我就盼着他的新作问世了。这本新书再次让我见识到贪婪是多么的可怕。

——记者弗塞沃洛德·伯恩斯坦（Vsevolod Bernstein）

本书内容震撼人心，作者用文字揭示了贪婪这种情绪力量的异常强大之处：它能让投资者无视道德与法律，铤而走险。本书提醒每一位投资者，切莫让情绪控制理智。

——作家兼记者杰西卡·施瓦泽（Jessica Schwarzer）

这本书详尽记录了许多重大金融丑闻，且全部为真实事件，读来令人惊心动魄。托斯滕·丹宁文笔了得，这本书写得真棒！

——拉尔夫·弗利尔（Ralf Flierl）
《精明的投资者》主编

托斯滕·丹宁的新作再次揭露了全球金融投资的阴暗面。书中直击庞氏骗局，曝光金融市场上的各种流氓行为，令人性贪婪尽显无遗。希望有更多人阅读此书，以防未来上当受骗。

——马克·弗里德里希（Marc Friedrich）
畅销书《史上最大投资机会》作者

丹宁博士独具慧眼。他既洞悉了经济活动的纷繁复杂，又能以通俗易懂的方式，将金融骗局剖析得淋漓尽致，实属难得！

——克劳斯·马蒂尼（Klaus Martini）
德国巴登-符腾堡州银行

这是一本必读佳作！托斯滕·丹宁在书中细论亚当·斯密的利己主义与贪婪之别，阐明贪婪滋生之环境。尤为难能可贵的是，他洞见到贪婪不只是个人性格问题，更与社会制度息息相关。

——乌里奇·斯蒂芬（Urich Stephan）
德意志银行股份公司

从书名就能看出，这本书描写的是惊天骗局、阴谋诡计、巨额欺诈、奢侈生活以及不可一世的自大狂等内容。丹宁在深入调研的基础上，巧妙融合进金融实战经验，从而令本书读来妙趣横生！

——比约恩·耶施（Björn Jesch）

德国DWS资产管理公司

历史没有假设，却显然有演进的规律。托斯滕以生动笔触，细数人类历史上的各种贪婪故事始末。我极力推荐这本书！

——彼得·博森伯格（Peter Bösenberg）

法国兴业银行

一本不可多得的好书。本书不仅让读者深刻领略到白领犯罪的可怕之处，也昭示出如此行径在社会中没有未来。

——克里斯蒂安·特里克斯（Christian Trixl）

东方汇理资产管理公司

这是一本必读书。丹宁用妙趣横生的语言，细数了20世纪以来的各种金融丑闻。

——戴维·昆兹（David Kunz）

瑞士伯尔尼证券交易所首席运营官

在《贪婪的游戏：金融投机100年》中，托斯滕·丹宁讲述了众多金融投资丑闻，并深挖出造成这些丑闻的根源。他洞悉内幕、还原真相，令此书熠熠生辉，值得一读。

——德克·斯皮格尔（Dirk Spiegel）

阿维拉律师事务所合伙人

教育至关重要！书中强调，了解历史与过往错误可以避免重蹈覆辙。同时，紧跟时代步伐、重视技术进步，亦是教育不可或缺的一环。

——西纳·迈耶（Sina Meier）

21Shares交易平台

阅读托斯滕·丹宁的新书，能让我们了解贪婪是如何让人丧失理智的。当然，我们在投资之时也绝不应该带着恐惧。应做好功课，宠辱不惊。

——约亨·施泰格（Jochen Staiger）

瑞士资源资本股份公司总裁

托斯滕全面总结了由贪婪导致的金融丑闻案例。作为专业投资人，我力荐此书，希望该书能助您在未来投资中辨识风险。

——帕斯卡·里恩（Pascal Riehn）

汉堡Pinechip资本

此书讲述的贪婪故事，真是扣人心弦，直击要害。本书全面再现史上金融骗局风云，阅读时既享受又震撼。

——斯特凡·贝林格博士（Dr. Stefan Behringer）

卢塞恩应用科技大学教授

本书全面回顾了恐惧和贪婪对人的影响机制。这项基础工作永无止境，对今天及未来的投资管理者尤为重要。

——蒂莫·齐默尔曼博士（Dr. Timo Zimmerman）

美国国际管理大学教授

本书将带你领略惊心动魄的金融奇观。

——马丁·乌齐克博士（Dr. Martin Uzik）

德国柏林经济法律大学教授

投资非坦途，成功非必然。在投资成功的兴奋之余，吸取失败的教训也很关键。此书引人入胜，更使人深思！

——安德里亚斯·布洛克博士（Dr. Andreas Block）

苏黎世应用科学大学

本书是投资者的好帮手，可以教你如何避免一败涂地。

——菲利普·杜宾（Philip Dubin）

睿盛银行集团

金钱滋生贪婪。市场中的逐利者与梦想暴富的人很容易深陷其中。毫无戒心地去投资，多半会以泪收场。托斯滕的新书以趣笔勾勒出近年金融骗局的全貌，为我们敲响警钟。

——马蒂厄·派伦特（Mathieu Parent）

瑞士信贷银行高级投资组合经理

此书引人入胜，是金融从业者的必读佳作。

——凯·霍夫曼（Kai Hofmann）

腾飞金融创始人兼总裁

献给奥雷莉亚和阿莉娜

我以为你已经笨到家了,
没想到你还能做出这种事……
——罗伊·克里斯玛特(Lloyd Christmas)
金·凯瑞(Jim Carrey)饰
电影《阿呆与阿瓜》台词

我们的贪婪和愚蠢并没有减少。
——斯蒂芬·霍金(Stephen Hawking)

序

很多年前，当我开始研究恐惧和焦虑时，曾先入为主地认为：在某种程度上恐惧和贪婪是对立的。但后来随着研究的深入，我发现实际上两者区别并不明显。恐惧会激发我们强烈的回避反应，使我们急于摆脱那些令我们害怕的事物或情境；而贪婪则表现为一种极端的趋向行为，即对于我们渴望的，我们总是欲求不满，仿佛永远没有止境。尽管表面上看来二者截然不同，但从动机角度深入分析，实际上贪婪和恐惧存在颇多相似之处。

恐惧是一种情绪，也是一种与生俱来的对危险性事物产生的应激反应。它是人类进化出的一大优势。为什么这么说呢？因为当人类面临威胁时，恐惧会迅速触发强烈的生理反应，进而激活全身机能：心跳加速、呼吸急促、血压升高、肌肉紧绷，准备随时做出应对——无论是搏斗还是逃命皆是如此。设想一下，如果一个人在加拿大的森林中偶遇一只危险的熊，且必须立即做出决策以保全自己：他是会拔腿就跑？还是留在原地，勇敢地与熊对峙？又或者会装死，静观其变？显然，恐惧是一种不可或缺的生存体验，它驱使我们的身体做出必要的生理反应，而这些反应正是我们在自救时所需要的。

这种体验固然很重要，但仍存在着很大弊端：我们的身体是无法分辨恐惧的真假的。因为，我们无论是客观上身临险境，还是主观上感到危险，恐惧所引发的生理反应都是完全相同的。而且从认知角度看，面对不确定性问题时，即便不存在明显威胁，我们对客观情况的主观解读也会引发内心恐惧，进而导致相应的生理反应。有许多恐惧症正是基于此而形成，比如蜘蛛恐惧症、幽闭恐惧症、广场恐惧症、恐高症等。这些焦虑全部源自错误认知。也就是说，病人认为蜘蛛、狭小空间、拥挤的广场和较高的地方是危险的，甚至是会危及生命的。这就是我们所说的非理性认知，它与现实存在一定偏差：蜘蛛在大多数情况下都不会致命，很高或很狭小的地方也不会致命。但是，如果一个人坚持认为这些非理性认知是正确的，那么这些客观上无害的情况就同样会引发此人心中的恐惧，从而导致强烈的回避行为。此外，由于预期的危险并未出现，这种回避行为反倒会让这个人进一步认为危险是真正存在的，而恐惧感也会因回避行为而得到暂时缓解。这种所谓的"操作性强化"最终会形成一个恶性循环，导致一个人在没有真实危险的情况下，仍然处于恐惧之中。

以上提到的这种心理机制，同样适用于贪婪。更确切地讲，同样适用于贪得无厌之人。贪婪是由非理性认知产生的幻想，而这种幻想往往过于乐观。当出现可能获利机会时，有些人便会认为，这是一辈子只有一次的机会，从而产生一种强烈快感。反过来，这种快感也激活了一些机体功能，时刻准备做出迅速反应。只不过，贪婪引发的不是回避行为，而是强烈的趋向性行为。这种趋向性，本质上也是一种条件反射，且几乎无法抑制。此外，由于趋向性行为能获得利润和金钱上的回报，因此同样会产生"操作性强化"的效果。众所周知，间歇性奖励，也就是时而赢、时而输，对于训练趋向性行为非常有效。如赌博赌上瘾了，就属于这种情况。另外，贪婪也可能会形成恶性循环。恐惧和贪婪都能让一个人深陷其中，无法自拔。

托斯滕·丹宁在书中通过真实发生的一个个案例，深刻地阐述了"贪婪无底洞，登高必跌重"的道理。这不禁让人联想到古希腊神话中,伊卡洛斯因过度追求飞翔的高度而最终坠入大海的悲惨故事。在当今这个金融局势紧张、自然资源日益枯竭的时代,托斯滕·丹宁对贪婪的深刻剖析,无疑为世人敲响了警钟。

阿努克·范登·博加德博士[1]

---

[1] 阿努克·范登·博加德博士(Dr. Anouk Vanden Bogaerde),比利时根特大学教授,专注于认知行为疗法,研究重点为恐惧和焦虑的潜在机制。有自己的诊所,擅长治疗焦虑和恐惧症。

目 录
CONTENTS

引言　　　／ 001

第一章　　富人的警钟：巴拿马文件、潘多拉文件等被曝光 ／ 009
第二章　　麦道夫诈骗案：史上最大庞氏骗局 ／ 024
第三章　　牛仔资本主义：马夫罗季的MMM骗局 ／ 041
第四章　　贪得无厌：安然公司破产案 ／ 051
第五章　　魔鬼交易员：奇人、高手还是罪犯 ／ 068
第六章　　拉斯维加斯：赌城风云 ／ 086
第七章　　巴西石油：南美最大贪腐案 ／ 100
第八章　　追逐"独角兽"：一滴血的骗局 ／ 113
第九章　　无价之宝：史上最大名画失窃案 ／ 127
第十章　　华尔街之魂：戈登·盖柯和乔丹·贝尔福特 ／ 141

第十一章　国家腐败：一马发展基金丑闻　/ 161

第十二章　肮脏的财富：爱泼斯坦与"萝莉岛"　/ 177

第十三章　弗莱音乐节：眼高手低的富二代　/ 196

第十四章　币圈骗局：加密货币与比特币　/ 209

致谢　/ 231

扩展阅读　/ 233

书籍和电影推荐　/ 249

后记　/ 255

引言

有三种强大力量统治着这个世界：愚蠢、恐惧和贪婪。

——阿尔伯特·爱因斯坦

恐惧和贪婪是两种强大的情绪驱动力量。想想你是否也经历过那种"害怕错过机会"的恐惧，或是期待一夜暴富的贪婪，相信就能明白我为什么会这么说了。没错，我们都希望过上更好的生活，吃更好的食物，有更多时间旅行，开更豪华的车，住更宽敞的房。而且，电视和社交媒体也在不断为我们展现有钱人和明星的生活，不断为我们的幻想提供素材：房子、车子、游艇、私人飞机和豪宅。这一切怎能叫人不心动！

如果你在谷歌上搜索关于"贪婪"的图片，便会看到许多手握大把钞票的暴发户形象——其中大部分还都是上了年纪的白人。在我们的理解中，贪婪就是一种对拥有"更多"的渴望。且这种渴望难以抗拒、永无止境。没错，贪婪就像上瘾一样，是永无止境的。当然，我们也可以说钱多总比钱少好。

宗教哲学中的贪婪：从头等重罪到社会效益

在大多数宗教哲学中，拜金主义和贪婪都是被明令禁止的。

如佛教徒认为，欲望会蒙蔽人的思想，令人难以开悟；印度教徒借助《薄伽梵歌》中克里希纳神的口说出，贪婪具有巨大破坏力，是罪恶的温床；伊斯兰教则通过《古兰经》告诫大家要警惕贪婪，即穆斯林不仅不可囤积大量财物，还应该将钱财分发给有需要的人。即便是今天，穆斯林依然不允许通过借钱并收取利息的方式赚钱。

除以上这些宗教外，基督教也有相同的禁令。历史上，基督教会在很长一段时间禁止基督徒从事有息放贷。后来，这条禁令逐渐放宽，并最终演变成禁止放高利贷。

但是，为了维持经济的运转，中世纪的欧洲还是需要有人做这件事。当时，人们认为犹太人只配去干那些基督徒视为罪恶的工作，所以犹太人便干起了这种遭人恨的事情。不过，犹太法典《塔木德》也告诫犹太教徒，贪婪是一种永无止境的欲望，是无法给人带来幸福的。[1]

在天主教的"十诫"中，第十条戒律是"不要贪图他人的钱财"。贪婪又称贪财、贪心、妄羡，与色欲和暴食一样，都是罪恶的欲望。590年，教皇格列高利一世总结了"七宗罪"和"七美德"。七宗罪，又称"七大原罪""七罪宗"等，在罗马天主教中属于头等重罪，代表对上帝（天主）旨意的违背。中世纪神学家托马斯·阿奎纳（Thomas Aquinas）认为，七宗罪是所有罪恶的根源，具有极大危害性。意大利诗人但丁则将七宗罪中的多数罪行定义为对某些事物"歪曲或腐化的爱"，如色欲、暴食和贪婪都是对美好事物的过度或病态之爱，而懒惰则是对爱的缺乏。而这些重罪都与傲慢有关，因此，傲慢被贴上了"众罪之源"的标签。

---

1 贪财的人是永远不会知足的。——《传道书》

但随着时间的推移，天主教内部还是滋生出了各种问题。最终腐败、贪婪以及神职人员的糜烂生活，成为16世纪初爆发欧洲宗教改革运动的导火索。对于此种乱象，伊拉斯谟、茨温利、路德和加尔文等宗教改革家对天主教会进行了强烈抨击。在多次冲突和斗争后，罗马教会出现大分裂，最终新教从天主教中分离了出去。其中，新教发展出了相对物质主义的人生观，认为成功和勤奋的人受到上帝眷顾，是天选之子。而这，也为资本主义萌芽的出现做好了准备。

不久，启蒙运动的出现、第一次工业革命和科学技术的发展，都大大削弱了宗教的影响力和统治地位。1776年，古典经济学的奠基人之一亚当·斯密在总结了中世纪思想体系后提出，追求个人利益是实现经济繁荣的最佳途径。他认为，人类对金钱、成功或名声的渴望，是改进产品、持续创新和参与竞争的强大动力。也就是说，贪婪能驱使人们不断努力，因为只要努力就能获得回报。如果没有回报，也就失去了工作的意义。可见，经过几个世纪的演变，贪婪的概念已经完全转变了。它不再是人们心中的头等重罪，反而成为一种促进社会经济效益的动力。

从理性人假说到神经经济学

现代经济学关注的是人们如何赚钱、如何花钱以及经济如何运行、经济活动如何开展等问题。几十年前，正是现代经济学的出现，摧毁了过去人们认为正确的理性人假说。理性人假说认为，一个人永远有能力在经济活动中做出理性决策。

时至今日，许多金融和经济模型仍以理性人假说为基础，即认为人在经济活动中是理性的，会努力追求货币收益及其他形式的利益最大化。可惜的是，虽然时至今日，各种各样复杂的数学模型层出不穷，却仍没有一个模型能真正解释股票或其他资产毫无规律的价格波动。实际上，金融从业者深知在贪婪和恐惧等情绪影响下，人们往往会出现非理性行为,进而导致投机泡沫或价格崩盘。这些现象均与理性人假说相悖。

凯恩斯曾说过,贪婪和恐惧同属"动物精神"(animal spirits),都能对经济和金融市场的未来走向产生深刻影响。而且他还认为"动物精神"是一种能影响所有人类经济活动的情绪——从消费者信心到买卖决策,不一而足。

与有规律可循的自然科学不同,金融学和经济学属于社会科学,其发展需要借助其他学科(尤其是心理学)研究方能登顶。

例如英国演化生物学家理查德·道金斯(Richard Dawkins)的名作《自私的基因》,不仅影响了生物学,还衍生出进化经济学这个分支。由此可见,生物进化论、心理学研究都对现代经济和金融理论的发展有重要影响。

进化经济学诞生的同时,金融学也出现了行为金融学分支,该分支主要研究的是心理因素对投资者和金融市场产生的影响。它侧重于分析为何投资者总是缺乏自制力,往往不顾客观事实,而只凭主观臆断就做出有损自身利益的交易决策。要知道,行为金融学包含五大概念:心理账户、羊群效应、情绪偏差、锚定效应和自我归因。而贪婪和恐惧就属于"情绪偏差"中的概念。其实,"羊群效应"在股市投资中表现得最为明显。每次戏剧性的追涨杀跌,都反映出投资者在买卖股票时的从众心理。

诺贝尔经济学奖得主理查德·塞勒(Richard Thaler)和丹尼尔·卡尼曼(Daniel Kahneman)开创了将心理学应用于经济研究之先河。他们重点研究了当投资者面对不确定性时,心理因素对其判断和决策的影响。在此基础上,他们提出"助推理论",即认为正向的强化和间接的建议,都是影响个人和群体行为及决策的方法。这一研究充分证明了心理因素对人的经济行为至关重要。

神经经济学更进一步将医学领域的神经科学引入经济学,然后利用正电子发射断层扫描、核磁共振及质谱分析法等脑成像技术,进一步加深我们对神经信号的理解。了解大脑中的化学变化和细胞放电,有助于我们理解神经元对个体经济行为的控制和影响。

贪婪的游戏

在你阅读本书之时,贪婪和恐惧仍旧在持续影响着金融市场和我们的生活。在接下来的十四章中,我们将了解不同类型的贪婪游戏,其中某些故事甚至已被改编成畅销书或搬上大银幕。即便如此,我认为仔细介绍仍很重要,因为现实往往比电影更富戏剧性。

本书的第一章介绍了"潘多拉文件""天堂文件""巴拿马文件"泄露的始末。正是这些文件,令大量离岸避税数据遭到曝光,把富人偷税漏税的实据摆在人们面前。这些文件的背后,是维基解密(Wiki Leaks)的创始人朱利安·阿桑奇(Julian Assange)和"棱镜计划"的举报人爱德华·斯诺登(Edward Snowden)所弘扬的社会正义。也正由于文件的泄露,权贵忧心忡忡,时刻担心自己的身份与财富曝光。一些跨国公司和全球精英正是凭借复杂的离岸金融体系隐藏资产,从而进行洗钱或避税,而离岸机构也对他们的身份守口如瓶。没错,这就是令人迷惑的金融圈。

第二、三两章详细剖析了两起庞氏骗局。我们知道,庞氏骗局是由查尔斯·庞兹(Charles Ponzi)"发明"的一种可以在短时间牟取暴利的欺诈手段,其本质是用新投资者的资金来偿付老投资者的本息。

伯尼·麦道夫(Bernie Madoff)是此类骗局中的"大师"。他成功地从众多名人及富豪那里骗取到巨额财富。直到2008年全球金融危机爆发时,他因实在瞒不住才最终认罪。事实上,那时的麦道夫已经没有钱了,他向客户承诺的高额投资回报完全是虚构的,且没有任何实际营收作为支撑。

自苏联解体后,俄罗斯兴起的新市场经济虽然造就了一批寡头富豪,但普通老百姓一直难以分一杯羹。在此背景下,许多失望的投资者将希望寄托在谢尔盖·马夫罗季（Sergei Mavrodi）的MMM公司上，幻想着自己也能像那些寡头那样一夜暴富。然而，MMM公司进行的实际上也是一个庞大的金字塔式骗局，正是这家公司最终让无数投资者损失惨重，血本无归。

第四章详细揭示了安然公司和世通公司为何会成为因企业贪婪而致败的典型案例。这些公司的高管们为了一己私利，不惜损害投资者和员工的利益。所以说，如果还有人天真地认为，只要在实施新的、更为完善的会计准则的同时加强金融监管，就能杜绝此类欺诈行为，那么他们应当好好了解一下2020年德国股市上那个曾风光无限、如今却声名狼藉的维卡公司（Wirecard）。

在金融界，明星交易员与魔鬼交易员间的界限十分模糊。在第五章中，我们将深入剖析几位魔鬼交易员的重大失误及造成的严重后果：1995年，尼克·李森（Nick Lesson）凭借一己之力，将英国巴林银行推向崩溃边缘；1996年，日本住友商事公司的滨中泰男因误判铜价走势，给公司造成了20多亿美元的巨额损失；2008年，法国兴业银行交易员杰罗姆·科维尔（Jérôme Kerviel）冒险操作，最终导致银行损失了70多亿美元。

第六章是关于拉斯维加斯的，该城是赌博胜地，因此也被称为"罪恶之城"。它总让人联想到暴富、妓女和毒品。有趣的是，顶尖交易员与赌场大亨之间，确实存在着诸多相似之处，尤其是那些敢在一局中下注数百万美元的顶级赌徒。如本章便介绍了爱德华·索普（Edward Thorp）这位横跨多个领域的奇才。他不仅是玩转21点的传奇人物，还是一位精明的对冲基金经理。后来，比尔·卡普兰（Bill Kaplan）及麻省理工学院的21点小组借鉴了索普的算牌绝招，在赌场中狂赚了1亿多美元。

第七章我们会聚焦于巴西的腐败大案。2014年，"洗车行动"在巴西揭开了一个错综复杂的贿赂网络，继而掀起一场反腐风暴。这个贿赂网络如毒瘤般不断侵蚀着巴西的政治体系，导致一系列震惊全国的丑闻。在这场风暴中，多位亿万富翁被送进监狱，巴西的两届政府也因此陷入倒台危机。

在硅谷，成功之路从来不易。在这里，"伪装成功直至成真"的策略虽然有可能奏效，却也暗藏巨大风险。第八章中，血检初创企业西拉诺斯公司（Theranos）的前任CEO伊丽莎白·霍尔姆斯（Elizabeth Holmes）就是一个例子。她在"伪装成功"中忘记了追逐"独角兽"企业梦的初心，最终因欺诈投资者数百万美元且危及公众生命安全，付出了沉重的代价。

也许大家还记得，电影《龙凤斗智》（*The Thomas Crown Affair*）描述了犯罪天才和绅士大盗偷走名画的情节。但是在现实中，博物馆盗窃案往往平淡无奇。在第九章中，我们将回顾1990年波士顿伊莎贝拉·斯图尔特·加德纳博物馆（Isabella Stewart Gardner Museum）发生的惊天大案。那一次，窃贼共盗走了价值10亿多美元的名画。如今这起案件仍是历史上大型的艺术品盗窃悬案之一，而且至今未告破。

我们知道，银幕上塑造出的戈登·盖柯（Gordon Gekko）、乔丹·贝尔福特（Jordan Belfort）和鲍比·阿克塞尔罗德（Bobby Axelrod）等人物形象，将华尔街富豪们的贪婪刻画得淋漓尽致。本书第十章便深入剖析了贪婪文化如何像多米诺骨牌一样，一步一步地引发了2008年的全球金融危机。

第十一章中，我们把焦点转向了马来西亚的"窃权者"，揭露了该国史上最大的金融丑闻——一马发展基金丑闻。在该丑闻中，涉及高达45亿多美元的资金被贪污挪用。至今，该案的主谋仍携带数亿美元赃款逍遥法外。

第十二章揭示了贪婪的另一种表现形式，讲述了亿万富翁杰弗里·爱泼斯坦（Jeffrey Epstein）的故事。他长期虐待未成年女孩，甚至还建立起专门为全球富豪和名人提供性交易的国际网络。然而，他凭借财富和人脉，竟然多次逃脱应有的法律制裁。2019年，他在狱中离奇自杀，引发了广泛猜测和质疑。

第十三章重点讲述了巴哈马的弗莱音乐节。这场由比利·麦克法兰（Billy McFarland）策划的豪华音乐节，最终却变成一场巨大骗局，让许多人深感失望。音乐节上，参与者们经受了前所未有的艰难挑战，现场仿佛是《饥饿游戏》和《蝇王》中的场景重现。

在第十四章中，我们讲的是区块链技术如何让金字塔骗局更加复杂多变。当前，加密货币市场发展迅速，但也面临诸多挑战，包括盗窃、欺诈，以及大量未经监管的ICO（首次代币发行）骗局。本章深入剖析了两个极具迷惑性的骗局案例：维卡币欺诈案和比特币骗局。

我们在《贪婪的游戏：金融投机100年》一书中巧妙串联起"巴拿马文件"的曝光、庞氏骗局高手伯尼·麦道夫，以及诸如尼克·李森、杰罗姆·科维尔、比利·麦克法兰和真实版"华尔街之狼"乔丹·贝尔福特等魔鬼交易员与骗子大师。本书将带你穿梭于华尔街、硅谷与灯红酒绿的拉斯维加斯之间，从艺术品的惊天大盗到股市风云，从比特币传销到音乐节骗局，无所不包！本书通过一系列扣人心弦的故事，深刻剖析了这些骗局背后、根植在我们内心之中的人性。我们应时刻铭记，未来还会面临更多贪婪游戏的挑战。因此，我们必须未雨绸缪。

现在，就让我们一起踏上这段充满戏剧性的阅读之旅吧！

第一章

富人的警钟：巴拿马文件、潘多拉文件等被曝光

半个世纪以来，"全球精英"经常会利用离岸空壳公司避税来暗度陈仓，从而将个人资产隐藏在公众和政府的视线之外。诸如英属维尔京群岛、开曼群岛等充满异国风情的岛屿，现在已经成为避税、洗钱、恐怖融资、性交易和毒品交易的天堂。如今，我们通过举报人的提醒和多份离岸资产文件的曝光，让巴拿马的莫萨克·冯塞卡律师事务所和百慕大群岛的毅柏（Appleby）律师事务所登上了新闻头条，许多富贵名流的避税行为也因此被曝光。

仔细阅读了"巴拿马文件"后，我必须承认其中的许多内容让我这个研究经济犯罪的专家都感到心惊。没想到，我们以前讨论的那些理论上可行的想法，现在居然大部分都变成了现实。

——马克·皮尔斯（Mark Pieth）
瑞士巴塞尔大学反腐法律专家

不知大家是否看过这样一部电影：米奇·麦克迪尔（汤姆·克鲁斯饰）从哈佛大学毕业后，便来到著名的本迪尼律师事务所工作。有一次，他去开曼群岛出差时，才了解到这家律所的主要业务竟然是帮助富人利用离岸空壳公司等手段隐藏个人资产，从而达到避税的目的。这正是1993年的电影《糖衣陷阱》（The Firm）中的部分情节。这部影片改编自约翰·格里沙姆（John Grisham）1991年的同名小说。

我们经常可以在今天的流行文化和媒体报道中看到，今天的全球顶级富豪为了保护个人财富，真的会借助瑞士、开曼群岛、百慕大群岛或英属维尔京群岛的一些秘密银行转移资产，以达到避税目的。

何为避税天堂？

避税天堂就是指那些国内政治、经济稳定，且能为外国企业和个人的银行存款提供免税服务或代缴最低纳税额服务的国家。一般来说，个人客户可以通过注册空壳公司的办法来隐藏资产，企业则会在避税天堂直接设立离岸公司，以获得优惠政策扶持。

如今，个人客户的避税天堂，同样也受到企业的青睐。2021年，税收正义网络（Tax Justice Network）便对企业避税天堂进行了排名，英属维尔京群岛、开曼群岛和百慕大群岛位列前三。其中，开曼群岛是大多数美国精英和大型跨国公司的首选，因为这里不对境外收入征收企业所得税或个人所得税，而且离岸公司只须向政府按年缴纳许可费即可。

天堂文件和巴拿马文件

2017年11月5日，"天堂文件"被曝光的事件震惊了世界。富人离岸避税的数据又一次被泄露。被曝光的文件中，涉及多名国家政要、政府高官、公众人物以及大型企业的避税活动。尽管他们的许多操作并不违法，但是逃避缴税显然是有道德问题的。此外，文件还揭露了诈骗、逃税，甚至逃避国际制裁等诸多违法活动。

"天堂文件"包含1300多份离岸投资机密文件，这些文件全部来自一家名为"毅柏"的百慕大群岛律师事务所。该律师事务所在全球设有多家分支机构，英属维尔京群岛、开曼群岛、马恩岛、泽西岛、根西岛、毛里求斯、塞舌尔等都有其分支机构。

由于百慕大群岛素有"避税天堂"之称，因此这份文件也被称作"天堂文件"。不过它并没有前一年，即2016年"巴拿马文件"的数据泄露得多，"巴拿马文件"的数据泄露规模几乎比"天堂文件"多一倍。那次是从全球第四大离岸律师事务所莫萨克·冯塞卡的数据库中泄露出来的，共涉及20多万个离岸实体，其中部分事实甚至可以追溯到20世纪70年代。

> **离岸数据遭曝光：**
> **若要人不知，除非己莫为**
>
> "潘多拉文件"泄密案（2021年10月）
>
> 毛里求斯泄密案（2019年7月）
>
> "天堂文件"泄密案（2017年11月）
>
> "马耳他文件"泄密案（2017年5月）
>
> 巴哈马泄密案（2016年9月）
>
> "巴拿马文件"泄密案（2016年4月）
>
> 瑞士泄密案（2015年2月）
>
> 卢森堡泄密案（2014年12月）
>
> 离岸金融交易信息泄密案（2013年4月）

在上述数据泄露事件中，2016年莫萨克·冯塞卡律师事务所的"巴拿马文件"泄密案可以说是当时最严重的泄密事件，泄密的数据规模高达2.6 TB；其次是2017年百慕大群岛毅柏律师事务所的"天堂文件"泄密案，泄密的数据规模达1.4 TB。

和上面提到的这两起泄密事件相比，2015年的瑞士泄密案、2014年的卢森堡泄密案和2013年的离岸金融交易信息泄密案均属于小规模泄密，即便三者相加，也不到"巴拿马文件"的十分之一。可见它们与"天堂文件"和"巴拿马文件"的规模不可相提并论。

不过在2021年10月，"潘多拉文件"的泄露规模再创新高，来自14个离岸服务商的2.9 TB的数据全部被泄露。从伯利兹到越南，从新加坡到巴哈马，再到塞舌尔、毛里求斯等遥远的群岛，多家律师事务所及其服务的知名客户信息被曝光。人们之所以用希腊神话中的"潘多拉"为其命名，是因为这些数据的泄露，造成了无穷后患。

从维基解密到斯诺登

随着新千年的到来，举报人也迎来了他们的黄金时代。总的来说，举报人通常是指向公众披露内部违法欺诈信息，或向上级部门检举揭发内部不法行为的企业雇员或公职人员。

如"维基解密"的创始人朱利安·阿桑奇就是一名家喻户晓的举报人。2019年4月以来，他一直被关押在伦敦的贝尔马什监狱里，这是英国安全级别最高的监狱。尽管他尚未被正式定罪，但他面临的结局很可能是被引渡回美国并判处长达175年的监禁。[1]

澳大利亚人阿桑奇于2006年创办了维基解密网站，他通过该

1　2024年6月26日，阿桑奇在塞班岛与美国达成认罪协议，美国放弃对其引渡。如今他已返回澳大利亚。——编者注

网站持续曝光美军机密。2010年，维基解密公布了美国陆军情报员切尔西·曼宁（Chelsea Manning）提供的资料，这些资料迅速在国际上引起了轩然大波。在其中一段视频中我们可以看到，美军肆意射杀平民，还试图掩盖罪行。在视频中，被美军射杀的并非只有伊拉克平民，还有两名记者和两名儿童（美国政府称之为"附带杀戮"）。

2010年的曝光事件发生后，美国政府立刻着手对维基解密立案调查。夺路而逃的阿桑奇觉得瑞典的新闻环境相对宽松，便申请了瑞典的工作居住证。但等他到了瑞典之后，才发现自己中计了。因为他在参加完斯德哥尔摩的维基解密会议之后，居然遭到两名女性的性侵指控。2012年6月，为了不被引渡回美国，他躲进了位于伦敦的厄瓜多尔驻英国大使馆，并在那里度过了接下来的7年时光。

2019年4月，厄瓜多尔当局与阿桑奇产生了诸多矛盾，于是撤销了对他的庇护，并主动邀请英国警察进入使馆实施抓捕。而就在阿桑奇被捕后不久，瑞典便放弃了对他的性侵调查。

另一位著名的举报人是爱德华·斯诺登。2013年，他揭露了美国国家安全局（NSA）部署的"棱镜计划"。该计划是在电信技术的支持下，利用世界各地的情报机构对全球实施秘密监听。"棱镜门"是美国历史上最大的情报泄露事件。泄露事件发生后，美国司法部立即宣布斯诺登违反了1917年签署的《间谍法》，并指控他窃取政府财产。随后，斯诺登得到了俄罗斯政府的庇护，并在俄罗斯定居。

阿桑奇和斯诺登的传奇故事后来都被搬上了大银幕。在2013年的影片《危机解密》（*The Fifth Estate*）中，本尼迪克特·康伯巴奇饰演朱利安·阿桑奇，讲述了维基解密的始末。而2016年的影片《斯诺登》（*Snowden*）则讲述了美国中情局外包商的年轻技术员出于良知，向媒体曝光美国国家安全局高级机密的故事。

> 2008年，鲁道夫·埃尔默（Rudolf Elmer）违反保密规定，将瑞士私人银行——宝盛银行的机密文件提供给维基解密。这些文件揭露了该行通过开曼群岛的经营活动帮助客户避税。有许多举报人更是直接将涉税数据卖给当地政府。例如，雪伦·华金丝（Sherron Watkins）揭发了美国休斯敦能源巨头安然公司的财务造假行为；辛西娅·库珀（Cynthia Cooper）揭发了世通电信公司的财务造假行为。两起破产案的造假规模都达到了千亿美元级别。哈里·马科波洛斯（Harry Markopolos）于2000年、2001年和2005年，多次控诉执掌数百亿美元理财资金的纳斯达克前主席伯尼·麦道夫，称其炮制了一场惊天骗局。只可惜，当时他的指控并未引起美国证券交易委员会的重视。

曝光内容

"潘多拉文件""巴拿马文件""天堂文件"不仅揭露了全球所谓精英们的避税行径，还包括他们洗钱、组织儿童卖淫等多项罪行。在这三份文件中涉及的个人和公司超过了十万人（家），其中甚至包括多国的政府首脑官员，例如英国的伊丽莎白女王和查尔斯王子[1]、沙特阿拉伯国王萨勒曼、英国前首相卡梅伦、德国前总理施罗德，另外还有诸多企业家、运动员、娱乐明星及其他公众人物。

泄密事件导致众多丑闻登上媒体头条。如冰岛总理西格蒙杜尔·戴维·贡劳格松（Sigmundur Davíð Gunnlaugsson）的离岸资产超过了数百万美元，而他也在事情被曝光之后引咎辞职。

此外，被曝光的政商名流还包括：美国前财政部部长史蒂文·姆努钦（Steven Mnuchin）、美国前商务部部长威尔伯·罗斯（Wilbur

---

1 查尔斯王子即今天的英国国王查尔斯三世，他于2022年即位。——编者注

Ross)、美国前国务卿雷克斯·蒂勒森（Rex Tillerson）、切尔西足球俱乐部（Chelsea Football Club）的俄罗斯老板罗曼·阿布拉莫维奇（Roman Abramovich）、俄罗斯天然气巨头诺瓦泰克的总裁列昂尼德·米克尔森（Leonid Mikhelson）等。当然，企业精英也未能幸免。如微软联合创始人保罗·艾伦（Paul Allen）、全球顶级对冲基金文艺复兴科技的创始人詹姆斯·西蒙斯（James Simons）及总裁罗伯特·默瑟（Robert Mercer）、"华尔街之狼"卡尔·伊坎（Carl Icahn）、"萝莉岛主"杰弗里·爱泼斯坦、奢侈品帝国LVMH的总裁贝尔纳·阿尔诺（Bernard Arnault）、德国罗氏诊断的前掌门人科特·恩格尔霍恩（Curt Engelhorn）和西班牙电信的前首席执行官胡安·比拉隆加（Juan Villalonga）等也都在列。

曝光数据显示，奥地利、澳大利亚、加拿大、德国、意大利、日本、阿根廷、哥伦比亚、厄瓜多尔、巴基斯坦、卡塔尔和乌克兰等国的前国家领导人也均有隐藏个人财富的行为，甚至巴西和印度的政要也不例外。

另外，体育界和娱乐圈的名流也不在少数。例如在体育界就有：欧足联前主席米歇尔·普拉蒂尼（Michel Platini）、国际足联主席詹尼·因凡蒂诺（Gianni Infantino）、多名足球俱乐部老板，还有包括利昂内尔·梅西（Lionel Messi）在内的多位球星、高尔夫传奇泰格·伍兹（Tiger Woods）、一级方程式赛车手费尔南多·阿隆索（Fernando Alonso）、刘易斯·汉密尔顿（Lewis Hamilton）、尼科·罗斯博格（Nico Rosberg）等。在娱乐圈中，所涉及的明星包括妮可·基德曼（Nicole Kidman）、艾薇儿·拉维尼（Avril Lavigne）、夏奇拉（Shakira）、波诺（Bono）、胡里奥·伊格莱西亚斯（Julio Iglesias）、凯拉·奈特莉（Keira Knightley）、艾玛·沃特森（Emma Watson）、麦当娜（Madonna）、贾斯汀·汀布莱克（Justin Timberlake）和雪儿·克罗（Sheryl Crow）等。

经济学家加布里埃尔·祖克曼（Gabriel Zucman）在接受《南德

意志报》采访时称，全球精英在离岸避税天堂的资产规模约为10万亿美元。

率先拿到"天堂文件"和"巴拿马文件"的人是《南德意志报》的两名记者：弗雷迪瑞克·欧巴麦尔（Frederik Obermaier）和巴斯丁·奥博迈尔（Bastian Obermayer）。他们拿到后觉得意义重大，因此便将数据分享给了国际调查记者同盟。国际调查记者同盟是一个总部位于华盛顿特区的全球非政府组织，也是2021年"潘多拉文件"泄密案的主要调查机构。在他们将资料发给该机构时，机构内已汇集了来自100多个国家的280名调查记者，专门针对腐败、逃税、金融精英、医疗卫生和移民等问题开展联合调查。

书籍和电影

两度荣获普利策奖的杰克·伯恩斯坦（Jake Bernstein）于2017年出版了《隐秘的世界》（Secrecy World）一书，该书带领读者走进"巴拿马文件"所揭露的那个充斥着非法交易、贪污腐败和金融诈骗的世界。与"巴拿马文件"相关的另一本畅销书是该事件的调查记者弗雷迪瑞克·欧巴麦尔和巴斯丁·奥博迈尔在2016年出版的《巴拿马文件：揭秘富人和权贵如何隐藏他们的财富》（Panama Papers: Breaking the Story of How the Rich and Powerful Hide Their Money），该书揭露了一个世纪以来各国领导人和各界名流的那些见不得人的勾当。

2019年，由梅丽尔·斯特里普、加里·奥德曼和安东尼奥·班德拉斯主演，改编自《隐秘的世界》一书的电影《洗钱风云》（The Laundromat）中，律师于尔根·莫萨克（Jürgen Mossack）和拉蒙·冯塞卡（Ramón Fonseca）担任该片旁白。两位律师在片中向观众介绍了洗钱的概念和具体操作。此外,《巴拿马文件》(Panama Papers)和《巴拿马文件:离岸公司的肮脏世界》(Panama Papers: The Shady World of offshore Companies)这两部纪录片也介绍了史上最大的全球腐败丑闻,以及数百名记者冒着生命危险揭露黑幕的故事。

离岸避税天堂和空壳公司

如今,随着"天堂文件"和"巴拿马文件"的曝光,富人们的离岸高端金融服务已成为一个热门话题。媒体和公众倾向于将这些国家和地区统称为"避税天堂",而金融界则将其称为"离岸金融中心"。这些地方的共同特点是社会稳定且金融监管不够透明,最重要的是它们能够逃脱客户所在国家的监管。因此,它们常被富人们当作避税工具。

而且,这些司法管辖区更倾向于让外国人注册公司。避税天堂的最大特点就是不对外披露企业及其所有者的信息。避税天堂遍布世界各地,有些是独立的国家,比如巴拿马、荷兰和马耳他等,有些则是某个国家的地区,比如美国的特拉华州,还有些是殖民地,比如开曼群岛等。

离岸黑金中心

莫萨克·冯塞卡律师事务所是一家总部设在巴拿马,专门面向企业客户的法律金融服务商。德国律师于尔根·莫萨克于1977年创立了该律师事务所。1986年,巴拿马律师拉蒙·冯塞卡加入,成为律师事务所的合伙人。不久,瑞士律师克里斯托夫·左林格(Christoph Zollinger)又成了律所的第三位合伙人。在鼎盛时期,该律师事务所一度是全球第四大离岸金融服务提供商。

从1977年成立到2016年4月"巴拿马文件"曝光之前,该律师事务所在全球有30多万名客户,且大部分是英国客户。该律师事务所主要为他们提供商务法律、信托服务、知识产权保护、投资顾问、跨国公司架构等一条龙服务。虽然身处全球离岸金融产业的核心地带,但该律师事务所始终保持低调,从未受到人们关注。而从"巴拿马文件"泄露的一份内部会议纪要看,其实该律师事务所95%的业务都是为客户注册买卖公司和避税。

巴西的"洗车行动"

2016年1月,巴西国家石油公司(Petrobras,简称"巴西石油")的多名员工因身陷贪腐丑闻而遭到指控。据《南德意志报》2016年4月报道,有匿名人士向报社提供了莫萨克·冯塞卡律师事务所的1150万份机密文件。这些机密文件中的一些内容,揭露了巴西国家石油公司的多名员工和巴西政府要员利用避税天堂隐藏大量资产的真相。本书后面章节会有详细叙述。

发出全球通缉令

在国际调查记者同盟的推动之下,"巴拿马文件"很快引起全球媒体关注。莫萨克·冯塞卡律师事务所在压力下不得不于2018年3月宣布关闭。与此同时,该律师事务所的财务状况和声誉也一落千丈。同月,律所的两位创始人被正式通缉。

2020年10月,德国检察官对拉蒙·冯塞卡和于尔根·莫萨克发布了全球通缉令,指控两人开展逃税活动,还成立了专门的犯罪组织。

毅柏律所：专注于精英法律服务

百慕大群岛的毅柏律师事务所是一家离岸法律服务供应商。它在百慕大群岛、英属维尔京群岛、开曼群岛、马恩岛、泽西岛、根西岛、毛里求斯、塞舌尔等地均设有办事处。毅柏还曾多次荣获"年度离岸律师事务所"称号，是业内公认的"魔圈所"之一。这里的"魔圈所"是指非官方评选出的一批全球最大离岸律所。其客户包括各国的王公政要和好莱坞明星等。另外，毅柏也为来自欧洲、亚洲和非洲的富豪提供法律服务。

1898年，雷金纳德·阿普尔比（Reginald Appleby）在百慕大群岛创办了毅柏律师事务所，迄今已有100多年历史。2017年，也就是"巴拿马文件"曝光的第二年，毅柏承认自己在上一年出现了重大数据安全漏洞，这等于他们自曝了毅柏是"天堂文件"的泄露源头。

据"天堂文件"披露，毅柏律师事务所甚至还为哈萨克斯坦商人和政治活动家穆赫塔尔·卡比鲁利·阿布利亚佐夫（Mukhtar Qabyluly Ablyazov）提供过多种服务。当时阿布利亚佐夫官司缠身，被控以欺诈手段挪用了哈萨克斯坦图兰·阿列姆银行的百亿美元资金。即便如此，毅柏律师事务所竟然也未受到影响。不过，后来毅柏律师事务所迫于压力，还是于2016年剥离了旗下的信托部门埃斯特拉公司。此前，埃斯特拉公司曾管理着全球精英的公司、信托、喷气式飞机及其他资产，且该公司持续赢利。如今，毅柏仍然是知名离岸"魔圈所"之一，与博达信（Bedell）、凯瑞奥信（Carey Olsen）、康德明（Conyers）、衡力斯（Harney）、迈普达（Maples）、莫朗（Mourant Ozannes）、奥杰（Ogier）和维克尔斯（Walkers）等老牌律师事务所齐名。

避税天堂与公平正义：远不止五十度灰

"巴拿马文件"揭露了莫萨克·冯塞卡律师事务所多年来将英属维尔京群岛的数千家空壳公司卖给全球客户的事实。随后的"毛里求斯泄密案"又泄露出不少企业在毛里求斯的避税活动。而"天堂文件"则曝光了百慕大群岛的毅柏律师事务所的经营秘密。

这些离岸律所的主要运作方式是帮助客户注册空壳公司，也就是在百慕大群岛、毛里求斯、开曼群岛等避税天堂注册一个只有法律意义的公司。通常，这些公司仅存在于法律文件当中，并没有真实的全职员工或办公室。如果想注册只需要一个邮政地址（也叫邮政信箱）以及一些管理方面的帮助即可。如开曼群岛上便有一栋办公楼注册了将近2万家空壳公司。

为了避税而隐藏财富

2018年，"萝莉岛主"杰弗里·爱泼斯坦注册了离岸空壳公司来隐藏个人财富的事情被媒体曝光。那么，在离岸金融中心设立空壳公司究竟是违法行为，还是只属于道德问题呢？答案不能一概而论。我们回答这个问题主要看空壳公司的注册地点和注册目的。不过不管怎么说，绝大多数离岸公司都是用来帮富人避税的。几十年来，人脉发达的有钱人一直在银行家、律师和会计师的帮助下隐藏个人资产，逃避了数万亿美元的税款。

按照传统定义，逃税（tax evasion）肯定属于违法行为。但是，通过钻法律空子来避税（tax avoidance）就很难说清楚对错了。因为司法解释不同，行为的定性也就不同。但是，只有当这种行为被公众知道并被起诉之后，才会涉及司法解释问题。由于这种灰色地带的存在，合成词"逃避缴税"（avoision[1]）遂应运而生。

"逃避缴税"在法律上或许算是灰色地带，但将偷来的资产转移到海外并隐藏起来，却毫无疑问是违法的。在某种意义上，今天的一些离岸公司已成为邪恶组织的帮凶，专门用来掩饰洗钱、性交易和贩毒以及资助恐怖主义等违法行为。以德意志银行为例，该行通过其新加坡分行，在多个避税天堂设立了300多家公司和信托机构，而其中绝大多数都设在英属维尔京群岛，并通过其下属机构雷古拉有限公司（Regula Limited）进行管理。有批评人士认为，德意志银行故意隐藏客户的资金流动情况，实际上是在助长犯罪行径。

为了揭穿此种行径，美国和欧盟每年都会发布一份避税天堂"黑名单"，在名单中会列明有相关问题的国家。其目的是提高全球税收治理水平，打击税务欺诈、逃税和避税行为。而"黑名单"国家不仅将面临制裁，国际声誉也会受损。当然，包括瑞士这样的"灰名单"国家，也是国际社会密切关注的对象。假如不能实施有效改革，"灰名单"国家就会随时被移入黑名单。即便如此，国际非政府组织乐施会（Oxfam）仍在谴责欧盟对其境内的避税天堂管理不够严格。而美国的企业和富人则更倾向于将资产转移到特拉华州，以避免在其他州缴纳税款。

尽管许多地方已经受到制裁，但迪拜等新兴避税天堂依然在不断涌现，并跻身非法财富的热门避税地。

全球离岸避税天堂

从税收正义联盟（Tax Justice Network）公布的金融保密指数排行榜（Financial Secrecy Index, FSI）中可以看到，依照交易数据

---

[1] "avoision"是一个合成词，即actions that lie between evading and avoiding moral maxims 之含义，译为中文即"介于逃避和回避道德准则之间的行为"。——编者注

> 的保密程度和获取难度，全球离岸避税天堂依次为：
>
> 加勒比海的开曼群岛
>
> 北美的美国
>
> 欧洲的瑞士
>
> 东南亚的新加坡
>
> 欧洲的卢森堡
>
> 东亚的日本
>
> 欧洲的荷兰
>
> 加勒比海的英属维尔京群岛
>
> 中东的阿联酋

据业内人士估算，全球各经济实体的总收入所得中，通过空壳公司存放在离岸金融中心的约占总收入的一成，但由此导致的政府税收损失竟高达每年8000多亿美元。

离岸资金的道德问题要从两方面看。首先，从税收平等的角度看，越是没钱、没人脉的小型公司，反而越倾向于向政府合规纳税，为公共利益和服务买单，比如修路、搞基建、发展教育等，此外还得应对气候变化和全球疫情带来的挑战。其次，从财富分配的角度看，富人如果不纳税会变得越来越富有，而穷人和中产阶级规规矩矩地纳税则会导致财富变少，这无疑更加拉大了贫富差距。

关键内容

- 开曼群岛、百慕大群岛及瑞士经常被媒体和流行文化贴上"离岸避税天堂"和"空壳公司之家"的标签。这是因为无论是罪犯还是全球富豪，都愿意将个人资产藏匿到这些地方。
- 2016年，巴拿马莫萨克·冯塞卡律师事务所泄露了"巴拿马文件"。次年，百慕大群岛毅柏律师事务所泄露了"天堂文件"。
- 2021年10月，"潘多拉文件"包含14家离岸服务机构的数据，其中涉及伯利兹、越南、新加坡等国，另外还有巴哈马、塞舌尔和毛里求斯等群岛。

- 国际调查记者同盟由来自全球67个国家的记者组成，是离岸文件泄密的主要调查机构。约400名记者对数百万份秘密文件进行了调查，曝光了诸多富豪和政要的避税伎俩。其中包括已故的"萝莉岛主"杰弗里·爱泼斯坦、巴西反腐"洗车行动"的关键人物阿尔贝托·优素福（Alberto Youssef）和保罗·罗伯托·科斯塔（Paulo Roberto Costa）等。
- 超过10万人的海外资产被曝光，其中包括各国元首、明星、运动员和贵族等。最著名的例子包括英国的伊丽莎白女王、沙特阿拉伯国王萨勒曼、老虎伍兹、利昂内尔·梅西、刘易斯·汉密尔顿、麦当娜和贾斯汀·汀布莱克等。由于避税和逃税的边界难以区分，合成词"逃避缴税"应运而生。

第二章

麦道夫诈骗案：史上最大庞氏骗局

2008年12月，伯尼·麦道夫的公司终于爆雷。就在雷曼兄弟爆雷引发全球金融危机的三个月后，这位华尔街巨头和对冲基金超级明星向公司员工坦言："公司完了，一无所有了。"

让人没想到的是，伯尼·麦道夫经营的商业帝国竟然是史上最大的庞氏骗局。这场骗局不仅持续了几十年之久，而且还骗走了客户的650亿美元资金。100年前，查尔斯·庞兹"发明"庞氏骗局后便被很多人模仿。此前，虽然关于麦道夫公司的警告之声不绝于耳，但全都被忽视了。而今，这场骗局给投资者造成的巨大损失震惊了全世界。据悉，麦道夫多年来一直过着奢华无度的生活。他拥有私人飞机、游艇、多处豪宅，在法国也有房产。现在，等待这位"欺诈圣手"的是长达150年的监禁。

> 这是个天大的谎言，根本就没有进行任何真实交易。
>
> ——伯尼·麦道夫

> 疯了，人们都疯了，为了钱而发疯，这是最糟糕的疯狂！
>
> ——查尔斯·庞兹

2020年2月，庞氏骗局的主谋伯尼·麦道夫进入了美国北卡罗来纳州的一座联邦监狱。与其他监狱不同，这里关押的犯人曾经全部是白领。与麦道夫以前在纽约的奢华生活相比，眼前的环境可谓天壤之别。2月的天气特别寒冷，这位82岁的前金融家坐在轮椅上，请求法官看在他肾衰竭晚期，已活不过18个月的份上提前出狱。2009年，他因犯下11项联邦重罪被拘留。其具体罪行包括盗窃、伪证、证券欺诈、电信欺诈、邮件欺诈、洗钱、虚假陈述以及向证券交易委员会提交虚假文件等。简而言之，正是他从数千名投资者那里骗走了数百亿美元。

麦道夫的律师辩称，他身体过于虚弱，应该允许他在生命的最后时光与家人共度，尤其是与他的发妻露丝·阿尔珀恩（Ruth Alpern）。

金融家、投资顾问和天才骗子

1959年，伯尼·麦道夫与高中时的恋人露丝结婚，而后两人相爱相守62年。2009年，美国政府没收了露丝约7000万美元的资产。丈夫入狱后，露丝两次自杀未遂，后来便开始避免自己在公开场合露面——原因可想而知。2020年，即麦道夫请求提前释放时，他们的两个儿子马克和安德鲁均已离世。马克在2010年父亲认罪两周年纪念日那天选择了自杀；而安德鲁则在2014年因癌症去世，享年48岁。麦道夫的弟弟彼得2012年认罪，服刑8年后，于2020年获释。

金字塔骗局与层压式传销

庞氏骗局，也叫金字塔骗局，是一种承诺拥有高回报率和零风险的欺诈性投资骗局。但要注意的是，庞氏骗局虽与传销类似，却又不尽相同。

在庞氏骗局和传销骗局中，现有投资者都是通过新投资者带来的资金获取收益的。但区别在于：庞氏骗局的参与者不清楚自己收益的来源，他们往往以为自己获得的是投资收益；传销参与者心里很清楚，他们的收益来自发展下线的抽成。

庞氏骗局主要围绕一个人或一群人展开，且所有参与者都必须直接与其互动。而在传销骗局中，招募的下线越多，上线获得的直接抽成就越多。相反，如果不能发展足够的下线，那么上线就无法获得投资回报。因此，庞氏骗局和传销最基本的区别是：在庞氏骗局中，只要早期的投资者不撤资，即便新的参与者相对较少，骗局也照样能维持很长时间；而传销需要下线的数量一直实现指数级增长，否则就难以为继。

金字塔式骗局至少已经存在一个世纪了，且它有许多伪装形式，如层压式直销就是最常见的一种。层压式直销与金字塔式骗局的运作方式相似，但两者之间也有很大区别：层压式直销卖的是真实产品。且假如产品质量低劣或毫无价值，层压式直销就会触犯法律。

其实，上述种种骗局和欺诈手段完全可以与股市、楼市、加密货币或郁金香狂热等经济和金融泡沫相提并论。[1] 而价格上涨的原因，也可以用"博傻"理论或行为经济学来解释。也就是说，一个

---

1 参见《商品投机400年：从郁金香到比特币》相关章节。

人虽然购买了高估资产，但只要能以更高的价格卖出，他就能赚到钱。只要市场上有足够多的"更大的傻瓜"愿意支付更高的价格，这种策略就能奏效。而且，吹高资产泡沫通常不属于违法行为，甚至不涉及个人或集体操纵价格。当然，在股市上"拉高出货"是个例外。在这种骗局中，公司内幕人士往往会通过发布虚假或误导性声明以抬高股价，这样就可以在股价下跌前高价抛售。与其他类型的资产泡沫相比，这种欺诈性的拉高出货与庞氏骗局更为相似。

华尔街传奇人物的一生

伯尼·麦道夫的人生起点很一般。他出生于1938年，21岁娶露丝·阿尔珀恩为妻。实际上，两人早在高中读书时就已相恋。在获得政治学学士学位后，麦道夫曾在布鲁克林法学院读过一段研究生，但没有毕业。22岁，麦道夫在华尔街成立了伯尼·麦道夫投资证券公司。

他用先前当救生员时赚到的5000美元作为公司启动资金。然后，他将公司定位为专门从事低价股的场外交易。公司借助现代计算机技术帮助客户买卖这些低价股，结果逐渐令公司成了纽约证券交易所的竞争对手。也正是麦道夫公司所使用的这套信息自动化技术，才让今天的纳斯达克证券交易所出现成为可能。

在岳父索尔·阿尔珀恩（Saul Alpern）的帮助下，麦道夫的事业越做越大。岳父不仅借给他5万美元，还将自己的朋友和家人介绍给这位年轻的证券经纪人，帮助他拓展业务。另外，麦道夫的妻子本身也是证券从业者，后来也转到了他的证券公司工作。

可见，麦道夫在以科技股占主导的纳斯达克证券交易所的筹备过程中，发挥了举足轻重的作用。而且，他在纳斯达克证券交易所筹备建立之时，已是美国全国证券交易商协会的董事会成员，且在股票交易方面提出过许多建议。正是得益于其特殊身份，他的骗局才得以在很长时间内没有引起监管的注意。

> **书籍和电影**
>
> 《欺诈圣手》(*The Wizard of Lies*)改编自戴安娜·亨里克斯（Diana Henriques）在《纽约时报》上连载的同名纪实小说。故事讲述了麦道夫在华尔街如何从一飞冲天走向一败涂地。
>
> 在剧中，罗伯特·德尼罗饰演麦道夫，米歇尔·菲佛饰演妻子露丝，亚历桑德罗·尼沃拉饰演麦道夫的大儿子马克。影片重现了这场史上最大证券骗局的始末。

从传奇人物到谎言大师

通过多年打拼，麦道夫终于成为证券行业的传奇人物。在20世纪70年代时，人们还不知道麦道夫是个谎言大师，只听说他一直在为高端客户提供专属的理财服务。据《纽约邮报》报道，由于麦道夫只为"犹太圈子"提供理财服务，所以他在长岛和棕榈滩的乡村俱乐部里结识了许多犹太富豪。而且，麦道夫规定只有通过熟人介绍，才能到他的公司进行理财投资。正因为这个原因，他的客户都普遍相信，自己已经进入了赚钱天才的核心圈子。麦道夫很擅长营销，欲擒故纵是他的另一个惯用伎俩。他知道，假意拒绝棕榈滩和好莱坞富豪的请求，反而会让他们觉得自己的理财服务更具吸引力。从好莱坞名导斯蒂文·斯皮尔伯格（Steven Spielberg）到明星凯文·贝肯（Kevin Bacon），这一招无一例外全部奏效。即便在多年后，麦道夫在通过支线基金接受来自各国和各机构的理财资金时，依然坚持将自己的公司理财业务包装成一个并非人人都能得到的理财机会。

但是出身于普通家庭的麦道夫，竟与投资者开了个残酷的玩笑。有目击者的证词称，有人曾去过麦道夫在纽约口红大厦的办公室。他的办公桌上摆着雕塑家克拉斯·奥尔登堡（Claes Oldenburg）于1976年创作的真品：一颗巨大的螺丝钉。事后看来，这件雕塑是知情者才能看懂的笑话：投资者都被他活活"拧死"了。

麦道夫在投资者心中是一位德高望重的金融家。他曾说服数千名投资者交出自己的积蓄，并认为自己能获得稳定回报。2009年，检察官根据麦道夫账户上4800名客户的金额估算，这起诈骗案的涉案金额高达650亿美元，而且通过各种投资机构和基金被卷入这场骗局的投资者人数超过1万人。

麦道夫的手法其实就是典型的庞氏骗局。其核心在于，骗子往往依靠承诺超乎寻常的收益，便可吸引人们投资。"庞氏"这个叫法源自查尔斯·庞兹。早在20世纪20年代，庞兹就做过类似的事情。他当时承诺投资者，只需90天就能获得高达50%的回报。庞氏骗局是由核心团队或操纵者来集中管理和运作的。他们会利用新投资者的资金，去支付老投资者所期望的高额回报。虽然在整个投资过程中并没有产生任何实际利润，但由于它看起来非常有利可图，所以往往不会引起人们怀疑。而在骗局背后，真正获利的是那些策划和操纵这个骗局的人。

出售埃菲尔铁塔和布鲁克林大桥的大骗子

只要你敢信，我就能把布鲁克林大桥卖给你。

——谚语

1925年春天，35岁的维克多·卢斯蒂格（Victor Lustig）正坐在一家豪华酒店的大堂沙发上等待几个"冤大头"。在他不远处是著名的埃菲尔铁塔。铁塔的脚下，第一批报春花和郁金香正在盛开。衣着考究、头发浓密的卢斯蒂格是这里的常客。但想不到的是，他也是世界头号大骗子，接下来还会因为"卖掉了埃菲尔铁塔"而被载入史册。

今天，埃菲尔铁塔已成为巴黎地标，且会定期进行维修。而在1925年，这座专门为1889年世博会而建的铁塔却早已破败不堪，政府因维修成本过高而懒得维修。当时，那些专门为世博会修建的建筑除了埃菲尔铁塔之外，其他均已拆除。与此同时，巴黎的报纸也刊登过政府有意拆除埃菲尔铁塔的新闻。而由此引发的媒体辩论，立刻让卢斯蒂格想到了他最得意的骗局。

他此行的目的是，邀请几个废铁收购商，在巴黎最高档的克利翁酒店开了个秘密会议。他自称是邮电部副部长，并称巴黎市政府已无力承担埃菲尔铁塔的巨额维修费用，因此决定公开招标，出售铁塔的拆除权。拥有了拆除权，就等于拥有了7000吨废铁。而且他还要求收购商对此事绝对保密，因为这笔交易很可能会引起公众的强烈抗议。

在这些废铁收购商中，卢斯蒂格最关注的是一位叫安德烈·泊松（André Poisson）的新来者，主要原因是此人对巴黎这座城市还相对陌生。卢斯蒂格便尽力让泊松相信，自己就是个贪官，而且还故意抱怨薪水太少，不足以享受生活等。泊松果然上钩。虽然他在巴黎待的时间不长，但也立刻听懂了卢斯蒂格的言外之意。他心中已经笃定，这无疑是个真正的贪官，不然怎么敢公然索贿？结果，卢斯蒂格在收到约7万法郎的"贿赂"和"交易费"之后，便于一小时之内携款潜逃了，目的地是奥地利。

无独有偶，在1883年布鲁克林大桥建成后，骗子乔治·帕克（George Parker）也假冒大桥所有者，在移民中物色行骗目标。他声称有个发财的好方法，即在桥上设收费站。他甚至提出，愿意以5万美元的价格卖掉这座大桥。就这样，帕克将布鲁克林大桥

> "卖"给了很多人。当这些受害者试图在桥上设立收费站时，警察一次次将他们从桥上带走。更离谱的是，除了布鲁克林大桥，帕克还利用麦迪逊广场花园、大都会艺术博物馆和自由女神像等诸多地标建筑继续行骗。

麦道夫家族的财富

麦道夫夫妇有两个儿子：大儿子马克生于1964年，小儿子安德鲁生于1966年。他们大学毕业后都进了父亲的证券公司，从事股票交易工作。

事实上，麦道夫的许多亲戚也在为他工作。如他的弟弟彼得是公司的首席合规官，彼得的女儿沙娜是公司的合规律师。彼得在担任首席合规官的7年中，共计获得了8000万美元的报酬。此外，他还将数百万美元的个人开支记在了公司账上。这些开支包括私人飞机租赁费、滑雪度假费以及乡村俱乐部的会费等。另外，麦道夫的妻子露丝还拥有一张公款信用卡，从电影租赁到巴黎购物狂欢等各项费用均刷卡支付，到爆雷为止她已共计消费了数百万美元。

截至2009年初，麦道夫夫妇的净资产已超过8亿美元。他们平时习惯住在曼哈顿上东区。另外，他们在长岛的蒙托克有一处海景房，在法国和佛罗里达州的棕榈滩各有一处豪宅。同时麦道夫还是棕榈滩乡村俱乐部的会员。他和露丝还有很多股票、现金、珠宝、一架私人飞机和一艘游艇。多年来，麦道夫的两个儿子从父母那里借走了3000多万美元，用于购置房产及其他不动产。2009年9月，美国法警署拍卖了他们的绝大部分资产。

麦道夫的骗局持续了45年

我们知道,庞氏骗局通常难以长期持续下去,原因主要有以下三点:

(1)操盘手携余款潜逃;

(2)难以找到新的投资者,导致资金枯竭;

(3)现有投资者大量撤资,并要求返还本金和利息。

令人惊奇的是,麦道夫的骗局居然持续了45年之久。尽管其间曾有人怀疑他的理财是庞氏骗局,并多次向美国证券交易委员会举报,但麦道夫作为金融行业举足轻重的人物,一直以来都巧妙地避开了监管。而且,他的投资回报率表现得异常稳定,每年都保持在10%左右的水平。甚至到了2008年11月底,当市场全面陷入金融风暴之中时,他的理财依然没有出现亏损。

为了防止投资者把钱取走,庞氏骗局的操纵者会鼓励他们继续投资,即投得多就赚得多。至于投资策略,他们往往会含糊其词,甚至完全保密。实际上,他们只需要定期告诉投资者赚了多少钱即可,因为这只是一个账面上的数字而已,并非需要实际支付的投资回报。事实上,庞氏骗局根本不会产生任何真实回报。

麦道夫的骗局进展得很顺利。要不是2008年的金融危机席卷了全球市场,恐怕这个骗局还将继续下去。2008年美国房地产市场的崩溃和信贷紧缩引发了全球连锁反应,也令麦道夫的骗局走到了终点。随着客户开始大量取款,资金状况日益严峻。

2008年11月,标普500指数已经暴跌了38%。虽然麦道夫出具的财务报告依旧称其收益率为5.6%,但客户还是陷入了恐慌之中,纷纷要求取款,以弥补其他投资上的损失。在短短几周内,客户总共取走了超过70亿美元的资金,最终导致麦道夫的账户余额急剧缩水至2.5亿美元。

面对金融市场的全面崩溃,麦道夫自己似乎也走到了命运的转折点。由于新的投资者带来的资金根本无力填补资金缺口,2008年12月11日,麦道夫不得不向家人坦白,自己策划了史上最大的庞氏骗局。在律师的建议下,麦道夫的两个儿子主动举报了他。随后,麦道夫被捕入狱。

第二天,麦道夫打算在还剩最后一点钱时,先把朋友和家人的钱还上,但警方和联邦调查局并不允许他这么做。也就在那时,他向员工坦言:"公司完了,一无所有了。"这句话标志着史上最大庞氏骗局的终结。

20世纪全球大型庞氏骗局

"庞氏骗局"这个叫法来源自查尔斯·庞兹,他在20世纪20年代通过欺诈手段,骗到了1500万美元。不过,与其后继者相比,他的这个骗局还算不上是最成功的:

- "国际大牧师"组织是一个福音派组织。1997年,该组织骗走了教会领袖及成员的5亿美元。
- 波场钱包公司(Moneytron)的让-皮埃尔·范·罗森(Jean-Pierre Van Rossem)在1991年通过庞氏骗局从投资者那里骗走了8.6亿美元。
- 1992—1993年,罗马尼亚的卡里塔斯(Caritas)贫民骗局不仅没有帮助这些贫民,反而从他们身上骗走约10亿美元。
- 欧洲国王俱乐部(European Kings Club)是一家诈骗公司,其业务主要集中在奥地利、德国和瑞士。1997年,公司老板达马拉·贝尔特吉斯(Damara Bertges)被判有罪。据媒体报道,他让投资者蒙受了高达11亿美元的亏损。

- 俄罗斯的MMM金融金字塔骗局是20世纪规模最大的庞氏骗局。1994年，该骗局已经让投资者损失了大约100亿美元。

21世纪全球大型庞氏骗局

进入21世纪的头20年，世界上仍在持续涌现大型庞氏骗局，具体如下：

- 1994—2003年，美国互惠公司（Mutual Benefits Company）通过销售的重疾险保单，骗走了2.8万名艾滋病患者的10亿美元。
- 比特互联公司利用庞氏骗局欺骗投资者。而2016—2018年，该公司市值一度超过26亿美元。
- 汤姆·皮特斯（Tom Petters）利用自己的公司诈骗投资者37亿美元，并最终于2008年被捕。
- 艾伦·斯坦福（Allen Stanford）利用他的斯坦福国际银行实施庞氏骗局，骗走了投资者70亿美元，并于2012年被判入狱。
- 纳斯达克证券交易所前主席伯尼·麦道夫于2008年被捕。他的庞氏骗局让投资者损失了约650亿美元，规模之大空前绝后。

麦道夫案的余波

2008年12月11日，伯尼·麦道夫因制造了美国史上最大庞氏骗局而被捕。消息传开后，数千名投资者陷入噩梦之中。而这场弥天骗局能够持续几十年，显然不可能凭一己之力达成。

事实证明，麦道夫的家人在一定程度上也都参与其中。渐渐地，他的帮凶也相继现形。这些关键人物被称为"麦道夫五人帮"。为了揭露令人发指的真相，美国联邦调查局的特工搜查了位于纽约口红大厦17楼的麦道夫办公室，也就是这场金融地震的震中。他们在这里查封了将近1500箱纸质文件，同时还缴获了位于新泽西州的仓库钥匙。抵达仓库后，他们又查封了上万箱档案。

与此同时，一些公众人物选择对他们与麦道夫的关系保持沉默。此前，凯文·贝肯、凯拉·塞吉维克（Kyra Sedgwick）、梦工厂动画首席执行官杰弗瑞·卡森伯格（Jeffrey Katzenberg）、约翰·马尔科维奇（John Malkovich）和主持人拉里·金（Larry King）均在麦道夫的公司进行过理财投资。据报道，匈牙利裔女演员莎莎·嘉宝（Zsa Zsa Gabor）在2016年去世之前，曾因投资麦道夫的理财亏损了700万—1000万美元。而且，好莱坞著名导演史蒂文·斯皮尔伯格的神童基金会也同样承受了巨额亏损。

行动派查尔斯·庞兹

1883年，查尔斯·庞兹出生于意大利的帕尔玛市。1903年，当他20岁来到美国时，兜里只揣了2美元。在这片充满机遇的土地上，他卖过水果，刷过盘子，当过服务员，也当过骗子。几年后，他设计出一个赚钱的骗局，几乎在一夜之间就成了百万富翁。后来，这套骗局遂被冠以"庞氏"之名。

据说，当时他称自己有一个快速致富计划，并向投资者承诺，只需3个月，就能拿到50%的回报。1920年8月，他仅在短短8个月时间里就从投资者那里骗到了1500万美元。最终这场骗局给投资者带来了惨痛教训。庞兹锒铛入狱，而他的名字也因此被永载史册。

庞兹身高将近1.82米，是个充满活力的年轻人。他有特殊的行事风格，思维活跃，大部分时间能将心思用在正道上。庞兹经常自诩自己是"能够帮助穷人一夜暴富的天才"。他确实有资格这么说。他拥有一套12个房间的豪宅，好几辆汽车（包括一辆加长的豪华轿车），手杖是镶金的，家里还有一堆用人服侍他。他的妻子名叫罗丝·涅科（Rose Gnecco），年轻漂亮，喜欢打扮得珠光宝气。《波士顿邮报》曾估计，庞兹的个人财富估计超过800万美元。

回顾历史，1919年是很特殊的一年。那一年，美国的空气中到处弥漫着发财的味道。当时，第一次世界大战刚刚结束，一个崭新的世界正在形成："咆哮的20年代"即将到来，科技也实现了前所未有的飞跃。而此时的查尔斯·庞兹刚刚失业。

由于此前庞兹有不良记录，所以银行拒绝给庞兹的创业项目提供贷款。然而，1919年8月，庞兹在翻阅一封来自西班牙的商务信件时，突然想到了一条妙计。原来，他在信件中偶然发现了一张国际回邮券。这张回邮券是西班牙邮政发行的，可以用它来兑换美国的邮票。当时西班牙货币相对疲软，用回邮券兑换成美国邮票，价格要比其在西班牙的购买价格高出10%。庞兹迅速从中嗅到了商机，于是决定加以利用。他的计划是在货币疲软的西班牙大量采购回邮券，然后在货币坚挺的美国进行兑换，以此来赚取差价。

此时，庞兹想到的是一种能够带来三位数回报率的合法操作，即利用国际回邮券进行套利。从原则上讲，用国际回邮券兑换的邮票是可以再次兑换成现金的。这种兑换制度是在1906年的罗马邮政会议上确定的，而且由于国际条约已经明确了兑换率，所以在当时看来庞兹的计划并不违法。另外需要指出的是，当时施行的金本位制确保了各国汇率的稳定。因此，当时的人们并未意识到汇率波动的问题。

然而，随着战争的爆发，货币市场陷入了混乱。1920年，意大利里拉等货币出现大幅贬值，能兑换的美元还不到战前水平的四分之三。可令人惊讶的是，回邮券的价格却依然维持不变。在美国，一张回邮券价值5美分，1美元可以购买20张。然而，如果将这1美元兑换成大幅贬值的意大利里拉，你在意大利就可以买到66张回邮券，比在美国多买到2倍多！如果将这66张回邮券兑换成美国邮票，再将美国邮票换成美元，你会发现，在不考虑任何成本的情况下，这套操作带来的回报率已然高达惊人的230%。

这套赚钱的方法行之有效，接下来的问题就是如何加大投入。庞兹遂开始从家人和朋友中发展客户。尽管一开始他只有15位客户和870美元的资金，但很快业务就做大了。他用这有限的资金，开了一家名为证券交易公司的投资公司，同时还组建起一支训练有素的销售团队，专门向潜在的投资者进行推销。他承诺，只要吸引到一位新投资者，销售人员就能拿高达10%的提成。此外，他们还找了次级代理，以5%的佣金激励他们卖力推销。

就这样，庞兹成功吸引到2万名客户的1000万美元资金。1920年7月24日，《波士顿邮报》在头版头条刊登了庞兹的惊人投资承诺——"只需三个月，便能让你的本金翻倍"。这一报道无疑为他吸引到了更多资金。这篇文章发布后，庞兹的办公室立刻变得门庭若市。后来庞兹在自传中写道："每个人的脸上都洋溢着希望与贪婪的笑容。"就这样，在不到半年的时间里，他便成功跻身百万富翁行列。到了1920年8月，投资者的资金更是突破了1500万美元。而令人震惊的是，这位投资界的耀眼新星居然从未真正购买过一张回邮券！

事实上，庞兹的骗局有个重大缺陷或者说是致命漏洞，那就是规模无法做大。随着投资金额的急剧增加，庞兹必须租下一艘船，后来甚至需要租下多艘船，才能将堆成山的国际回邮券运回美国。因此，他的骗局根本无法持续下去。对于这个漏洞，他并没有想办法解决,如让自己的销售人员或投资者去运回邮券,而是直接挪用了新投资者的资金来支付老投资者的本息。在他的投资者当中,很多人都选择轻率地将利息再次投入庞兹的骗局当中。

这种超乎寻常的成功很快就引起广泛质疑。人们并不相信这是真的,但也猜不到真相是什么。就连其他的骗子一时半会也不能确定庞兹的葫芦里卖的什么药。联邦调查人员怀疑庞兹涉嫌违法,开始对公司账目进行审计。1920年8月2日,《波士顿邮报》再次刊登了关于查尔斯·庞兹的文章。不过,这次文章的内容来自庞兹的员工威廉·麦克马斯特斯(William McMasters)。麦克马斯特斯彻底揭露了庞兹的骗局。当联邦调查人员突击检查庞兹的办公室时,发现根本就找不到应该支付给投资者的国际回邮券。

即便如此,当庞兹的空中楼阁轰然倒塌之后,投资者也是执迷不悟,他们依然愿意相信庞兹创造的投资奇迹。按照今天的币值计算,庞兹骗局的金额相当于1.5亿美元。他的投资者只拿回了不到三成的本金,而且有六家银行因投资庞兹而倒闭。

这是史上首次有据可查的大型庞氏骗局。庞兹因此在联邦监狱服刑三年半,又因后续的欺诈指控,被判在州监狱服刑九年。1934年,他出狱后被遣返回意大利。此时,42岁的庞兹头也秃顶了,体重也超标了。他仍旧是找不到工作,妻子也早早就离开了他。1948年,他得了中风。1949年1月18日,他在里约热内卢的一家慈善医院去世,死时名下仅有75美元。从那以后,"庞氏"就成了金融欺诈的代名词。

银行整改

麦道夫的骗局被曝光后,为麦道夫办理业务的主要银行——摩根大通银行开始对自身的合规系统进行大规模整改。银行承认,自己在合规方面存在不足，并同意向司法部支付总计26亿美元的罚款。

多年来，行业专家屡次向证券交易委员会发出警告，认为证券交易委员会对明显的欺诈迹象视而不见。此前，证券交易委员会已收到过六起关于麦道夫对冲基金业务的严重投诉，这些投诉早就应该引起监管部门对其交易真实性的质疑，可全都被忽视了。

如今，因为加密货币层出不穷，而其监管体系尚不健全，庞氏骗局也在向这里渗透。于是，一种名为"智能庞氏骗局"的新型诈骗形式应运而生，其做法是利用数字资产来欺骗投资者。如首次代币发行（ICO）就是一个典型的例子。在这里，代币ICO相当于股市中的首次公开募股（IPO）。只不过在ICO中，投资者得到的不是股票，而是新型加密代币。这些代币可用于购买公司提供的任何产品或服务，也可代表一种类似于公司股份的权益。

然而，由于ICO乃至整个加密货币行业普遍缺乏监管，很快便成了骗子们诱骗热情投资者并携款潜逃的温床。ICO的监管方式与IPO截然不同，被骗资金往往更难被追回。由于ICO的监管力度远不如股票IPO，利用ICO进行诈骗的公司也很难被追踪到。

关键内容

- 受2008年全球金融危机影响，华尔街巨头和对冲基金明星伯尼·麦道夫顶不住客户的集中赎回投资，于2008年12月承认涉嫌欺诈。其涉案金额高达650亿美元。他的金融帝国最终成为史上最大的庞氏骗局，时间跨度长达几十年。
- 45年来，麦道夫一直承诺可以给投资者带来高额稳定回报，可他其实只是不断拿新投资者的本金去支付老投资者的本息。事实证明，几十年来，麦道夫的公司并没有进行过任何真实交易。
- 麦道夫所经营的是一个典型的庞氏骗局，即"拆东墙补西墙""空手套白狼"。"庞氏"的叫法源于查尔斯·庞兹，他在100年前"发明"了这种骗局，当时他的诈骗金额按今天的币值计算，约等于1.5亿美元。

- 每过几年，全球就会出现一些大型庞氏骗局，最近这些年来著名的案例包括欧洲国王俱乐部诈骗案、俄罗斯MMM金融金字塔骗局和比特互联公司加密货币骗局等。
- 由于麦道夫在金融界的良好声誉，官员们对关于他的质疑和警告视而不见。麦道夫认罪后，他的巨额亏损震惊了全球投资者。

第三章

牛仔资本主义：马夫罗季的MMM骗局

20世纪90年代初苏联解体，其主要继承者——俄罗斯采用的新市场经济政策让寡头政治家们一夜暴富，但大多数俄罗斯人未从中受益。失望的老百姓纷纷把自己的钱投到了谢尔盖·马夫罗季的MMM公司，以获取高额回报。可不幸的是，其实MMM也是一个金字塔骗局。

我沿着莫斯科河，走向高尔基公园，耳畔是变革的风声。

——《变革的风》
（蝎子乐队，1991年）

一屋子一屋子的钱，多到根本数不清，
我们只能用肉眼去估算个大概。

——谢尔盖·马夫罗季

1991年12月25日，苏联的红旗从克里姆林宫塔顶缓缓降下，取而代之的是俄罗斯联邦的三色国旗。此时，"冷战"的意识形态和苏联的集权控制也随之瓦解，社会陷入动荡、贫困、混乱和暴力的旋涡之中。

牛仔资本主义与寡头政治的兴起

面对国企效率低下的问题，俄罗斯政府希望能立刻将计划经济转为市场经济，于是采用了极端的休克疗法。一时间，价格管控完全放开，贸易逐渐自由化，国企也开始追求利润。为了稳定民心，叶利钦政府向老百姓每人发了1万卢布的私有化证券，让他们去买正在进行私有化的国企股份。

1992—1994年，鲍里斯·叶利钦（Boris Yeltsin）总统所推行的私有化改革给少数年轻人带来了成为亿万富翁的机会。这些人从老百姓手中收购了大量私有化证券。有时，他们付出的成本仅为几美元或者一瓶伏特加酒而已。这些原本一无所有的人，仅凭自己与腐败政府的裙带关系，迅速积累了巨额财富，进而成为俄罗斯的第一批寡头。例如鲍里斯·别列佐夫斯基（Boris Berezovsky）、米哈伊尔·弗里德曼（Mikhail Fridman）、弗拉基米尔·古辛斯基（Vladimir Gusinsky）、米哈伊尔·霍多尔科夫斯基（Mikhail Khodorkovsky）、弗拉基米尔·波塔宁（Vladimir Potanin）、亚历山大·斯莫连斯基（Alexander Smolensky）、彼得·阿文（Pyotr Aven）、弗拉基米尔·维诺格拉多夫（Vladimir Vinogradov）和维塔利·马尔金（Vitaly Malkin）等都属于这批人。

人们将这些寡头称为"窃国大盗"。因为他们并没有将巨额资金用于重振俄罗斯经济，而是全部转入了他们在瑞士银行开设的私人账户中，或是投到了伦敦的房地产市场，以至于当时的伦敦常被戏称为"伦敦格勒"。

休克疗法对俄罗斯经济的冲击很大：卢布大幅贬值，人们因恶性通货膨胀而失去了所有积蓄。然而，在混乱的经济状况之中，一些头脑灵活的人却发现了"商机"。

马夫罗季的MMM公司：我们大有可为！

谢尔盖·马夫罗季就是那个抓住"商机"的人。

马夫罗季于1978年毕业于莫斯科国立大学，学的是电子学和数学。他一开始被分配到研究所当程序员，但他不久就放弃了这份工作，转而在黑市上销售盗版录像带。

1988年，谢尔盖·马夫罗季从苏联的新《企业法》改革中发现了机会，便迅速与弟弟维亚切斯拉夫·马夫罗季（Vyacheslav Mavrodi）、弟媳玛丽娜·穆拉维尤娃（Marina Murawjowa）一起创立了MMM公司，该公司主营计算机和办公设备贸易。谢尔盖·马夫罗季是公司的主要负责人。然而，最终这家公司竟上演了20世纪大型的庞氏骗局之一。

到了20世纪90年代中期，马夫罗季已经成为俄罗斯家喻户晓的人物。他借MMM公司之名，推出了自己的金字塔骗局。"MMM"在俄语中的意思是"我们大有可为"（My mozhem mnogoe）。也有人认为，"MMM"是三位创始人姓氏首字母的缩写，还有人说这其实是"Mavrodi Mondial Moneybox"的简写，意思是"马夫罗季的全球储蓄罐"。

用高额回报吸引投资者

MMM公司这场20世纪大型的庞氏骗局，让500万—4000万俄罗斯人倾家荡产，总亏损金额相当于今天的100亿美元。1994年2月1日，马夫罗季的MMM公司首次发行股票，并向投资者承诺了高达1000%

的年收益率。一时间，期盼快速致富的人们对MMM公司的股票趋之若鹜。有的人为了能多买一些，甚至不惜抵押自己的房产。

公司的原始股售价为每股1000卢布，相当于当时的0.65美元左右。但很快，股价便开始持续上涨。可这轮涨势并不是由市场需求决定的，而是马夫罗季暗中人为操控的。为了稳定人心，MMM公司特别向股东承诺，只要他们需要现金，就可随时将手中的股票让公司赎回。和20世纪90年代初的麦道夫骗局一样，MMM骗局的这一做法也是将新投资者的资金支付给老投资者。

1994年3月，MMM推出一系列电视广告，且很快就引起广泛关注。当时，所有的电视台都在播放以普通人为主角的MMM理财广告，展示人们在发财后所过的奢华生活。参演广告的是莱昂尼亚·古博科夫（Lyonya Golubkov），真名弗拉基米尔·佩尔米亚科夫（Vladimir Permyakov）。他也因为这条广告，成了公众眼中的英雄。他在广告中承诺，投资MMM的股票就可以轻松赚钱，而他在投资两周后就实现了资金翻倍。是的，他这下终于有钱给妻子买新鞋了。

除了广告，公司的另一个营销手段是在特定日期向所有莫斯科市民发放免费地铁票。这种宣传让MMM公司声名大噪，成功吸引了俄罗斯数百万私人投资者的目光。

MMM公司的股票因此而受到追捧，很快就销售一空。虽然公司随后申请增发股票，但没有得到财政部的批准。于是，马夫罗季转而发行了一种与纸币外观相似的"集资券"。他还模仿卢布纸币上的列宁头像形式，在"集资券"上印上了自己的头像。

不论是MMM公司的股票还是集资券，在俄罗斯国内都供不应求。MMM公司存在的5年间，全国各地的销售点全年无休，总共卖出了2700万股股票和7200万张集资券。

MMM公司股价从每股0.65美元暴涨到80多美元，又跌到一文不值

当然，MMM公司发行的集资券并不是真正的证券，只是一张纸，它的价值取决于马夫罗季的承诺。事实证明，这就是一场大型的庞氏骗局。

1994年初，MMM公司已经成功吸引到约1500万名投资者。这些投资者天真而狂热，做梦都想发财。许多人虽明知这家公司有欺诈之嫌，但仍希望自己能够在最终崩盘前撤资获利。

不过，对于俄罗斯老百姓而言，MMM公司也是存在一定可信度的。在俄罗斯国有资产私有化过程中，许多人都从中发了大财。旁观者或许很难理解，为什么一个普通人一夜之间就变成了亿万富翁。

MMM公司在鼎盛时期，股票的日交易额高达数百万美元。马夫罗季拥有的现金可以塞满好几间屋子，足可媲美哥伦比亚毒枭巴勃罗·埃斯科瓦尔（Pablo Escobar）。他声称，MMM公司对国家的贡献约占国家财政的三分之一。他坦言，自己之所以这么做，并非一己私欲，而是面对寡头对国有资产的疯狂掠夺，希望借用民众的资金，赎回那些被私有化的国有资产，确保它们能重归人民手中。

1994年7月，MMM公司的股价飙升到了每股12.5万卢布，合80多美元。

书籍和电影

20世纪90年代初，马夫罗季和MMM公司迅速崛起，吸引了上千万投资者，让有权有势者无计可施。2011年，埃尔达尔·萨拉

> 瓦特夫（Eldar Salavatov）执导的电影《MMM金字塔骗局》（*The PiraMMMida*）以马夫罗季的半自传体书籍《金字塔》（*Pyramid*）为蓝本，由阿列克谢·谢列布里亚科夫（Aleksei Serebryakov）、费奥多尔·邦达尔丘克（Fyodor Bondarchuk）和彼得·费奥多罗夫（Pyotr Fyodorov）主演，他们共同讲述了这场惊天大骗局。

很显然，"拆东墙补西墙"并不是长久之计。而金字塔骗局依靠新投资者的钱来支付老投资者的本息，注定也是难以为继的。马夫罗季的庞氏骗局最终一定会被揭穿。1994年8月，马夫罗季首次成为被告。但由于当时俄罗斯没有针对金字塔骗局和金融欺诈的相关法律，他只能因为逃税被起诉，而无法因欺诈罪受到法律制裁。

最后，马夫罗季因偷税漏税被罚了2400多万美元。不过，税务官员还是趁周末对MMM公司总部进行了突击检查，在查抄出约10亿卢布资金的同时逮捕了马夫罗季。尽管MMM的集资行为最后并没有被定性成非法行为，但消息一出，MMM公司的股价还是应声暴跌了99%，变得一文不值。

我早就向他们提示过投资风险，他们对此一清二楚，怎么能说是欺诈呢？

——谢尔盖·马夫罗季

拘留期间，马夫罗季竟然又设法成了俄罗斯国家杜马议员，并因此获得起诉豁免权。另外，MMM公司的投资者中，不乏他的忠实追随者。他们纷纷走上街头，聚集在莫斯科内务部大楼前，高喊着"释放马夫罗季""支持马夫罗季进军议会"的口号。尽管他们也因为投资而损失了所有积蓄，但大多数人仍然认为马夫罗季是受害者，而非罪人。马夫罗季利用议员的身份成功地从狱中脱身，从此销声匿迹。由于他在议会工作中一直缺勤，议会遂于1996年1月将他除名。在接下来的几年中，马夫罗季东躲西藏，甚至还被列入国际通缉名单，而针对MMM金字塔骗局的调查也重新启动。

1997年，由于近百亿美元的资金不翼而飞，MMM公司宣布破产，令投资者血本无归。有理由猜测，马夫罗季已通过离岸子公司将钱全部转移到海外的不同账户中了。

2003年1月，马夫罗季被捕。人们看着这个梳着大背头、戴着厚厚的眼镜、身穿阿迪达斯运动服的人，觉得完全不像是策划了惊天骗局的大骗子。实际上，他一直藏在莫斯科的一间公寓里。其间还在加勒比海注册了一家名为"股票世代"的虚拟证券交易所，准备启动下一场骗局。

马夫罗季被判有期徒刑4年6个月。但由于他在审判前已被拘留了一段时间，所以他很快就刑满出狱了。几年之后，另一场庞氏骗局的始作俑者就没有他这么幸运了。这个在美国被判150年监禁的人就是第二章我们提到的伯尼·麦道夫。

苏联的解体与寡头的兴起

1991年，苏联解体成15个独立的国家，牛仔资本主义就此开始在俄罗斯盛行。

1992—1994年，叶利钦担任俄罗斯总统期间，俄罗斯迎来了第一波私有化浪潮。当时政府推出了私有化证券计划，即向每位俄罗斯公民发放价值1万卢布的私有化证券，用来购买企业股份。或许是大多数人都不清楚具体的购买方法，又或者他们太穷而急需现金，所以这些私有化证券绝大多数都被企业的管理层、官员以及俄罗斯黑手党收购。

1995—1996年，叶利钦政府为了筹集1996年总统大选的资金，同时解决严重的财政赤字问题，采纳了银行家弗拉基米尔·波塔宁（Vladimir Potanin）提出的"银行家向政府提供贷款支持"的建议，推出了"贷款换股份"计划。而作为回报，在叶利钦成功连任后，这些银行家将有权参与俄罗斯部分大型国企的股份拍卖。

一些人因此而发了横财。如弗拉基米尔·波塔宁以极低价格收购了全球最大的钯镍冶炼厂——诺里尔斯克镍业公司（Nornickel），米哈伊尔·霍多尔科夫斯基（Mikhail Khodorkovsky）获得了石油巨头尤科斯（Yukos）78%的股权，鲍里斯·别列佐夫斯基（Boris Berezovsky）以大约1亿美元的价格收购了价值30亿美元的西伯利亚石油公司（Sibneft）。

在一波又一波的私有化浪潮中，一批寡头崭露头角，他们成为俄罗斯经济和政治领域的重要人物。例如鲍里斯·别列佐夫斯基、米哈伊尔·弗里德曼、弗拉基米尔·古辛斯基、米哈伊尔·霍多尔科夫斯基、弗拉基米尔·波塔宁、亚历山大·斯莫连斯基、彼得·阿文、弗拉基米尔·维诺格拉多夫以及维塔利·马尔金等。

2011年：MMM公司走向国际

尽管马夫罗季在加勒比海成立"股票世代"以继续行骗的计划并不成功，但他最终仍是卷土重来了。2011年，MMM公司重新开张，并更名为"MMM全球"（MMM Global），随后他还在110个国家建立起分支机构。有趣的是，在监管不力、执法不严的贫穷国家，他的公司业务反倒蓬勃发展，广受欢迎。

这种新型庞氏骗局在南非、尼日利亚、津巴布韦、肯尼亚和加纳等非洲国家迅速蔓延开来。此外，有报道称，MMM全球分支机构在澳大利亚、巴西、印度、印度尼西亚、日本、菲律宾、泰国和土耳其等国都持续经营到了2016年。

依旧承诺超高回报率

这次，MMM全球承诺给客户的是每月30%的超高回报率。与1992年不同，MMM全球一开始就以金融金字塔的面貌示人。此外，公司的投资业务几乎全是线上运营，宣传对象也是以年轻投资者为主。

MMM全球声称自己不仅是一家简单的公司、一个组织或商业项目，更是一只全球互助基金，或者叫金融社区平台。人们可以登录网站，然后创建自己的账户。平台支持存钱功能，用户可以自愿将钱转借给其他参与者。

从功能上看，MMM全球与马夫罗季最初创建的MMM公司并无二致，都是拿新投资者的资金来支付老投资者的本息。它除了依赖新参与者的资金投入外，没有其他资金来源。这就是一个庞氏骗局的典型案例——通过承诺每月高达30%的回报率及其他诱人的促销优惠来吸引投资。

投资MMM全球公司的办法是，用户在马夫罗季的网站上每存一美元，就能获得等量的马夫币（Mavro-Dollar）。如果有投资者想要提现，可随时将马夫币兑换成美元。不过，马夫币的定价权掌握在马夫罗季手里，而他每月都会将价格拉高30%。

后来，MMM全球放弃了传统支付方式，用比特币取而代之。比特币共和国网站（Republic of Bitcoin）对此进行了大力宣传，并承诺用户每月都能获得100%的奖金。这使得MMM全球与比特币的联系更加紧密。不久，比特币共和国网站就因经营不善而宣告破产。

要知道，所有的庞氏骗局，都会在某个时间点崩溃，无论早晚。2012年，马夫罗季终止了MMM全球在俄罗斯境内的业务，并宣布将不再支付任何款项。在接下来的几年里，尤其是2016年，许多国家都开始通缉马夫罗季，冻结他的所有账户，也关停了MMM全球的所有业务。不过，马夫罗季早就把钱转移到海外了。

但是，不知为何，MMM似乎总是能东山再起。

MMM的终结？

2018年3月，谢尔盖·马夫罗季因心脏病去世，享年63岁。他的去世，让全球的数百万投资者彻底陷入绝望之中。

与此同时，与马夫罗季骗局相关的几个网站迅速发表声明，称"因马夫罗季去世，网站将永久关闭"。当然，其他网站立刻抓住机会，邀请投资者参与类似的加密货币投资项目。是的，在各种各样的金融金字塔骗局中，很难判断一个骗局将何时结束，而新的骗局又将何时开始。

关键内容

- MMM公司其实是谢尔盖·马夫罗季设计的一个庞氏骗局。仅在1994年，他就从俄罗斯数百万老百姓手中骗走了100亿美元。
- 错误的经济转型导致了苏联的解体。俄罗斯公民对新体制持怀疑态度，很容易受到电视广告中快速发财的诱惑。这为"牛仔资本家"以低价收购苏联时期的国有资产、成为"窃国大盗"提供了机会。同时，这也加速了马夫罗季及MMM等诈骗公司的兴起。
- 2011年，MMM全球应运而生，它像野火一样从俄罗斯蔓延到100多个国家，其中包括很多政府监管不力的贫穷国家。MMM成了21世纪最大的庞氏骗局之一，而且与比特币联系紧密。
- 2018年，马夫罗季去世，数百万投资者因为他的金字塔骗局损失了数十亿美元，彻底陷入绝望。

第四章

贪得无厌：安然公司破产案

安然公司在2000年的巅峰时期，于美国企业中排名第五，甚至还被《财富》杂志评为"美国最具创新力公司"。当年，这家能源巨头的股价便从20世纪90年代末的每股20美元飙升至90美元。但仅仅一年半后，其股价便暴跌至每股0.26美元。随着公司宣布破产，4000名员工失业，造成的直接经济损失高达660亿美元。

调查发现，安然公司有严重财务欺诈行为，其中包括数据造假、伪造账目、虚报利润以及利用表外公司隐瞒债务等。这一系列操作被发现后，立时导致安然打造的业绩"纸牌屋"轰然倒塌。这场历史上最大的公司破产案让安然陷入绝境。而一年后，世界通信公司又步了后尘。而且，这场危机还牵连到审计公司安达信（Arthur Andersen），使其声誉受损。如今，安然公司破产案已成为美国公司欺诈、不道德行为、傲慢无礼和贪得无厌的代名词。

说实话，如果会计师告诉我这种结构没问题，我就认为没问题。我又不是会计。

——杰弗里·斯基林（Jeffrey Skilling）
安然公司首席执行官

这就是一家弄虚作假的公司。

——谢伦·沃特金斯（Sherron Watkins）

安然公司副总裁和举报人

安然公司的破产对成千上万的人造成毁灭性打击，严重动摇了公众对美国企业的信心。

——罗伯特·穆勒（Robert Mueller）

安然专案组检察官

"怎样才能让我们明年的账目收入增长600%呢？"安然公司的首席执行官杰弗里·斯基林在一次公司聚会上问众人。没等大家回答，他便自问自答道："改变估值方法，不再按市价估值，而是按'假设未来价值'（hypothetical future value, HFV）进行估值。这样，我们就可以在财务报表中增加一大笔收益。"

其实，这只是杰弗里·斯基林说的一句玩笑话。而且，那次聚会是1997年为安然前总裁理查德·金德（Richard Kinder）离职而举办的，并非正式会议。说起来，20世纪90年代末的安然公司正处于鼎盛时期。当时，安然公司正在快速推进电力等新能源业务，甚至还成功打入互联网和宽带等新市场。2000年，为了更准确地宣传公司在业务品种方面的拓展和创新业务，公司高管们决定，将宣传语从"全球领先的能源公司"改为"全球最酷公司"。

华尔街的分析师对安然公司业绩屡超预期的表现赞不绝口。《财富》杂志更是连续6年将安然公司评为"美国最具创新力公司"。这些赞誉令那时的人们做梦都想去安然公司工作。

安然的前身是一家经营单一业务的管道公司。1985年，肯尼斯·莱（Kenneth Lay）将休斯敦天然气公司（HNG）与比其大三倍的竞争对手北方内陆天然气公司（InterNorth）合并，从而创建了安然公司。后来该公司成长为美国的能源巨头。杰弗里·斯基林在麦肯锡公司担任顾问期间，参与并策划了这起价值120亿美元的并购交易，帮助这家小公司成功拿下了规模更大的竞争对手。几年之后，杰弗里·斯基林来到安然公司，任总裁兼首席执行官。实际上在安然成立之初，安然已经经营着近4万英里[1]的天然气管道。当斯基林加入后，安然又成功打入了加利福尼亚州、得克萨斯州和佛罗里达州这三个天然气需求增长迅猛的市场。

然而，随着债务的迅速累积，安然的财务状况也在不断恶化。1987年1月，穆迪评级（Moody's Rating）将其信用评级下调至"垃圾级"。也正是在这一年，安然位于纽约瓦尔哈拉的石油交易部门进行了违规交易，第一次让安然化险为夷。

安然的高级管理层：
杰弗里·斯基林，总裁兼首席执行官
肯尼斯·莱，创始人兼首席执行官
安迪·法斯托（Andy Fastow），首席财务官

正是这次违规操作，让安然新成立的石油部门迅速涉足高风险的原油期货交易领域。此时，距离1983年纽约商品交易所推出原油期货并没过多长时间，市场规范也尚不完善。为了营造稳定赢利的假象，安然石油在财报上做了手脚。比如利润转移、操纵数据，甚至向管理层隐瞒真实的盈亏状况。公司管理层对这种违规行为采取了默许甚至纵容的态度，只要交易员能持续贡献数百万美元的收益，其他问题便可以选择性地视而不见。

这种放任自流与贪婪无度的风气，已深深根植安然公司的企业文化之中。比如首席交易员路易斯·博格特（Louis Borget）与汤姆·马

---

[1] 1英里≈1.6千米。——编者注

斯特罗尼（Tom Mastroeni）后来之所以被解雇，并非因瓦尔哈拉交易丑闻本身，而是他们的过度投机行为让公司面临破产的风险。

世通公司：
从华尔街宠儿到宣告破产

1983年，布纳德·艾伯司（Bernard Ebbers）与其他三位投资人在密西西比州哈蒂斯堡的咖啡店内共同创立了一家公司，这就是美国世界通信公司（WorldCom），简称"世通"。随后，世通公司经历了一系列激进的并购扩张，一度成为业务规模仅次于美国电话电报公司的大企业。但在2002年，世通破产案竟超过安然破产案，成为美国史上最大的企业破产案例。与安然相似，想当年世通也曾乘着互联网的东风，一度成为华尔街的明星企业，并被人们称作20世纪90年代经济繁荣的象征。

世通公司成立后，通过60多次并购，一次次壮大起来。1997年，世通与MCI通信公司强强联手，完成了370亿美元的天价并购，从而创建了"MCI世通"公司。这一壮举被誉为美国史上最大的企业合并案。两年后，也就是1999年，MCI世通又与斯普林特公司（Sprint）计划进行一场更大规模的并购，交易额高达1290亿美元，意图创造新的历史纪录，可惜最终因司法部的干预而夭折。否则，并购后的公司将超越美国电话电报公司，成为美国通信业的巨无霸。2018年，斯普林特公司选择与德国电信旗下的T-Mobile合并，成为仅次于威瑞森和AT&T的美国第三大电信公司。

而在此之前，随着互联网泡沫的破灭，世界通信公司的信誉也遭遇了危机。为维持公司股价，自1999年起，首席执行官布纳德·艾伯司、首席财务官斯科特·沙利文（Scott Sullivan）、财务总监大卫·梅尔斯（David Myers）和会计总监布福德·耶茨（Buford Yates）通过财务造假，意图掩盖公司业绩日益下滑的真相。世通的财务审计工作一直由安达信承担。然而，在2002年夏天，由辛西娅·库珀（Cynthia Cooper）领导的一支内部调查小组在世通的财务档案中发现了38亿美元的假账——而这只是冰山一角。据估计，截至2003年底，世通的总资产被多注水了约110亿美元。

2005年3月，首席执行官布纳德·艾伯司被判多项罪名成立，其中包括欺诈、同谋及瞒报监管数据等。同时受到指控的还有世通前首席财务官斯科特·沙利文、前财务总监大卫·梅尔斯、前会计总监布福德·耶茨、前会计经理贝蒂·文森（Betty Vinson）以及特洛伊·诺曼德（Troy Normand）等人。时年63岁的布纳德·艾伯司也因此被判处25年的有期徒刑。2019年末，他因健康原因提前获释，并于2020年2月病逝。布纳德·艾伯司总共在监狱里待了13年，完成了一半的刑期。

2002年，安然公司宣告破产。一年后，世通公司步其后尘，世通破产案成了当时美国历史上规模最大的企业破产案。但随着全球金融危机的爆发，2008年9月雷曼兄弟和华盛顿互助银行相继破产，仅仅几年内就打破了安然创下的纪录。

寻找业务新亮点

1987年被下调为"垃圾级"之后，安然一直致力于发掘新的业务亮点以渡过难关。因此他们将希望寄托在一位明星交易员——杰弗里·斯基林身上。此前，杰弗里·斯基林从麦肯锡转战安然，创立了专注于天然气业务的"天然气银行"，也就是安然资本与贸易资源公司（Enron Capital and Trade Resources, ECT）的前身。该部门运作模式独特：一方面，该部门与油气公司签订天然气销售合同；另一方面，他们又与天然气客户达成购买协议。而安然从中赚取的是采购价与承诺售价之间的差价，这与银行在存贷业务间赚取息差颇为相似。借助此模式，安然迅速崛起，并成为美国天然气市场的做市商。[1] 一时间，公司不仅涉足纽约商品交易所的期货交易，还活跃于场外市场。此外，更是巧妙地运用了掉期和期权等复杂金融工具，进一步拓宽了公司的业务范围。

发展线上业务，安然成为北美天然气销售巨头

新公司在北美天然气市场发展顺利，很快就成了北美最大的天然气卖家。新公司的天然气合约交易收入高达1.2亿美元，对母公司收入的贡献排名第二。在20世纪90年代初期，这绝对是令人瞩目的成就。几年后，安然公司再次引领行业潮流，推出了大宗商品电子交易平台安隆线上（Enron Online，简称EOL）。该电子交易平台可以提供高效便捷的在线交易服务。在EOL平台上，安然的交易员既可以直接与平台客户进行交易，也可以代客户去进行每一笔交易。这一创新模式极大地提升了交易效率，使其成为能源交易行业中的领军者。

在天然气领域大获成功之后，安然公司又将战略目光转向电力行业。1997年，安然斥资数十亿美元收购了俄勒冈州波特兰的通用电力公司，正式进军电力市场。随后，安然的交易员又通过实体业务（即波特兰通用电力的电网）和市场交易实现了盈利。后来，为了追逐更大利润，安然竟然采取了极端措施：关闭发电厂，中断对用户的电力供应，从而人为制造电力短缺现象。这一策略让安然能够操控电价，导致消费者随时面临电费飙升和停电的困境。在加利福尼亚电力危机期间，电力供需矛盾更加尖锐，电价更是贵得令人咋舌。

---

1 做市商是指经证券交易所认可，为其上市交易的股票期权合约提供双边持续报价或者双边回应报价等服务的机构。——编者注

加利福尼亚电力危机

2000—2001年，加利福尼亚电力市场遭人为操控，从而引发了严重的电力供应短缺问题。这一操控行为直接导致该州经历多次大规模停电事件。其中就包括2000年夏季旧金山湾区超过10万用户的轮流停电事故以及2001年3月影响超过150万人的重大停电事故。此外，这场危机还重创了加利福尼亚能源行业，导致太平洋天然气和电力公司等巨头破产，甚至连南加州爱迪生公司也濒临倒闭。

问题的根源在于，以安然公司为首的能源企业通过不正当手段，人为制造电力供需失衡。至今，公司内部的能源交易员对于"胖小子""死星""乒乓球""黑寡妇""老兵回忆""矮子当道"等行动代号都记忆犹新。

在电力需求高峰时段，这些企业故意关闭发电厂进行维护以限制供电，从而推高电价，以致部分时段电价甚至飙升至正常价格的20倍。仅在2000年的4—12月，电力批发价格就暴涨了惊人的800%。据估算，电力危机给加利福尼亚乃至整个经济体系带来的损失高达400亿—450亿美元。

财务造假

安然旗下的另一家举足轻重的子公司是安然国际（Enron International）。这家由约翰·温（John Wing）与丽贝卡·马克（Rebecca Mark）携手创立并领导的公司，专注于在全球范围内拓展并建设发电厂等能源基础设施。其首个重大项目便是英国的蒂赛德天然气发电厂。然而，接下来该项目却给安然国际带来了沉重的财务负担。

到了1994年，安然国际的业务版图已经覆盖了阿根廷、澳大利亚、玻利维亚、巴西、中国、哥伦比亚、加勒比地区、危地马拉、印度、印度尼西亚、菲律宾及土耳其等多个国家和地区，构建起了一个庞大的全球资产网络。截至1996年，安然国际的各种项目为总公司贡献了25%的利润，从而迅速发展为安然利润增长的重要支柱。

难以讨好的华尔街

1991年，斯基林领导的安然公司采用的是盯市记账法（mark-to-market accounting），该记账法基于当前市场价值而非历史成本来报告收入与资产，旨在更精准地反映公司的财务状况。尽管这种估值方式更加公允，但该估值方式也允许对未来收益进行主观预测——这就为利用财务手段美化季报打开了大门。结果就是，安然公司每次季报都必须实现更大、更快的增长，才能够满足华尔街分析师的期待。

盯市记账法还伴随着两大核心难题：一是利润与现金流之间的显著脱节，二是公司对持续高速增长的强烈依赖。每当潜在利润被提前公布，公司便好像实现了快速增长。而增长往往能赢得华尔街的青睐，进而推动股价攀升。然而，伴随着这种高增长模式的是公司必须不断维持甚至超越，才能满足市场预期。但随着时间的推移，如今已变得愈发艰难。

面对重重挑战，安然公司的管理层充分发挥了他们的主观创造力。

盯市记账法是一种很好的会计方法，但如果管理层有不良动机和不利的估值环境，便会逐渐演变成为公司的核心问题所在。为了报表好看，安然公司不惜采取不正当手段，只为达成季度业绩目标，进而推高股价。因为这不仅关乎公司形象，更是管理层发放奖金与财富增值的依据。

> **书籍和电影**
>
> 2001年，安然公司破产案震撼全球，成为企业界贪婪、傲慢及财务欺诈的标志性事件，这一事件给美国企业的国际形象带来长期的负面影响。
>
> 安然破产案引发了广泛关注，且两度被改编成影视作品。2003年，电视剧《倒塌的大厦》(The Crooked E: the Unshredded Truth About Enron)在美国上映。该剧首次将安然公司的衰败历程搬上了银幕。该剧由布莱恩·丹尼希(Brian Dennehy)、克里斯蒂安·凯恩(Christian Kane)及迈克·法雷尔(Mike Farrell)等实力派演员主演，剧本改编自布莱恩·克鲁弗(Brian Cruver)的著作《解剖贪婪》(Anatomy of Greed)。2005年播出的纪录片《安然：房间里最聪明的人》由《财富》杂志记者贝瑟尼·麦克莱恩(Bethany McLean)与彼得·埃尔金德(Peter Elkind)合著的畅销书改编。该片深层次揭露了安然破产的内幕。

在美国，一般企业高管的薪酬通常与股权挂钩。然而，安然高管的薪酬则是使用了另外一套兑现方式。截至2000年底，安然计划通过股权发放的流通股高达9600万股，占公司总流通股的一成以上。按市价计算，当时的首席执行官肯尼斯·莱的持股市值惊人——超过6亿美元，而杰弗里·斯基林的也接近2亿美元。管理层通过"拉高出货"获利，也就是先拉高公司股价，再抛售套现。

这种薪酬体系背后，是安然管理层极度奢华的消费模式。要知道，安然的员工都享受高薪，某些高管的薪酬甚至是同行的2倍之多。1998—2000年，公司前200名高收入员工的总薪酬从2亿美元激增至14亿美元，增长势头迅猛。在安然高层，奢华已成为常态：公司拥有多架公务飞机、随叫随到的豪华轿车及专属礼宾服务,全方位满足管理层的日常需求。每当奖金发放之际,休斯敦的豪车经销商便会忙碌一阵子,可见安然的奢靡做派堪比投行。

年收益增长15%

20世纪90年代中期,安然发展得顺风顺水,公司股票更是成为华尔街的宠儿。那时的安然象征着伟大的蜕变,从一家普通管道公司成了引领潮流的前沿公司。办公楼里遍布着与投行相仿的交易显示屏,以便于与遍布世界各地的客户做一笔又一笔的重要交易。

在20世纪的最后几年里,安然公司每年的利润连创新高:从1993年的不足4亿美元增长至1995年的5亿多美元。其股价更是在几年间增长了2倍。尤其是在20世纪90年代的大牛市时期,安然作为成长型企业(如互联网与科技股)的代表,备受投资者追捧。当时,安然与微软、思科、太阳微系统等同为绩优股,甚至敢于向投资者承诺15%的年收益。

可问题在于,如何实现增长目标。毕竟管道业务作为公司的主业,虽然能够稳定赢利,却难以支撑如此高速的业绩增长。光靠丽贝卡·马克与杰弗里·斯基林手下的国际交易团队,显然也无法实现这一目标。

安迪·法斯托的财务创新

实际上,为安然编造出稳定增长大好局面的人,就是公司的首席财务官,人称"绿野仙踪"的安迪·法斯托。1990年底,28岁的法斯托加入了安然公司,7年之后便荣升为安然的首席财务官。为了提高利润,法斯托与其全球金融团队联手,设计出错综复杂的融资架构、证券化产品及资产负债表。他们巧妙地将公司的实际业务精心修饰成令人难以置信的繁荣景象，并通过财务报表呈现给华尔街。

从理论上来看，资产负债表是公司资产与负债状况的真实反映，也是分析师和投资者评估公司经营稳健性的重要依据。而特殊目的载体（SPV），又称"特殊目的实体"（SPE），则是母公司为隔离金融风险、达成特定目的而设立的子公司——这在商业操作中十分常见。比如，老牌汽车公司可能会设立专门探索自动驾驶或电子交通等新兴业务的子机构，以作为独立实体运营。但不容忽视的是，某些公司会利用这些表外企业，对资产负债表做手脚，以不实方式夸大企业盈利，进而营造出公司财务状况比实际情况更为安全的假象。这种做法不能说很普遍，但确实一直存在，所以必须引起投资者和分析师的警惕。

具体来说，当安然国际新建一座发电厂时，他们会迅速在安然公司的财务报表计入预期的利润——即便是这座发电厂实际上尚未投产。如果后续发电厂的收入未能达到原先的预期水平，公司也不会因此承担直接损失，而是将这些资产转移到表外机构（即非公开财务报表中的实体）。这样一来，相关损失就不会在公司的财务报表中体现了。

安然公司将股票转让给特殊目的实体，SPE则以现金或票据作为交换支付给安然，同时再用这些股票来对冲安然资产负债表上的资产。为了降低风险，安然公司会确保SPE的稳定运作。如果安然股价上涨，双方都能从中获益，实现共赢。可一旦安然的股价下跌，SPE的价值也会相应缩水。这时，安然公司就需要履行其保证义务，进行必要的资金补充或资产调整。

安达信的关键作用

安达信在这场复杂的商业博弈中扮演了关键角色。要知道，安然公司自创立之初，就一直是安达信公司休斯敦分部的重量级客户。1988—1991年，安达信更因安然业务而实现了收入的显著增长，累计赚取超过5000万美元。到了2000年，安然一年向安达信支付的费用已经超过了5000万美元。作为安达信的四大核心客户之一，安然为了在合作关系中占据更有利地位，有时会故意聘请如安永或普华永道等其他会计师事务所来执行特定的审计项目，营造出随时可能更换审计服务供应商的假象，以此向安达信施压。

到了2001年，安然公司为了快速增收，已设立了数百家SPE，其中较为典型的有绝地（JEDI）、赵高（Chewco）、白翼（Whitewing）、LJM以及Raptors等。值得注意的是，安然公司的首席财务官安迪·法斯托兼任了这些SPE中大多数的经理职务。这种任职安排明显存在利益冲突，但在安然公司内部，似乎被默许甚至接受。而法斯托本人也因此获得了超过千万美元的额外收入。

画大饼：能源零售和宽带业务

从发展方向来看，能源零售和宽带业务势必会成为新的业务增长点，并为其按照互联网式企业进行估值提供有力支撑。

的确，上文提到的会计手段在为安然赢得喘息机会的同时，也让管理层获得了高额奖金，赚得盆满钵满。但这一系列操作——包括匆忙的交易、现有合同的调整、资产负债表中的复杂关系以及利用预付款快速回笼资金——核心目的是争取时间，在启动杰弗里·斯基林所构想的下一个宏伟蓝图时带来可观的利润。用斯基林的话来说，这些战略商业构想就是"画大饼"。这些商业构想都有什么呢？

首先就是成立安然能源服务公司（Enron Energy Services，简称"EES"）。其目的是进军能源零售领域，直接面向企业和家庭提供电力、天然气以及全套能源管理服务。这一想法尚处于萌芽阶段时，就被寄予了厚望。斯基林断言，未来EES将会超越安然旗下的所有其他公司，成为整个集团的排头兵。

第二个战略构想指向了最具民众基础的潜力领域——互联网宽带业务。在20世纪90年代末那场轰轰烈烈的互联网浪潮中，互联网企业的股价一路飙升，市值屡创新高。早已垂涎三尺的安然为了搭上这班互联网快车，就必须想办法让华尔街相信，公司正逐步转型为一家真正的互联网企业。

2000年8月23日，安然公司的股价收盘于每股90美元，创历史新高。公司的整体市值则直逼700亿美元大关。值得注意的是，当年安然的市盈率高达60倍，相当于行业平均水平的4倍之多。2000年，安然的业绩数据亮丽，收入增加至1000多亿美元，比上年翻了一番。同时，净利润也增长了25%，达到了13亿美元。

图1　1985—2003年安然公司股价走势
（数据来源：Datastream）

1999年，安然股价上涨了58%，涨幅惊人。而到了2000年，安然的股价更在此基础上暴涨了89%。与之相应的是，公司管理层绩效奖金也大幅上涨。除了日常工资和股价上涨的奖金之外，首席执行官肯尼斯·莱还额外获得了超过1000万美元的现金奖励；首席运营官斯基林也收获了750万美元的现金奖励。此外，包括首席财务官安迪·法斯托在内的其他高管，也都获得了7位数的报酬。

"画大的饼"难以成真

在如此多的成绩面前,两家新公司最终还是走向了破产。

首先,安然能源服务公司不久就出现了严重亏损:许多交易多年都未能实现盈利,而运营费用持续居高不下。更令人震惊的是,安然甚至在明知自己无法兑现承诺的情况下,依然将相关服务卖给客户。因为对于他们而言,"成交并形成潜在利润"是首要目标,至于承诺的服务能否兑现,则显得无关紧要。

其次,安然公司的宽带业务也遭遇了类似命运。为了壮大公司,安然在一段时间内不计成本地对小型科技公司进行收购。2000年1月,安然公司召开了年度业务分析会,宽带业务的巨大潜力被大肆炒作,导致公司股价当天便暴涨了26%。分析师们对宽带业务的梦想与愿景深信不疑,纷纷上调对安然的业绩预期。然而,安然的实际经营情况远远跟不上这一伟大构想。安然不仅无法根据客户需求提供足够的带宽,而且这种状况在未来也不会有所改善。网络交换能力及其他高端功能仍在开发,投产遥不可及。更何况,互联网热潮也不可能永远持续下去。

随着互联网和科技股票的走低,牛市终于在2000年的春天宣告结束。投资者不再满足于仅仅听信业绩愿景,他们更想看到实实在在的业绩和真正的盈利。而这种转变越发凸显了安然商业模式的致命缺陷。

重蹈覆辙:20亿美元不翼而飞

作为德国经济的一张名片,维卡是与思爱普(SAP)齐名的支付平台，同时维卡也是蓝筹股指数DAX的成分股。它是著名的支付处理巨头，一直以来都在为客户提供电子支付交易解决方案。2018年8月，维卡公司的巅峰市值高达280亿美元。然而，自成立以来，维卡公司便饱受财务造假诟病。2019年，英国《金融时报》的深度报道更是将财务造假事件推向高潮。2019年，安永会计师事务所的审计人员因无法核实资金，拒绝在维卡的财务报表上签字。2020年6月25日，20亿美元"不翼而飞"事件爆出，维卡公司宣告破产。随后，执掌公司18年的首席执行官马库斯·布劳恩（Markus Braun）于当月光速辞职，并很快被捕。首席运营官简·马沙莱克（Jan Marsalek）则在停职后神秘失踪，最终在白俄罗斯被发现了踪迹，现已成为欧洲及国际刑警组织的通缉对象。这一系列事件引发了公众对德国金融监管不力的强烈质疑，同时也对维卡的长期审计机构安永会计师事务所提出了严厉批评。这一破产事件不仅令私人投资者损失惨重，包括日本软银、德国经济银行及英国木星基金管理公司在内的众多机构投资者也在短短几天内就损失了数亿美元。

死亡螺旋

2001年10月，安然公司公开宣布，将修正1997—2000年的年度财务报表，以纠正此前的会计造假行为。修正后的数据变化很大：安然的股本锐减了10多亿美元，收入也锐减了6亿多美元，而负债则激增了近6.5亿美元。

一系列减记操作加剧了分析师与投资者对安然的不信任度。但是，对安然造成最重大威胁的是评级的下降。穆迪和惠誉这两大权威评级机构对安然启动了降级审查，形势岌岌可危。安然的管理层深知，一旦评级下调，公司将只能通过发行数百万新股来填补多个SPE

的贷款资金缺口。而此举无疑将进一步稀释并降低现有普通股的价值，使公司更加被动。

就这样，死亡螺旋升级成了咆哮的龙卷风。投资者与客户信心尽失，安然股价也因此一落千丈。2001年11月，安然不得不依据美国《联邦破产法案》的第11章内容，向法庭申请了破产保护。

接踵而来的是大量的诉讼。但安然的员工与股东所获得的赔偿十分有限。相关利益方的投资、养老金及其他退休账户更是损失了数十亿美元。与此同时，安然的审计机构安达信因存在非法销毁文件的行为，被取消了审计资格。最终，这家历史悠久的会计师事务所竟因此而倒闭了。

丑闻曝光之后，联邦政府迅速出台了一系列新规，强调上市公司财务报告的透明度与准确性，其中的标志性成果便是《萨班斯-奥克斯利法案》。针对在联邦调查过程中破坏、篡改或伪造记录并企图欺诈股东的行为，该法案极大地提高了惩罚力度。同时，该法案还强化了审计公司的责任，要求它们必须保持高度的公正性与独立性。至此，安然公司与安达信会计师事务所的丑闻成了美国商业史上不可磨灭的污点。

关键内容

- 安然公司曾是华尔街的宠儿，也是辉煌的20世纪90年代的象征。想当年，这家能源巨头位列美国前五大公司，汇聚了业界最顶尖的精英人才。
- 安然的管理层通过财务造假而虚报利润，并利用复杂的会计技巧和SPE，巧妙掩盖了公司巨额债务和不良资产，对债权人和投资者隐瞒了真相。随着牛市的终结，这间精心构建的"纸牌屋"轰然倒塌。同时，作为安然公司审计机构的安达信也受到了牵连，最终走向破产。
- 在安然的鼎盛时期，公司的市值高达近700亿美元，2000年的股价更是突破了每股90美元大关。然而，其股价仅在短短数月间就暴跌至每股0.26美元，并最终宣布破产。这一破产案成为当时美国史上规模最大的企业破产案！不过，仅仅一年之后，世通公司就刷新了企业破产案规模纪录。

- 安然公司的多位高层管理人员，包括肯尼斯·莱、杰弗里·斯基林以及安迪·法斯托，均因涉及欺诈、洗钱及阴谋犯罪行为而遭受牢狱之灾。其中，肯尼斯·莱于2006年病逝，法斯托在监狱中度过了6年时光，而斯基林则在服刑12年后，于2018年重获自由，时年65岁。
- 时至今日，无论在美国还是世界各地，安然和世通都是公司欺诈、贪婪、傲慢和造假的代名词。

第五章

魔鬼交易员：奇人、高手还是罪犯

不知道大家是否听过"魔鬼交易员"这个词？魔鬼交易员是指在银行、对冲基金等金融机构中进行违规操作、导致巨额亏损的交易员。他们并不甘心在授权范围内代表雇主进行交易，而是违反规定，擅自进行未授权的交易，结果往往会导致巨额的资金损失。

尼克·李森就是他们中的典型代表。

在全球金融市场中，魔鬼交易员一方面令人着迷，一方面又让人深恶痛绝。如1995年，英国银行业的标杆——巴林银行便因交易员尼克·李森的违规交易而轰然倒塌，据统计损失超过13亿美元。仅仅相隔一年，日本住友商事公司也遭遇了相同的悲惨命运。其明星交易员滨中泰男误判铜价走势，押下巨额赌注，导致意外亏损20多亿美元。此后很长一段时间内，滨中泰男都保持着金融行业中交易员的最大亏损纪录。

然而，类似的悲剧并未就此停止。2008年，法国交易员杰罗姆·科维尔在交易期货时孤注一掷，拿850亿美元作赌注，最终导致法国兴业银行承受了70多亿美元的惨重损失。

有人认为，落实更完善的监管制度和措施，就能终结交易员违规作恶的时代。然而在2011年，现实再次证明他们太天真了。交易员奎库·阿多博利（Kweku Adoboli）的交易丑闻再次震惊业界，瑞银承受了超过20亿美元的巨额损失。事实证明，魔鬼交易员的威胁并未因加强监管而彻底消失。

我们只想赚钱，赚更多的钱，永无止境。

——尼克·李森

嗨！赚钱机器，今天又赚了多少？

——杰罗姆·科维尔的主管

能不能让全球市场休市一周，让所有人都能放松一下？

——奎库·阿多博利（Kweku Adoboli）

如今金融市场的交易丑闻不胜枚举，相关损失更是令人触目惊心。截至本书成稿前，最受关注的近期事件当数对冲基金梅尔文资本（Melvin Capital）大规模做空游戏驿站（GameStop）股票后，遭遇散户轧空，损失45亿美元的股市事件。由于出现严重误判，该基金价值在2021年1月的短短数日内就惨遭腰斩。

2021年游戏驿站轧空事件及其他导致重大亏损的交易事件

在美国投资论坛子板块"华尔街的赌注"（wallstreetbets）助力之下，一直被华尔街做空的股票"游戏驿站"于2021年1月28日开盘时再创新高，一举站上了每股500美元的高位——是月初每股17美元股价的近30倍。在这场散户与华尔街的激烈较量中，站错队的对冲基金梅尔文资本遭受了致命打击。

此前，摩根大通的布鲁诺·伊克西尔（Bruno Iksil）和摩根士丹利的豪伊·许布勒（Howie Hubler）在2008年全球金融危机后所做的信用违约掉期交易，也双双造成高达90亿美元的巨额亏损。

类似重大亏损案例还包括：1998年对冲基金长期资本管理公司（LTCM）的违约、2006年对冲基金不凋花（Amaranth Advisors）的倒闭等等。其中，能源交易员布莱恩·亨特（Brian Hunter）对天然气期货的豪赌让"不凋花"在几天之内就亏掉60亿美元。而由诺贝尔经济学奖得主迈伦·斯科尔斯（Myron Scholes）、罗伯特·默顿（Robert Merton）以及华尔街交易员约翰·梅里韦瑟（John Meriwether）领导的长期资本管理公司，在超高杠杆、1997年亚洲金融危机以及1998年俄罗斯金融危机的共同作用下，不到四个月就亏损了46亿美元。

当然，也有不少人凭借一次豪赌而一战成名，比如乔治·索罗斯（George Soros）。1992年，索罗斯做空英镑，在成功狙击英格兰银行的同时大赚了10亿美元。此后，天才投资者和交易员也不断涌现，如沃伦·巴菲特（Warren Buffett）、吉姆·罗杰斯（Jim Rogers）、保罗·都铎·琼斯（Paul Tudor Jones）、约翰·保尔森（John Paulson）、雷·达里奥（Ray Dalio）和史蒂文·科恩（Steven Cohen）等。他们在金融和投资界声名显赫，多年来积累了惊人的财富。

除了成功者的辉煌与交易界的种种离奇丑闻，在金融圈里最吸引人眼球的莫过于那些魔鬼交易员了。敏锐的直觉、巨大的利益、与赌徒心理相互拉扯，导致了他们的迷之狂妄和最终陨落。

1995年巴林银行倒闭事件

1995年1月17日，日本神户及周边地区发生了大地震——这场地震比福岛地震早了近20年——共造成6000多人丧生，3万多人受伤，超过20万栋建筑倒塌，电力和天然气供应全部中断。而全球最繁忙集装箱港口之一——神户港，也在地震中遭受重创。

就在日本神户地震发生的前一天，即1995年1月16日，英国历史悠久且声名显赫的巴林银行，已经悄然步入倒闭危机之中。这一天，巴林银行的交易员尼克·李森在新加坡和东京证券交易所做了大量短跨交易（short straddle）。短跨是一种基于金融衍生品的投资策略，简单说就是尼克·李森押注日本股市不会在一夜之间发生大幅波动。作为巴林银行新加坡分行的衍生品交易主管，尼克·李森竟在未经授权的情况下，于一天之内做了10亿多美元的投机交易。次日凌晨，神户突发地震，亚洲市场随即剧烈震荡，日本股市出现暴跌，日经225指数开盘就跳水了千余点。

李森曾尝试通过高风险交易挽回损失，赌日经指数能快速回升，但未能如愿。更糟糕的是，日经225指数从1995年初到夏季结束时一路下跌，已经跌破了15000点，跌幅将近30%。

等到巴林银行发现这一巨额亏损时，尼克·李森已经潜逃了。此时巴林银行的损失已超过13亿美元，相当于巴林银行可交易资金的2倍。这家拥有233年历史、曾为伊丽莎白二世服务的英国老牌投行，最终在1995年2月26日宣告破产。

魔鬼交易员的成长之路

尼克·李森出生于伦敦郊区，大学毕业后便进入摩根士丹利公司，负责期货与期权等衍生品交易的后台清算工作。

1989年，李森加入伦敦著名的巴林银行，年薪12000英镑。在巴林银行任职期间，他参与过多个项目，其中包括整顿印尼雅加达的后台清算业务。因为这个项目的成功，1992年4月李森被调到了巴林银行新加坡分行，担任总经理一职，全面掌管交易的前台与后台业务。尽管交易经验有限，但他还是通过了考试，并取得了在新加坡商品交易所交易的资格。

作为分行总经理和首席交易员，李森既要完成前台交易，还要负责后台清算,确保交易准确记账。但是,银行的前台与后台一般应当是安排给不同的人负责的,因为这样更利于控制风险和职责划分。

可惜,巴林银行对前后台分离的疏忽,为李森的违规操作提供了便利。最终,李森投机失败,悲剧上演。

但从整体上来看,事情是数年累积的结果。

最开始,新加坡分行的一名交易员在买入富士银行的20份期货合约时,不小心将"买入"做成了"卖出"。这个失误导致巴林银行亏损了2万英镑。李森为了隐瞒损失,便利用自己的职权,篡改了分行的"错误账户"。

这个内部账户的账号是88888,也叫"五八账户",是一个专门用来纠正交易错误的账户。然而,李森却将这个账户挪作他用,并将自己和其他交易员的后续违规交易都记入该账户,目的是在伦敦总部每日收到的交易报告和损益表中掩盖分行的实际亏损情况。

借助隐匿的五八账户,李森行事愈发大胆起来。他在新加坡交易所频繁从事期货与期权交易,主要交易品种为日经225股指期货及日本政府债券。这些交易的特点是高风险和高杠杆:如果对市场走势判断正确,将获得丰厚回报;可一旦判断失误,则可能引发灾难性损失。这种投机行为与巴林银行为李森规划的相对稳健的套利交易策略背道而驰。

不过,也正是这些违规的投机交易给巴林银行带来了巨额利润,李森也因此获得了巨额奖金。

但这一切只是表面上一帆风顺。实际上,李森已暗中篡改了银行的交易记录,并私自挪用了原本应作为其他交易保证金的资金。这使得他看上去是赚得了丰厚利润,而实际上他自始至终都处于亏损之中。

与此同时,五八账户上的亏损也如雪球般越滚越大,至1992年底已突破200万英镑大关。尽管已给银行造成了巨额亏损,但李森在新加坡的生活却依然奢侈,光是公寓的月租就高达9000美元。

1993年6月,巴林银行迎来人事变动,彼得·诺里斯(Peter Norris)接替克里斯托弗·希思(Christopher Heath)出任首席执行官一职，而李森则被任命为新加坡交易部的负责人，同时继续兼任交易工作。这一任命无疑为李森提供了更大便利，使得他能够更加轻易地掩盖亏损，从而进行虚假账目操作。

我们已经看到，虽然李森的交易经验并不丰富，但他总是喜欢大肆购入日经股指期货合约，目的是企图弥补之前的亏损。一般来说，成功的交易者懂得及时认错并止损，但李森反其道而行之：他选择加倍投入资金，摊低资金成本，以便弥补亏损。令人惊讶的是，这一策略在一段时间内竟然奏效了。1993年，他居然还成功地将五八账户中高达600万英镑的亏损填上了。

可好景不长，这种冒险的策略很快就将他推向了无尽深渊。1993年末，五八账户的亏损已膨胀至2300万英镑。面对日益严峻的亏损情况，李森不得不编造出各种理由，向总部申请更多资金支持。幸运的是，他"伦敦交易奇才"的名声如同一面盾牌，暂时为他挡住了质疑的风暴。但是，这种庇护并未持续太久。实际上，作为一名经验欠缺的交易员，李森的运气糟糕透顶。到了1994年底，亏损金额已如同脱缰野马一般，飙升至2亿多英镑。为了填补这个天文数字般的黑洞，李森孤注一掷，继续扩大交易规模，用高风险来套利。等到1995年2月中旬，他积攒的头寸已经庞大到令人咋舌的地步：他手中未平仓的日经股指期货占到总合约的一半，未平仓的日本政府债券期货占到总合约的85%。市场已经敏锐地捕捉到了这一异常信号，并极有可能引发反向操作。然而，在1995年之前，李森选择了一赌再赌，一条路走到黑。

1995年1月16日，李森做了巨量的短跨交易。说起来，如果在日本股市波动平稳的情况下，这本是一种相对稳妥的策略。可突如其来的神户地震却犹如晴天霹雳，令股市瞬间暴跌。它仿佛一把利剑，立刻斩断了李森的资金链。这位昔日的明星交易员已然方寸大乱，亏损金额也完全失控了。

最终，这场灾难导致了8.62亿英镑的巨额亏损，相当于巴林银行当时可用交易资金的2倍之多。更糟糕的是，李森选择了畏罪潜逃，导致亏损金额进一步扩大至惊人的10亿英镑。

巨额亏损导致巴林银行破产

李森眼看巨额亏损再也瞒不住了,便在1995年2月23日留下了一张"我很抱歉"的纸条,带着妻子一起从新加坡逃往吉隆坡。几乎同一时间,巴林银行董事长彼得·巴林(Peter Barings)便收到了这张纸条,而银行也终于发现了那个五八账户中的巨额亏损。而这一损失,只能由银行承担。

李森途经马来西亚和泰国,然后从文莱转机前往德国,最后在法兰克福被捕。此后,他一直被关押在德国,直到1995年11月才引渡回新加坡。

李森欺瞒上司,对交易风险与巨额亏损隐瞒不报,最终被判入狱,在新加坡樟宜监狱服刑6年。他在狱中撰写并出版了自传《魔鬼营业员》(Rogue Trader)。其间,妻子也和他离了婚。

而另一边,巴林银行承受了超过13亿美元的巨额亏损,无力回天,只得宣告破产。次年,荷兰国际集团(ING Bank)以1英镑的象征性价格收购了巴林银行。这一事件导致李森的1200名前同事集体失业。尽管李森的欺诈行为长达数年且数额巨大,但巴林银行内部管理不善,内审和风控均存在明显漏洞,为欺诈行为提供了可乘之机。时至今日,前后台不分离的做法在监管机构和金融机构内部都是严格禁止的。

书籍和电影

改编自畅销书的电影《魔鬼营业员》于1999年上映,主角巴林银行前交易员尼克·李森由伊万·麦克格雷格(Ewan McGregor)饰演。该片围绕李森在巴林银行的工作经历展开,讲述了他在繁荣的亚洲金融市场常年从事高风险交易，在遭遇日本股市突发暴跌后，他极力掩盖巨额亏损，最终潜逃。1995年被捕之后，李森在狱中撰写了自传《魔鬼营业员》。他在书中深刻剖析了自己从辉煌走向失败的历程，在揭露漏洞百出的风控系统的同时，也控诉了一群唯利是图、对潜在风险视而不见的业内人士。

大约10年后，法国兴业银行交易员杰罗姆·科维尔重蹈覆辙，导致银行巨亏70多亿美元。他的罪名包括违反授信、伪造文件及违规交易等。2016年的电影《局外人》（L'Outsider）便追溯了2000—2008年的这一系列事件。正是这些事件将科维尔推上绝路。与李森相似，科维尔在入狱后也选择通过写作来表达自我。他在2011年出版的《齿轮》（L'Engrenage）一书中，阐述了自己对过去经历的看法和反思。

1996年日本铜交易丑闻

1996年，滨中泰男在东京的住友商事公司担任大宗商品交易主管。该公司隶属于日本工业巨头住友集团，专注于大宗商品交易。它们主要的交易活动是铜交易。今天，铜作为关键材料，广泛应用于建筑和电气工程领域。1996年，全球铜产量突破2000万吨，单价更是高达每吨8000美元，在国际交易市场上的活跃度仅次于原油和黄金。

滨中泰男在业界掌控着全球铜市场约5%的份额，因而享有"百分之五先生"的美誉。过去，他为公司赚得丰厚的利润。但令人震惊的是，1996年6月5日，滨中泰男突然自曝隐瞒了高达16亿美元的巨额亏损。这一事件迅速发酵，住友的铜交易丑闻自此被载入史册，被视为近代重大的金融欺诈案件之一。

滨中泰男的双面人生

1985年，37岁的铜期货资深交易员滨中泰男来到东京住友商事公司工作。在住友，他迅速崛起为交易圈的明星，甚至连伦敦和纽约交易所都流传着他的故事。虽然表面上滨中泰男给人留下谦逊的印象，实际上他却过着双重生活：他既是专业的机构交易员，又是贪婪的个人投资者。白天，他为住友财团交易；晚上，他还在伦敦金属交易所与纽约商品交易所悄悄为自己交易。

他家里有四口人，一起居住在川崎的一间小房子里，川崎是东京郊区一个不起眼的小地方。另外他还有一辆小汽车。他很享受与银座娱乐场所的情人一起旅行，且每次都花销不菲。当然，他也偷偷开了一个瑞士银行的账户。

到了20世纪80年代末，大宗商品交易部门深陷巨额亏损泥潭，部门主管及滨中泰男相继采取秘密交易手段掩盖真相。公司并未落实定期轮岗制度，这是因为考虑到滨中泰男一直在贡献高额利润，因此他稳坐交易员之位长达11年之久。

重仓操作让滨中泰男不堪重负

从1993年起，滨中泰男就意识到了中国经济正在快速实现工业化，由此必将催生出对铜的巨大需求，所以他打赌铜价一定会上涨。他多次公开表示，铜的需求正在攀升，且存在人为制造的短缺现象，这一观点立刻被日本、美国和英国的金融媒体广泛报道和转引。然而，当伦敦金属交易所提出他涉嫌市场操纵和欺诈的指控时，他的上级却选择了忽视。

与此同时，中国通过压低价格向市场施压，以淡化需求的方式加强对铜价的影响。很快，这一策略奏效了，铜价开始下跌。

于是，滨中泰男的亏损开始逐渐扩大。为此，他只能伪造交易数据和主管签字以获得更高额度，增加所持头寸，试图将市场引向"正确"方向。

滨中泰男的运气并不好。从1995年底到1996年初，情况变得越来越糟。滨中泰男的精神状态也开始出现问题，整日借酒浇愁。

住友高层斩仓止损

1996年6月，这位明星交易员再也瞒不住了，只得承认了自己的亏损。当时，未平仓的期货头寸高达18亿美元。震惊之余，住友公司解雇了滨中泰男，并匆忙平掉了所有头寸。另外，由于卖单太大，铜价在一天之内又暴跌了27%，结果给公司额外造成了8亿美元的损失。最后，住友财团实际承担的亏损为26亿美元。这是国际金融市场上单一公司遭遇过的最大亏损。

1998年，滨中泰男在法庭上认罪，并被判处8年监禁。记者们不禁心生疑窦：一个交易员是如何向主管隐瞒如此之大的巨额亏损的？很显然，住友的内部审计、风险控制和监管部门全部形同虚设。

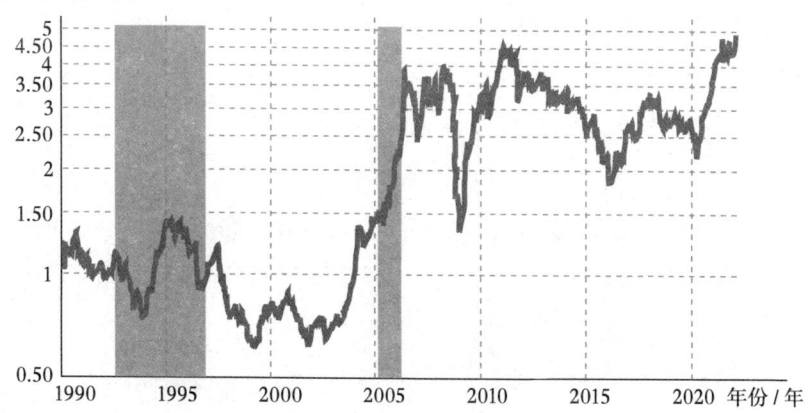

图2　1990—2022年铜价走势

（数据来源：www.macrotrends.net）

杰罗姆·科维尔：凭一己之力造成最大亏损

2008年1月，法国兴业银行的掌门人丹尼尔·溥敦（Daniel Bouton）满怀信心地准备公布上一年年报，并宣布高达80亿美元的税前盈利时，一场突如其来的灾难却席卷而来。一名交易员的违规操作让法国兴业银行迅速损失了70多亿美元。这一数字一举刷新了单一交易员亏损的历史纪录。

当时，全球经济正面临着1929—1933年大萧条以来最为严重的衰退，而法国兴业银行在此时又遭此重创，更令其雪上加霜。盈利梦碎，银行不得不紧急寻求60亿美元的外部融资，以支撑摇摇欲坠的银行财务状况。

这位交易员预判股市即将上涨，便在贪婪的驱使下，将银行高达660亿美元的巨额资金全都押在欧洲三大股指期货上。然而，股指不涨反跌。为了弥补损失，他不断尝试平仓，结果反而加剧了市场动荡，最终导致损失越来越大，直至完全失控。

这一幕不禁让人回想起1995年的尼克·李森事件。当时李森将270亿美元全部押在日本股指期货上，不仅让巴林银行的损失超过了13亿美元，更是直接导致了百年企业的破产。而今，法国兴业银行也发生了类似事件，在2008年1月21日的清晨迎来了72亿美元的巨额损失，比尼克·李森造成的损失数额要多出好几倍。

交易员是魔鬼，还是银行的替罪羊？

31岁时，杰罗姆·科维尔开始在法国兴业银行担任初级衍生品交易员，年薪66000美元。说起来，在投行中这绝对属于相当低的薪资水平。

科维尔在法国布列塔尼大区的蓬拉贝度过了他的童年。2000年，他从里昂国立应用科学学院毕业，获得了金融硕士学位，并顺利进入法国兴业银行的中台部门工作。几年后，他的才华得到认可，并于2005年被选拔进入巴黎分行的"三角洲"（Delta One）衍生品团队担任初级交易员，专注于程序化交易、ETF（交易型开放式指数基金）、掉期交易、指数期货及量化交易等复杂交易。

2008年，科维尔的工作重心转向套利交易。这个部门的任务是寻找并利用市场上短暂存在的价差——也就是理论上等值的两种证券之间会出现微小的价格差异，这个部门就靠这个差异来获利。当然，由于价差极其细微，套利交易员需要大量买入，并通过加杠杆来扩大交易规模，确保即便只是微小的价差，也能从中获得可观的利润。

然而，早在2008年1月那场灾难性事件爆发前数月，科维尔就已将法国兴业银行的风控管理系统了解得一清二楚。这个IT风控管理系统旨在管理交易额度与银行风险敞口。原本套利交易应同时执行买入与卖出，从而可以将风险对冲至接近于零的水平，而他却只执行了一半操作。换句话说，他直接对市场走势进行了一边倒的赌博。其实他是无权做这种交易的。

之前，面对诸如美国"9·11"恐怖袭击、2005年伦敦爆炸案等国际危机之时，科维尔总能凭借其敏锐的洞察力为雇主赚取丰厚利润。因此，他在银行交易界迅速崛起，成为一颗耀眼的明星。在利润的诱惑下，法国兴业银行往往对这类明星交易员的越权行为睁一只眼闭一只眼。据一些权威媒体披露，科维尔在2007年通过一系列未经授权的交易活动，竟然独揽了近20亿美元的巨额利润。而在2008年初，这位明星交易员的个人盈利已经突破10亿美元大关。

2008年1月中旬，科维尔的巨额亏损曝光。这时人们才发现他竟持有价值850亿美元的股指期货头寸。这一惊人数字远超近600亿美元的法国兴业银行市值。而且，其中涉及的欧洲斯托克50指数、法兰克福指数及富时100指数等合约，都将在未来数月内到期。科维尔原本寄希望依靠股市上涨获利，但如此之大的持仓规模，在投行界亦属罕见——竟然相当于银行市值的1.5倍之多！

法国兴业银行是在2008年1月18日星期五下午意识到出了问题的。当时，一名负责内控的职员在核查中发现了异常：有一笔交易突破了银行的风险限额。他继续追查，想进一步确认是否存在相关对冲套利交易记录，结果一无所获。这时他发现，完整的套利交易根本不存在。

当天交易时段的最后一小时，法国兴业银行的股价暴跌了近10%。显然，关于科维尔惊天豪赌和巨额亏损的消息已经不胫而走了。

2008年1月21日：法国兴业银行的血色周一

周末，随着欺诈规模的逐步清晰，银行迅速解雇科维尔。但银行高层现在头疼的是，如果处理掉高达850亿美元的持仓头寸，银行便会蒙受14亿美元的损失。这时，他们面临艰难抉择：是保留这些违规交易的头寸，期待股市回暖，还是即刻平仓止损？

在这关键的时刻，管理层果断选择斩仓。自1月21日至1月23日，法国兴业银行在市场上分批平光了科维尔持有的所有合约。

然而，在短时间内发生如此大量的抛售，自然会导致价格越卖越低，银行损失也随之急剧扩大。当所有违规持仓最终被清空时，科维尔的合约已给法国兴业银行造成了72亿美元的巨额损失，成为史上单一"魔鬼交易员"造成的最大经济灾难。

科维尔的庭审于2010年6月8日拉开帷幕。法国兴业银行指控杰罗姆·科维尔于2007年至2008年，利用职权之外的手段，通过操控内部系统，在股指期货市场上进行了巨额违规交易。可科维尔反驳说，他的所作所为在法国兴业银行内部并非个例，其他交易员也有类似行为。这一指控也引发了记者的广泛质疑：如此大规模的违规交易，为何能够长时间不被发现？

2010年10月，科维尔被判有期徒刑5年，缓刑2年，终生不得从事金融服务领域的工作。

瑞银的魔鬼交易员奎库·阿多博利

从2009年2月起，奎库·阿多博利在瑞士银行业巨头瑞银集团（UBS）担任CEO一职。然而，仅仅两年后的2011年9月24日，他却因违规交易丑闻导致20多亿美元的损失而引咎辞职。随着风波持续发酵，瑞银集团全球股票业务部的联合主管弗朗索瓦·古夫斯（Francois Gouws）和亚辛·布哈拉（Yassine Bouhara），以及部门的一位联合首席运营官在两周内也宣布辞职。此外，还有七名股票业务人员被停职，风控和运营部门也受到了相应处分。

2011年9月6日星期二早上，瑞银集团交易员奎库·阿多博利在脸书上写道："我需要奇迹。"而就在当天上午，瑞银决定，将瑞士法郎兑欧元的汇率下限设定为1.2，并称将不惜一切代价，坚决遏制瑞士法郎持续升值。

这一突如其来的决定堪称现代历史中最重大的货币汇率干预事件。此举一出，瞬间搅动市场风云，让所有人措手不及。对于瑞银伦敦分行的奎库·阿多博利而言，这无疑是沉重一击。正是这位瑞银的证券交易员为掩盖远超风险限额的交易行为，虚构了对冲交易，此举无形中对银行造成了远超预期的风险敞口。

2011年9月之前，31岁的奎库·阿多博利犹如一颗备受瞩目的新星，在伦敦金融界冉冉升起。阿多博利出生在加纳，自幼家境优渥。他的父亲在联合国任职。4岁那年，他随家人从加纳先后搬家到耶路撒冷、大马士革，最终于1991年定居英国，并在这里完成了从小学到大学的全部学业。2006年9月，阿多博利以优秀毕业生的身份进入瑞银伦敦分行实习。到了2011年，他已成为瑞银的四大外汇交易员之一，同时开展代客服务和自营业务。2010年，阿多博利凭借出色的表现，拿到了11万英镑的年薪和25万英镑的奖金。

阿多博利业余时间爱好广泛，尤其钟爱摄影与骑行，另外对高级葡萄酒也颇有研究。他居住在伦敦东部的斯皮塔菲尔德区。他的家有3000平方英尺[1]，地上铺着典雅的石灰石地板，显得宽敞明亮。而且，该社区也很"热闹"，很多银行与对冲基金的同行都住在这里。

隐瞒多年的损失浮出水面

2011年9月6日，一通2分钟的电话改变了一切。瑞银的会计威廉·斯图尔特（William Steward）要求阿多博利对账务中的异常交易给出解释。

早在那年夏天，苗头就已显现。2011年，市场剧烈动荡，瑞银已因次级贷损失数十亿美元，数千人被裁员。而阿多博利刚刚成为外汇交易团队中资历最深的交易员。2011年7月，危机步步逼近。此时，阿多博利对市场走势的判断与团队截然相反。他觉得市场将继续走跌，而他的同事们却预测市场将迎来反弹。在同事们的压力下，他不得不改变了立场。然而，正如他所预测的那样，市场果然继续下跌了。他随即改为做空，可他刚刚完成做空市场就再次反弹了。从那时起，他的交易就再也没顺利过。

到了7月中旬，阿多博利的亏损已接近3亿美元。但他必须在7月25日前后力挽狂澜，将损失填平才行。然而，8月5日，标准普尔竟然下调美债评级，令市场再现抛售狂潮，阿多博利的团队也再次判断失误。与此同时，瑞士国家银行出手干预市场，反而使市场乱上加乱，亏损数额直线上升，已然失控。瑞银的合规部门对阿多博利施压，要求其说明情况。

而此时的他心力交瘁。面对高达23亿美元的亏损，阿多博利深知自己的职业生涯已结束。

---

[1] 1平方英尺≈0.0929平方米。——编者注

在被捕前的那个星期一，他把交易台的另外三名交易员叫到了瑞银大楼对面的酒吧，商量如何应对危机。他打算把所有责任都扛下来，否认有其他人知情。这样，只有他会被解雇，其他人都会免受责罚。到家后，他给银行发了一封电子邮件，坦白了一切。

在这封爆炸性的电子邮件中我们看到：阿多博利承认自己做了许多秘密交易，且一直没有告诉主管和其他同事。他在邮件中主动承担了全部责任。在邮件结尾，他写道："给大家留下了这么大的烂摊子，让银行和同事承受这样的风险，我深感抱歉。"

这封邮件是2011年9月6日下午2点30分发出的。次日凌晨3点35分，阿多博利就被捕了。

瑞银为阿多博利聘请了律师，并支付了费用，希望他能主动认罪。但入狱之后，阿多博利改了口供。2012年庭审进行时，此案登上了各大报纸的头条，成了金融业贪婪与违规的典型案例。

阿多博利坚称，他的交易行为并非个例。其他人不仅知情，在长达两年多的时间里，尤其赢利时，还积极支持他的做法。在审判过程中，瑞银至少有3起未经授权的交易事件遭到了曝光。

最终，阿多博利因2项欺诈和4项伪造账务的罪名被判处7年监禁。而英国金融监管机构因瑞银在损失事件中的疏忽，对其开出了约3000万英镑的高额罚单。

史上最著名的魔鬼交易员

我们在下表中列举了过去数十年间，造成最严重经济损失的魔鬼交易员，包括他们的国籍、涉案机构、法律判决结果以及各自的损失，按损失额由高到低排列。这份名单不仅揭示了金融犯罪的严重性，还引出一个引人深思的问题：这些胆大包天的交易员究竟是精心策划的主谋，还是误入歧途的普通罪犯呢？其实，二者之间的界限往往模糊不清，难以轻易界定。

表1 史上最著名的魔鬼交易员

姓名	机构	国家	市场	判决	亏损
杰罗姆·科维尔	法国兴业银行	法国巴黎	欧洲股指期货	5年有期徒刑	72亿美元（2008）
滨中泰男	住友集团	日本东京	铜期货	8年有期徒刑	26亿美元（1996）
奎库·阿多博利	瑞银	英国伦敦	标普500、DAX和欧洲斯托克50股指期货	7年有期徒刑	23亿美元（2011）
尼克·李森	巴林银行	新加坡	日经股指期货	6年有期徒刑	13亿美元（1995）

这些魔鬼交易员之所以会名震四方，皆因他们每个人都造成了超过10亿美元的亏损。他们的堕落之路始于过度自信，而后在贪婪的驱使下愈演愈烈。对利润的渴望、对金钱的贪婪、对自我满足的追求，最终让他们走上了犯罪道路。在这个过程中，企业竟然也对潜在的风险视而不见，只顾着追逐滚滚而来的利润……直到一切戛然而止。

关键内容

- 年仅28岁的交易员尼克·李森，在新加坡擅自进行股指期货交易。因1995年1月神户地震爆发，导致其亏损失控。累计亏损超过13亿美元，直接将英国历史悠久的巴林银行推向了破产深渊。
- 在巴林银行倒闭仅一年后的1996年，日本又爆出了轰动一时的住友铜丑闻，主角是48岁的交易员滨中泰男。过着双重人生的他因违规操作，最终造成26亿美元的巨额亏损。
- 当滨中泰男坦白16亿美元的亏损时，住友高管惊慌失措，立即抛光了所有头寸。这一行为导致铜价在一天内暴跌27%，实际造成的损失高达26亿美元。这是国际金融市场上单一公司有史以来最大的损失。不过，这个纪录很快就被打破。

- 法国兴业银行31岁的衍生品交易员杰罗姆·科维尔违规积累了高达850亿美元的欧洲股指期货头寸。事发之后,银行高管恐慌斩仓,最终损失飙升至72亿美元——相当于尼克·李森给巴林银行造成损失的5.5倍。
- 2011年9月,31岁的瑞银交易新星奎库·阿多博利在伦敦违规进行衍生品交易,造成了23亿美元的损失。

第六章

拉斯维加斯：赌城风云

拉斯维加斯——象征着纸醉金迷与一夜暴富的罪恶之城。其金碧辉煌的赌场曾频繁亮相于《十一罗汉》《宿醉》《决胜21点》等银幕巨制之中。然而，真实世界中能在全球赌坛一掷千金的人屈指可数。如"希腊人"阿奇·卡拉斯（Archie Karas）、"鲸王"克里·帕克（Kerry Packer）、"武士"柏木昭男等，都曾经是拉斯维加斯的不朽传奇。

相比之下，爱德华·索普绝对算是独树一帜。他身兼多重身份：不仅是数学教授，还是对冲基金掌舵人，更是赌场奇人。他在《击败庄家》（*Beat the Dealer*）一书中所描写的策略，被战略投资先锋比尔·卡普兰及麻省理工21点小组奉为圭臬。他们曾凭借索普的数牌术及高超算牌技巧，从赌场大赚了上亿美元。

拉斯维加斯发生的故事不必四处宣扬。

——拉斯维加斯旅游局宣传语

在赌场上，或许你会红运当头，在老虎机上中大奖；或许你能成为赌场明星，身着笔挺燕尾服在赌桌上激战正酣；或许你梦想着享受豪华套房、专车接送与私人赌桌的尊荣。

但你要记住，赌博就和毒品、酒精一样，在激发大脑奖励机制的同时，也潜藏着成瘾风险。在全世界众多文化中，赌博都被视为恶习乃至罪恶，因此被严禁或受严格管控。但"禁果"总是分外诱人，这也让全球的赌博胜地变得更富吸引力。

提到赌城，中国澳门、美国大西洋城、摩纳哥蒙特卡洛、新加坡、英国伦敦，以及巴哈马的天堂岛与拿骚等皆是声名显赫之地。但与这些赌城相比，美国内华达州的拉斯维加斯绝对独领风骚，其地位犹如赌坛霸主，无可撼动。全球25家顶尖赌场中有15家在这里汇聚，将拉斯维加斯大道装点得如同黄金大道般光芒四射。

然而，拉斯维加斯这座罪恶之城，也汇聚了顶尖娱乐表演、全球知名餐厅，以及关于赌博、犯罪与风流韵事的种种传说。2002年，当地旅游局的宣传语是："拉斯维加斯发生的故事不必四处宣扬。"

来赌城度假的游客络绎不绝，他们只为体验那灯火辉煌下的不羁周末：游泳池畔的狂欢派对、世界级的演出视听盛宴，还有坐在赌桌前追求一夜暴富的梦幻。尽管多数游客都明白，最终很可能遗憾而归，但他们来的时候必定都做着发财的美梦。

中得头奖：梦想可及，实则渺茫

拉斯维加斯这座不夜城，是无数人梦想一夜暴富的地方。这梦想不仅点燃人们的激情，也喂饱了那些闪烁着诱人灯光的老虎机。即便面临在线赌场的激烈竞争，拉斯维加斯的顶级老虎机阵容——诸如财富之轮、普通老虎机、双倍奖励老虎机、蒙特卡洛系列以及万众瞩目的"百万富翁"系列——依旧势不可当、蓬勃兴旺。

拉斯维加斯的赌场遍地都是老虎机，且每一台的中奖率都不相同。如热门的"百万富翁"系列就是人们最喜欢的一种老虎机。这种老虎机中头奖的概率极低，仅为五千万分之一，但奇迹也偶有发生，每隔几年，就会有幸运儿诞生。最震撼的一次是2003年，一位洛杉矶的软件工程师在埃克斯卡利伯赌场"百万富翁"机上赢走了近4000万美元，创下了拉斯维加斯的老虎机奖金纪录。2000年，同样在"百万富翁"机前，沙漠酒店赌场的女侍辛西娅·杰伊-布伦南（Cynthia Jay-Brennan）也幸运地收获了近3500万美元大奖。

那赌场又能从老虎机上赚到多少钱呢？内华达州游戏控制委员会的数据显示，2020年拉斯维加斯大道上的活跃老虎机有将近4万台，月均收入为每台7000美元，也就是说老虎机创造的年收入超过30亿美元。

赌城始祖：巴格斯·西格尔

1946年，巴格斯·西格尔（Bugsy Siegel）在美国东岸黑帮大佬迈耶·兰斯基（Meyer Lansky）的资助下，于拉斯维加斯这座沙漠小镇上建造起火烈鸟度假村。后来，这里逐渐发展成集赌博、卖淫、有组织犯罪于一体的诱惑之城。

20世纪五六十年代，美国黑帮成员通过犯罪、华尔街及养老金等渠道筹集资金，建造了撒哈拉、金沙、里维埃拉等酒店度假区。不久后，这些度假区又组建了33家大型旅游综合体。这些综合体复刻了古罗马、古埃及、巴黎、威尼斯、纽约等极具风情的"梦幻游"景点，每年吸引的游客多达5000万人。

另外，从巴格斯·西格尔初次投资拉斯维加斯时起，好莱坞就与赌城结下了不解之缘。许多好莱坞电影都是在这里拍摄的，比如《艳舞女郎》（Showgirls）、《赌场》（Casino）、《离开拉斯维加斯》（Leaving Las Vegas）、《恐惧拉斯维加斯》（Fear and Loathing in Las Vegas）、《十一罗汉》（Ocean's Eleven）系列及《宿醉》（The

Hangover）等等。

我们也可以看到，自2000年起，永利、安可、帕拉佐及宇宙大饭店等已傲然成为拉斯维加斯大道的地标。要知道，赌场与博彩业是一个价值数十亿美元的庞大产业，在全球范围内年收入高达2300亿美元。美国，尤其是拉斯维加斯，更是占据了市场的主导地位。昔日巴格斯·西格尔构想中的万人铁路小镇，如今已发展成为拥有近200万人口的繁华都市，且时刻焕发出勃勃生机。

好了，你说得够多了。你闯进了我的领地。恭喜你，你死定了！

——特里·本尼迪克特（Terry Benedict）

电影《十一罗汉》台词

在2001年的经典电影《十一罗汉》中，丹尼·奥申（Danny Ocean）组建了一支由11名高手组成的团队。他们策划了一场史无前例的赌场大劫案，目标直指虚构大亨特里·本尼迪克特麾下的豪华赌场：贝拉吉奥、米拉奇以及米高梅大酒店。他们经过周密计划，准备携1.5亿美元巨款全身而退。在这部好莱坞大片中，主角丹尼·奥申最终成功地将巨额财富收入囊中，还赢得了佳人芳心，实现了爱情与财富双丰收。

《十一罗汉》：赌场劫案系列

史蒂文·索德伯格执导的《十一罗汉》三部曲是美国盗窃题材电影的瑰宝。其灵感来自1960年由路易斯·迈尔斯通执导，彼得·劳福德、弗兰克·辛纳特拉、迪恩·马丁、小萨米·戴维斯与乔伊·毕绍普出演的经典之作《十一罗汉》。

2001年翻拍的《十一罗汉》故事梗概是，刚出狱的偷盗高手

> 丹尼·奥申（乔治·克鲁尼饰）精心策划了一场赌场大劫案。他打算对三家拉斯维加斯的豪华赌场展开连环盗窃，只为重获前妻苔丝（朱莉娅·罗伯茨饰）的芳心。面对价值1.5亿美元的巨大挑战，他精心挑选了另外10位顶尖小偷与诈骗高手……因故事线的继续延展需要，《十二罗汉》于2004年上映，而《十三罗汉》也于2007年圆满落幕。该系列电影星光熠熠，汇聚了乔治·克鲁尼、马特·达蒙、布拉德·皮特与朱莉娅·罗伯茨等好莱坞巨星。2018年6月8日，全女性阵容出演的《瞒天过海：美人计》（*Ocean's 8*）惊艳问世，以"八罗汉"之名续写传奇。

在现实生活中抢劫赌场远比银幕上复杂得多。诚然，赌场作为财富汇聚之地，巨额资金就如同磁石般吸引着不法之徒。然而，回顾过去30多年间发生的赌场劫案、抢劫、欺诈与骗局就会发现，现实与电影的差距显而易见。现实中的抢劫计划很少能做到电影里那般完美。因为在现实中，劫匪往往都是彻头彻尾的坏人，他们每个人都有自己的企图，因此往往也很难真的得手。

赌场老板并不担心被劫匪打劫。真正能让他们做到卑躬屈膝的，其实是那些有实力一掷千金的超级赌徒。

人称"猎豹""鲸鱼"的超级赌徒

在赌场里，那些挥金如土、享受赌场顶级礼遇的超级贵宾通常被尊称为"猎豹"或"鲸鱼"。一般来说，赌场会为他们免费提供专机接送、豪华座驾以及最贵的套房。据业内数据统计，这样的超级赌徒在全球范围内不过200人而已。这些超级玩家偏爱百家乐和21点，因为这两类游戏的庄家优势相对较低，也就是说玩家的胜率会高一些。当然，双骰、轮盘赌以及各类扑克牌游戏同样备受青睐。他们唯一不碰的，就是老虎机。

在拉斯维加斯，一个周末豪掷10万—100万美元的赌徒是"猎豹"级玩家，而在一两天内就下注100万—200万美元的则是"鲸鱼"级玩家，"鲸鱼"级玩家单次赌注便可以高达25000美元。这两类人群为赌场带来了巨大的潜在利润。难怪赌场对这些财大气粗的超级赌徒极尽追捧之能事。对我们普通人而言，他们的奢华生活确实令人咋舌！

三条"鲸鱼"："希腊人""鲸王"和"武士"

罪恶之城从来不缺神话和传说，其中一些神话在《十一罗汉》系列电影中便有所展现。不过，现实中真正的赌神横扫赌场的确是个潜在的威胁，这一幕会让许多赌场经理寝食难安。多年来，让赌场陷入困境的三大超级赌徒分别是阿奇·卡拉斯、克里·帕克和柏木昭男。

阿奇·卡拉斯，1950年出生于希腊，是扑克与台球界的佼佼者，江湖人称"希腊人"。他堪称美国赌博史上的"赌神"。其家族定居于希腊，而他本人则定居在拉斯维加斯。1992—1995年，卡拉斯仅凭50美元的本金，便在拉斯维加斯狂赚4000万美元。由此创下时间最长、金额最高的"连胜"纪录。这一壮举也成了赌城的不朽传奇。

卡拉斯第一次"连胜"持续了6个月。初到拉斯维加斯时，他囊中羞涩，便向海市蜃楼（Mirage）赌场的一位牌友借了1万美元。然后，短短几小时内，1万美元就变成了3万美元。他大方地将其中的2万美元还给了那位牌友，然后便拿着剩下的1万美元，来到了东热带大道上的一家台球酒吧。在那里，他巧遇了一位扑克、台球双绝的富豪高手。几番较量之后，卡拉斯赢了几十万美元。之后，他索性将赌注提高到一局4万美元。许多赌徒与职业牌手都亲眼见证了这个希腊赌神的惊人战绩。最终，卡拉斯总共赢了120万美元。

接着，卡拉斯和富豪高手决定一起去宾尼昂赌场玩扑克。这回，卡拉斯又赢了300万美元。至此，他手头已经有400万美元了。随后，他在拉斯维加斯继续待了3个月，赌资也增加至700万美元。

卡拉斯的赌运势不可当，他接连击败帕奇·皮尔逊（Puggy Pearson）、约翰尼·莫斯（Johnny Moss）等高手。在首次连续赌赢6个月之后，他总共累积了1700多万美元的巨额财富。后来，他又从扑克转战骰子。屡战屡胜后，他的财富曾一度突破4000万美元。

不过，阿奇·卡拉斯也经历了许多次"财富过山车"，即从一无所有到百万富翁，再重新归零。而到了1995年，他更是在一年内就把先前赚到的4000万美元输了个精光。

克里·帕克（1937—2005）是澳大利亚的出版业大亨。他不仅是出版集团与广播公司的掌门人，同时也是赌场中的"鲸王"。他从父亲那里继承了价值1亿美元的家业，并成功将其发展为45亿美元的传媒帝国。其辉煌战绩仅次于澳大利亚另一位传媒巨擘鲁伯特·默多克（Rupert Murdoch）。

帕克以酷爱豪赌而闻名，输赢动辄天文数字。他对赌场和服务生出手也极为大方，小费就给了上百万美元。1989年秋夜，帕克来到了刚刚开业的海市蜃楼赌场。面对"赌王"的突然造访，赌场的百家乐团队受宠若惊。不过，当值的荷官因为找不到预留赌桌的钥匙而心急如焚。最后情急之下，他用水晶烟灰缸将百家乐设备直接砸开，接着马上为帕克开局。帕克对此举大为赞赏，在赢了数百万美元后，慷慨地赏了荷官10万美元小费。

帕克的传奇故事还有很多。

有一次，他去拉斯维加斯的云霄酒店赌场（Stratosphere Casino）参加扑克锦标赛，遇到一位得克萨斯的石油大亨对着众人大放厥词。人们让他省省吧，而他竟然反问："你们知道我是谁吗？"帕克回了句："不认识。""我可是身价1亿美元的人。"石油大亨脱口而出。

听到他这么说，帕克从口袋里掏出了一枚硬币。"那咱们就用这枚硬币来一决高下吧！"他若无其事地提议道，毫不介意用50%的机会赌上这位石油大亨的全部身家。

帕克是拉斯维加斯赌场的常客，尤其偏爱光顾美高梅大酒店（MGM Grand）。1997年的某一天，克里·帕克又来到美高梅玩21点。他同时开了7桌，一次下注20万美元。仅仅过了40分钟，帕克就将2500万美元收入囊中。这一晚，美高梅大酒店输了3300万美元。这也成为帕克赌博生涯中最辉煌的一战。兴奋至极的帕克在离开时，给当晚服务他的员工豪掷了100万美元的小费。

克里·帕克是一位传奇赌王。他的赌注之大，足以让任何疲惫的赌场大佬精神大振。2005年12月26日，这位68岁的赌界巨星在悉尼离世。

柏木昭男（1938—1992），人称"武士"，是日本房地产界的巨富。他因在拉斯维加斯及大西洋城的赌场豪掷千金而声名远扬。柏木钟情于百家乐游戏，他每局下注金额惊人，往往10万—20万美元不等，且连续数小时不间断，因此经常单次赌注总额可轻松突破千万美元大关。关于他的其他生活细节鲜为人知，但有两点尤为引人注目：一是他年收入高达1亿美元，身家也超过10亿美元；二是他家中聘请了私人厨师，专门为他制作腌猴肉这一独特料理。

1990年，柏木昭男与唐纳德·特朗普（Donald Trump）进行过一场史诗级的较量。几天之内，柏木昭男就大赚了数百万美元。

那是在1990年2月，特朗普专程前往东京，为迈克·泰森（Mike Tyson）与巴斯特·道格拉斯（Buster Douglas）的重量级拳击赛做广告。在此行中，他意外邂逅了柏木昭男。作为大西洋城多家知名赌场的老板，特朗普有意邀请这位赌场的高阶玩家，希望借此给赌场带来巨额收入，同时也能达到宣传效果。

于是，特朗普向柏木昭男发出了邀请，请他来大西洋城的特朗普广场一试身手。柏木昭男欣然应战。他入住的是双层复式海景套房，享受顶级的管家服务，套房内还摆放着一架大钢琴及价值不菲的翡翠佛像。而接下来的两天中，他却并未出门。直至周五的晚上，柏木昭男才梳着油亮的大背头，在保镖的簇拥下来到他的私人赌桌前，开始了一场豪赌盛宴。他出手阔绰，赌注惊人，桌上25万美元的筹码堆了一尺多高，着实令人叹为观止。这一幕吸引了数百名普通赌客的目光，他们仿佛窥见了另一个世界。而这，正是特朗普想要的宣传效果。

令特朗普没想到的是，柏木昭男一上桌就开始赢钱。特朗普这才惊觉，对手是个能在短时间内赚取巨额财富，甚至可能让他的赌场轻易破产的高手。要知道，虽然每场赌局都设有对庄家有利的规则，但在百家乐游戏中庄家的优势并不明显。

此前，有人已提醒过特朗普要警惕柏木昭男，因为此人曾在澳大利亚赢了将近2000万美元，几乎让詹姆斯·戈德史密斯（James Goldsmith）的钻石海滩赌场破产。不过，柏木昭男在拉斯维加斯的梦幻赌场也有过败绩——他曾输掉600万美元。而现在，柏木昭男正以每分钟数千美元的速度赢钱。整个周末，局势就如同过山车般起伏不定。他时而手气红火，时而冷静沉稳，即便输牌，也只是淡然一笑。最终，柏木昭男两天就赢走了特朗普600万美元，满心欢喜地返回了东京。

不久之后，特朗普再度向柏木昭男发出邀请，请他来大西洋城一决高下，主要目的是期待能赢回之前输掉的钱。他们特意将回归仪式定在12月7日。这天恰好是日本1941年偷袭珍珠港的日子。然而，特朗普再次遭遇挫败，输掉了900万美元。两场较量下来，特朗普总共输掉了1500万美元。这让他震惊不已，甚至萌生了终止比赛的念头。

但随后局势发生逆转，柏木昭男也开始连连失利。仅仅过了6天，特朗普便成功赢回了1000万美元，这相当于在填补了2月时输掉的600万美元之外，还额外赢了400万美元。特朗普见好就收，立刻宣布比赛结束。这一决定让赊账赌博的柏木昭男大为恼火。而他在出发前，从新加坡银行开具的600万美元支票还未兑现。至于那张支票最终是否兑现，或是被柏木昭男主动取消，至今仍是个谜。

此举令特朗普成功吸引到了媒体的广泛关注，这原本也是他计划中的一部分。但是,这一切并不能挽救他的特朗普广场及其他产业。到了1992年,特朗普在大西洋城的三家赌场相继宣告破产。

只可惜柏木昭男没有亲眼看到这一幕。1992年1月,他在富士山附近的家中遇害身亡,年仅54岁。他的身上足足留下了150处武士刀伤,而他的财产和珠宝却丝毫未动。此案至今未破。有传言称,日本的黑社会山口组可能与此事有关。

书籍和电影

2017年,出版了一本名为《战胜一切市场的人:从拉斯维加斯到华尔街》(*A Man for All Markets: From Las Vegas to Wall Street*)的书。其作者爱德华·索普不仅是数学家还是量化金融教父,他在书中描述了自己是如何利用算牌技巧,在21点的赌桌上打败庄家的。1962年,索普还出版过《击败庄家》一书。随后他便将自己的目光转向"世界上最大的赌场"华尔街,并于2017年出版了《战胜一切市场的人:从拉斯维加斯到华尔街》。

另一位研究赌博的奇才——本·梅兹里奇(Ben Mezrich)的著作《攻陷拉斯维加斯:六个麻省理工高才生如何玩转21点》于2002年出版。受此书启发,由凯文·史派西(Kevin Spacey)执导、劳伦斯·菲什伯恩(Laurence Fishburne)主演的电影《决胜21点》于2008年上映。

这部作品是基于真实故事改编的,讲述了6名麻省理工学院的学生如何成为算牌高手,在拉斯维加斯的21点赌桌上狂赚百万美元的故事。

在拉斯维加斯赢钱的概率有多大？

《打败拉斯维加斯》(*Breaking Vegas*)是一部2004年春季在美国历史频道首播的电视剧。该剧讲述了人们为了从赌场赚钱而不择手段，甚至不惜违法乱纪的故事。

1966年，爱德华·索普的著作《击败庄家》大获成功，其销量突破百万册，还登上了《纽约时报》的畅销书榜单。作者索普是麻省理工学院的数学教授。他对21点游戏进行过深度剖析，发现只要合理运用算牌技巧便可以逆转赌场在21点中的优势。为了验证这一理论，他携手资深赌徒及前庄家曼尼·金梅尔（Manny Kimmel）在内华达州的雷诺、太浩湖及拉斯维加斯等地，利用伪装（比如特制眼镜和假胡须）进行实战操作。这一消息迅速在赌博圈内传开，索普因此一夜成名。

2004年，《打败拉斯维加斯》剧组特别制作了一期名为《21点教授》的节目，专门介绍了爱德华·索普的计算机辅助算牌技巧。

到了20世纪60年代末期，索普的兴趣又转向了股市这个新型"赌场"。他巧妙运用概率统计知识，捕捉股票的定价偏差。因此，索普成为量化投资的开山鼻祖，被人们誉为量化投资之父，也正是他彻底改变了华尔街的投资方式。量化投资，又称系统化投资，依托高数模型、计算机系统与深度分析来做出投资决策。

另外，索普还创建了"普林斯顿新港合作基金"（Princeton Newport Partners）。20年间，该对冲基金一直执行中性策略，在扣除成本后，年均回报率仍高达15%，绝对是业界佼佼者。随后，他又推出了"山脊合作基金"（Ridgeline Partners），专注于套利统计，1994—2002年，让投资者的资金实现了3倍增长。

2017年，索普完成了自传，随后又成了加州新港滩的爱德华·索普合作基金的总裁。历经数十载，作为数学家、作家、对冲基金经理及21点高手，索普成功累积了高达8亿美元的净资产。

赌场也并非只赢不输

比尔·卡普兰在仔细研读了爱德华·索普的《击败庄家》后，突然领悟到了其中的奥义。之后，他不仅成立了一家名为"战略投资"（Strategic Investments）的公司，还在麻省理工学院建了一个"21点小组"。

故事发生在1977年，当年卡普兰被哈佛大学录取，却并未按时去哈佛商学院报到，而是选择转战赌城拉斯维加斯。

机缘巧合，卡普兰偶遇了麻省理工学院的J.P.马萨尔（J.P. Massar），也就是纪录片《打败拉斯维加斯》中"M先生"的原型。在剑桥的一家中餐馆里，马萨尔偶然间听到卡普兰正在谈论21点游戏，随即两人进行了深入攀谈。很快，两人便一起开启了这段名利双收的合作。他们共同建立了麻省理工21点小组，并培养出一群精通21点算牌的高手。

卡普兰与马萨尔广纳贤才，他们从麻省理工、哈佛等顶尖学府招募精英学子进入小组。随后，小组凭借精湛的算牌技巧与复杂策略，在各大赌场屡战屡胜，称霸21点牌桌。1980年，在卡普兰的正确领导下，麻省理工21点小组携9万美元出征，在短短10周之内就实现了资金翻倍。

紧接着，卡普兰和马萨尔又携手约翰·张（John Chang），将合作推向新高度。他们在马萨诸塞州共同创立了战略投资公司，并组建起新的21点小组。公司声称他们是通过钻研爱德华·索普的高低计数法，才找到了21点的制胜绝招，因而很快便募集了高达100万美元的资金。这个绝招需要三个人配合完成：大玩家、控制者和观察者。观察者负责通过算牌分析牌面优势，控制者则持续小额下注以混淆视听，同时验证观察者的判断。一旦控制者确认出现有利局面，便通过暗语在对话中向大玩家传递信号。比如，一句不经意的"这冰茶太甜了"，实则是告知大玩家牌面计数为16，因为"甜"是16的暗号。随后，大玩家会果断下重注，轻松赢得丰厚奖金。凭借这一独门绝技，三位合伙人信心倍增，开始广募贤才，打算大干一场。

在接下来的两年中，麻省理工21点小组迅速壮大，成员一度接近80人。后来，这支队伍及其后续团队，从1980年一直活跃到21世纪初，战绩斐然。但随着小组核心成员屡屡被赌场拒之门外，再加上其他更赚钱的投资渠道不断涌现，战略投资公司向玩家和投资人支付了1亿多美元的巨额利润后，便于1993年12月31日正式解散。

不过，麻省理工21点小组与比尔·卡普兰的故事频繁成为畅销书与热门电影的灵感源泉。其中，本·梅兹里奇的《攻陷拉斯维加斯：六个麻省理工高才生如何玩转21点》尤为引人注目。它描写了6位麻省理工学子在拉斯维加斯大获全胜，赚取百万美元的传奇经历。尽管该书被归类为纪实文学，但《波士顿环球报》却指出，书中掺杂了不少虚构成分。许多推动剧情发展的关键情节，其实在现实中并未真实上演，而其他情况也或多或少地被夸大了。

梅兹里奇的这本书还被改编成了2008年在美国震撼上映的热门电影《决胜21点》。该片由罗伯特·卢克蒂克执导，片中汇聚了吉姆·斯特吉斯、凯文·斯派西、劳伦斯·菲什伯恩等众多实力派演员。影片中，吉姆·斯特吉斯饰演的本·坎贝尔，在影片结尾处为了争取哈佛医学院的奖学金，才向一位哈佛招生官回忆了这段传奇往事。

而在现实生活中，卡普兰、马萨尔、约翰·张及其他小组成员都保留了他们从赌博中赢到的钱，也从未被贴上罪犯的标签。

关键内容

- 拉斯维加斯给许多电影带来灵感，因为赢钱是每个人的梦想。但对于大多数偶尔赌博的赌客和游客来说，赢钱的概率很小。
- "鲸鱼"是指在赌博中投入巨额资金的豪赌玩家，他们会让赌场经理的肾上腺素飙升，比如美国总统唐纳德·特朗普。今天，一些大"鲸鱼"

早已经成为遥远的传说,比如"希腊人""鲸王"和"武士"。
- 爱德华·索普是大学教授、对冲基金经理和21点大师,他对所有市场都了如指掌。他的畅销书《击败庄家》至今仍被赌客奉为圭臬。在拉斯维加斯大赚特赚之后,他又将目光投向了华尔街。
- 继索普之后,比尔·卡普兰创建战略投资公司和麻省理工学院的21点小组,通过算牌绝招从赌场获利1亿多美元。本·梅兹里奇的畅销书《攻陷拉斯维加斯:六个麻省理工高才生如何玩转21点》和电影《决胜21点》讲述的都是这个传奇故事。

第七章

巴西石油：南美最大贪腐案

2014年，一个小小的"洗车行动"让庞大的贿赂网络浮出水面，进而令巴西政经界遭受沉重打击。起初，"洗车行动"只是针对能源巨头——巴西国家石油公司而进行的。然而，随着一系列丑闻被接连曝光，"洗车行动"竟然演变为一场反腐风暴。在风暴中，多位亿万富翁被捕入狱，两届政府接连垮台。这场反腐风暴的结果证明巴西政坛是多么腐败和不堪一击。

安德森·库珀："洗车行动"和"水门事件"相比如何？
德尔坦·达洛尼奥："洗车行动"有过之而无不及。
安德森·库珀：比"水门事件"还要严重？
德尔坦·达洛尼奥：严重得多。

——《60分钟时事杂志》

你想得到什么？就凭你杀了一条鲨鱼，以后就能一劳永逸了吗？

——安吉
电影《鲨鱼黑帮》台词

故事开始于2014年3月。那年巴西警方突袭了一家加油站，旨在打击其背后的小规模洗钱活动。当时，黑市中的人常利用小型商铺来洗钱，比如加油站、洗车行等。因此，这次行动的代号索性就叫"洗车行动"。

对巴西警方来说，这又是一次普通行动，抓到的肯定都是些小鱼小虾。但警方很快察觉到，其背后隐藏着更大阴谋。

随后，"洗车行动"逐渐升级，最后竟升级成为巴西历史上规模最大的反腐战役。一个庞大的贪腐网络就此浮出水面：涉及数百项罪名，超过200人遭到指控。被指控的人中包括3位巴西前总统和多位州长、国会成员、顶级富豪，涉案金额高达50多亿美元。非法资金流向了企业高管和政治团体，还牵涉其他国家及外资企业。谁都没想到，这一行动竟迅速揭露了一桩全球瞩目的腐败丑闻。

从加油站到贪腐风暴中心

一开始，警方将调查重点放在4名黑市贩子身上，他们分别是：阿尔贝托·优素福、卡洛斯·哈比卜·沙特尔（Carlos Habib Chater）、内尔马·科达马（Nelma Kodama）和劳尔·恩里克·斯劳尔（Raul Henrique Srour）。而且，他们各自都有单独的犯罪团伙。

2014年3月17日，阿尔贝托·优素福被列为抓捕对象。早上6点，警方突袭了巴西圣路易斯城的圣路易斯鲁泽洛斯酒店。前一天晚上，优素福刚刚从圣保罗来到这里。他带着装满现金的行李箱，入住酒店的704房间。不过，刚一入住，优素福便将钱托付给他人，以致这笔钱最终未能被警方追回。优素福被捕后，警方收缴了他的7部手机，并着手审查其中的短信记录与联系人信息。在与律师的通话中，优素福发出警告："听好了，事情远比你想的要复杂得多。这即将成为巴西前所未有的大审判，国会半数成员都将卷入其内，国家将遭受灭顶之灾！"

阿尔贝托·优素福出生于1967年10月6日，他是巴西洗钱与犯罪圈内的风云人物。早在"洗车行动"之前，他就因被牵涉进20世纪90年代末的班内斯塔多洗钱丑闻而声名狼藉。在故乡隆德里纳，优素福以奢靡的生活方式著称，他热衷于举办派对，且身边永远都有美女环绕。2015年，权威媒体《彭博商业周刊》与《纽约时报》纷纷将他刻画成"巴西黑市的幕后金主，专为权贵富豪走私巨款的资深罪犯"等形象，并贴上"洗钱罪犯"与"享乐主义"等标签。

随后，调查人员在优素福的一封电子邮件中找到了关键线索：他提及曾为商人保罗·罗伯托·科斯塔购置过一辆路虎车。这揭示出洗钱活动其实是服务于巴西国家石油公司采购部负责人保罗·罗伯托·科斯塔的。此线索如同一把钥匙，为检察官打开了一扇大门，大门内的一切可以揭露全国范围内庞大且错综复杂的腐败网络。在审讯过程中，科斯塔坦白了自己是如何配合巴西国家石油公司的内斯特·塞尔韦罗及其他董事，在办公楼建设、钻井平台、炼油厂及勘探船等合同中蓄意支付超额费用的。

科斯塔，这辆路虎车是谁给你买的？

巴西国家石油公司，这家总部位于里约热内卢的企业巨头在巴西家喻户晓。在2020年《福布斯》全球企业排行榜上，巴西国家石油公司在全球上市公司中排名第70位。

优素福向检察官透露，巴西前总统迪尔玛·罗塞芙（Dilma Roussef）在2003年至2010年担任巴西国家石油公司董事长期间有对内部作假与收受回扣行为。一位调查员表示，优素福的供词让人震惊："案件规模完全超出了我们的最初设想，简直难以置信！"

书籍和电影

弗拉基米尔·内托（Vladimir Netto）在其力作《机制》（*The Mechanism*）中讲述了一个真实的故事：一次寻常的洗钱调查，竟意外发现了人类史上重大腐败丑闻的冰山一角。

2019年，网飞推出同名纪录片《机制》，作为对巴西热门美剧《毒枭》的强劲回应。该剧以其扣人心弦的情节，深刻描绘了一幅充满权力斗争、腐败横行与贪婪无度的社会图景。

从军事独裁到总统共和制

1985年，巴西深陷经济危机之中，国内恶性通货膨胀频发。此时，统治巴西的军方政府却选择什么都不管。在人民自由选举后，第六共和国诞生。

回溯至危机前，军事独裁下的巴西曾凭借政治稳定与工业发展，实现了经济腾飞。在那时，军方与巴西国家石油公司这家国有石油巨头的关系就十分紧密。20世纪70年代，巴西成为投资热土，众多投资者蜂拥而至，其中不乏德国的大规模外资，不久圣保罗更是跃居为德国本土外德国人最多的工业城市。

然而好景不长，经济危机、高通胀、贿赂丑闻及侵吞国有资产等危机事件频发，这预示着巴西年轻一代领导的民主时代即将到来。但随之而来的是，各大城市陷入了大规模示威与动荡之中。

1991年，巴西携手阿根廷、巴拉圭、乌拉圭等，一起创立了"南方共同市场"（Mercosur）。它们构建起一个覆盖南美洲、人口超2.3亿的庞大单一市场。到了1994年，时任财政部部长的巴西前总统费尔南多·恩里克·卡多佐（Fernando Henrique Cardoso）又推出"雷亚尔经济计划"，一举终结了恶性通胀。从此，巴西人民也坚定地选择了总统共和制作为国家与政府的管理形式。

从卢拉到博索纳罗

2003—2011年，劳工党的路易斯·伊纳西奥·卢拉·达席尔瓦（Luiz Inácio Lula da Silva）开始担任巴西总统。卢拉在任期间，不仅有效减少了国家债务，还推行了"零饥饿"计划和"家庭补助金"等社会福祉项目。在他执政期间，巴西迅速崛起，成为拉丁美洲经济的领头羊，后来更与俄罗斯、印度和中国并肩成为"金砖四国"（BRIC）的创始成员国。

2011年，迪尔玛·罗塞芙女士开创历史，成为巴西历史上的首位女总统。她的领导风格强硬且颇具争议，这与前任总统卢拉截然不同，但这并未阻碍她赢得人民广泛支持。然而，不久发生的圣保罗公共交通费的上涨却触动了民众的敏感神经，最终引发大规模抗议。而随后警方的暴力镇压更是火上浇油。在接下来的数周中，数十万民众走上街头，表达不满。尽管这一事件导致罗塞芙总统的支持率有所下滑，但她仍在2014年的大选中成功连任。

但不久，随着生活成本的攀升，经济增速的下滑和大宗商品价格的下跌，2015年和2016年，巴西全国的抗议浪潮此起彼伏。

2016年，罗塞芙总统遭遇弹劾危机。但这不仅未能平息民众对政治的不满，反而加深了他们对体制的不信任。在弹劾的背后，实则是为阻止对"洗车行动"腐败案开展深入调查的权力争斗。同年，罗塞芙的继任者米歇尔·特梅尔（Michel Temer）在短短半年之内，便因贪腐而罢免了6名部长。而巴西经济也连续两年深陷衰退泥潭，难以自拔。

2018年，巴西人民对自由政府的不满情绪到达了极点。保守派强人雅伊尔·博索纳罗（Jair Bolsonaro）顺势当选总统。他发誓将推行经济改革,放宽对矿业和农业的环保监管。然而,这一政策导向却给亚马逊雨林带来了一场浩劫。2018年8月至2019年7月间,雨林遭遇了10年来从未有过的大规模砍伐。

时间推进至2020年初,新冠疫情肆虐全球,巴西也成了重灾区之一。面对疫情,博索纳罗政府却显得若无其事,他们能做的只有一直淡化病毒的威胁。

巴西:拉丁美洲的发电厂

巴西是世界上国土面积第五大的国家。其人口超过2.1亿,是世界人口第六大国。在经济领域,如果按名义GDP衡量,巴西位列全球第十二位。尤其在21世纪初,它一直是增速最为迅猛的主要经济体之一,其年均GDP增长率轻松跨越5%大关。如今,巴西已是拉丁美洲的一股强大经济力量。而且巴西也是"金砖四国"之一,与俄罗斯、印度、中国共同象征着新兴市场的崛起。

"金砖四国"简称"BRIC",来自巴西、俄罗斯、印度和中国的英文首字母。"金砖四国"凭借其庞大的人口基数与经济潜力,有望成为21世纪全球经济版图中的领航者。四国的领土总面积占世界陆地面积的25%以上;总人口超过28亿,占全球人口的40%;GDP占全球的25%以上。

科斯塔成了案件的关键突破口

"洗车行动"意外地将巴西国家石油公司卷了进来,其原因有四点:其一,巴西国家石油公司的前董事保罗·罗伯托·科斯塔曾负责价值数十亿美元的采购项目；其二，当时他驾驶的是一辆价格昂贵的进口路虎车；其三，这辆车是阿尔贝托·优素福送的；其四，优素福在"洗车行动"调查一开始就被捕了。

正当科斯塔向联邦警察局努力解释与优素福的关系时，他的家人已提前潜入他的办公室，拿走了与优素福有关的所有文件，导致警方搜查时一无所获。但他们没想到的是，办公室的监控录像早已记录下真相：科斯塔的子女手提装满文件的袋子，在办公室里来回穿梭，明显是在销毁证据。即便如此，警方还是发现了科斯塔隐藏在海外的账户。

科斯塔很快就签署了配合调查书，提供了10多年前，也就是他从2004年担任巴西国家石油公司采购部部门负责人以来的证词与证据。在审讯过程中，科斯塔坦白了他和其他董事在签订采购合同时，存在向多家公司多支付费用的行为。承包商会心照不宣地将每笔交易的1%—5%转入秘密贿赂基金账户，这样承包商就能确保拿到优厚的合同条件。

所有参与这些交易的人都收受了贿赂，具体包括现金、豪车、高价艺术品、劳力士名表、3000美元一瓶的葡萄酒、游艇及直升机等。大量资金要么被秘密存入瑞士银行的账户，要么借由海外房地产交易及小型公司进行洗钱操作。

丑闻败露

2014—2016年，联邦检察官对179人提出了共计37项刑事指控。这些指控包括2003—2012年已被查明的高达26亿美元的贿赂金额。最终，共有84人被判刑，总刑期长达825年。此外，联邦警察还敦促最高法院对49名政要提起了28项刑事诉讼。这49名政要包括14名参议员、22名下议院议员及13名前国会议员。

因"洗车行动"而锒铛入狱的人不仅包括巴西国家石油公司的

员工，还有许多政要（包括一名现任参议员）、商界大佬（包括巴西顶级建筑公司的CEO，同时也是巨额竞选资金的捐赠者）和政府承包商等。另有包括部分公司高管在内的43人也签署了配合调查书并提供确凿证据，证实他们曾通过行贿或大额竞选捐款，换取在多个商业领域内的多家机构的公共合同。

这些供词为调查工作开辟了新思路，即明确指出贪腐行为与政治竞选资金之间存在紧密联系。随后，调查小组和警方在进行深入调查后，将焦点确定到那些为大选提供资金的人。2016年2月，警方对总统迪尔玛·罗塞芙的竞选策划师及前总统卢拉发出了逮捕令。两周之后，警方拘留并审讯了卢拉，还搜查了其住所。

告发参议员

2015年1月14日，警员牛顿·石井（Newton Ishii）来到里约热内卢加利昂机场，他的任务是等待抓捕巴西国家石油公司的又一名前高管内斯特·塞尔维罗。因这次抓捕行动成功，他迅速成为"洗车行动"的明星警员。

内斯特·塞尔维罗在被抓后，对一切行为供认不讳。警方遂依据认罪书，打算以内斯特·塞尔维罗为诱饵，钓出幕后的巨大黑手。

参议院劳工党领袖德尔西迪奥·多·阿马拉尔（Delcídio do Amaral）是塞尔维罗的老熟人，此前两人曾在巴西石油共事。塞尔维罗被捕后，阿马拉尔深感自己可能受到牵连，迟早会暴露。

2015年11月，阿马拉尔在巴西利亚皇家郁金香酒店与巴西国家石油公司前高管内斯特·塞尔维罗的儿子贝尔纳多会面。由于阿马拉尔并不知道贝尔纳多身上藏有窃听器，因此说了许多自我指认的罪状。随后这些供述被媒体曝光。为了平息事态，阿马拉尔提出向内斯特·塞尔维罗支付高达100万美元的现金，以换取他的沉默。然而，当法官们听到录音后，立即决定对阿马拉尔实施抓捕。这一决定非同小可，因为在过去的30年时间里，巴西还没有任何在任的参议员被捕过。

阿马拉尔立刻表示愿意配合调查，进而将他所了解的一切非法活动细节全都招了出来。这些活动涉及包括总统罗塞芙在内的多位政要。

巴西石油：国家的象征

巴西拥有丰富的自然资源，其中，石油和天然气资源更是巴西经济的两大战略支柱产业。1953年，总统热图利奥·瓦加斯（Getúlio Vargas）以"石油是我们的"为口号，创立了巴西国家石油公司，并赋予公司法定垄断地位。至今，巴西政府仍掌握着巴西国家石油公司的大部分普通股及决策权。

1997年，巴西国家石油公司的产能实现里程碑式突破，石油产量达到了每天100万桶，5年后产量更是翻倍至每天200万桶。紧接着，2007—2008年，巴西国家石油公司在距里约热内卢海岸300千米远的桑托斯盆地，又接连发现了几个大型油田，其中包括著名的图皮油田、木星油田以及糖面包油田。这些宝贵的石油资源是由巴西国家石油公司携手荷兰皇家壳牌公司（Royal Dutch Shell）和葡萄牙高浦能源公司（Galp Energia）等合作伙伴共同发现的。

时间推进到2014年，随着巴西国内"洗车行动"的展开，巴西国家石油公司再创辉煌，创造了日产280万桶石油当量的新纪录，年度销售额更是突破了惊人的1000亿美元大关。

"洗车行动"揭露了惊人内幕：巴西国家石油公司的少数高管竟然与一个包含16家公司的卡特尔组织勾结，通过签署费用高昂的建设及服务合同，来换取巨额贿赂和回扣。据巴西国家石油公司的高管估算，这些非法行为所涉及的贿赂总额至少高达20亿美元。

图3 2001—2022年巴西国家石油公司股价
（数据来源：彭博）

尽管迪尔玛·罗塞芙在竞选总统时承诺惩治腐败，但值得注意的是，她曾在巴西国家石油公司的董事会任职。而这段时期，正是丑闻频发之时。结果，她和下议院议长爱德华多·库尼亚均因此而受到了严厉指责。2017年3月，库尼亚被判入狱15年。

贿赂、洗钱和有组织犯罪

很快，"洗车行动"又深入调查了巴西国家石油公司与拉丁美洲建筑巨头奥德布雷希特公司的腐败案件。奥德布雷希特公司坦承，2001—2016年，公司拿出近8亿美元用于贿赂拉丁美洲多地的政府官员。此外，监管部门还调查了数十家为奥德布雷希特公司提供工程设备、电力线、钻机等产品的外国供应商，以确认他们是否为了赢得与巴西国家石油公司的合作而进行了行贿。

与此同时，公司创始人的孙子、奥德布雷希特公司47岁的CEO

马塞洛·奥德布雷希特（Marcelo Odebrecht），因深陷不断升级的腐败丑闻，于2016年被判处19年监禁。这起丑闻震惊了罗塞芙当局。马塞洛承认，奥德布雷希特公司为了换取合同并扩大影响力，向巴西国家石油公司高管行贿超过3000万美元。此案件不仅在巴西国内引发了严重的政治危机，其影响还蔓延到秘鲁、巴拿马等多个国家。

最后，连巴西的世界杯和奥运会也未能幸免于贪腐丑闻。在2014年巴西世界杯与2016年巴西奥运会所使用的12个体育场中，有6个场馆的建设合同涉嫌贪腐。截至目前，瑞士已向巴西归还了从巴西国家石油公司与奥德布雷希特公司腐败案中扣押的3.7亿美元资产。此前，瑞士总检察长办公室在调查过程中，总共扣押了7.5亿美元资产，并向与上千个瑞士银行账户相关的银行、金融机构及个人提起了70项刑事诉讼。

2016年，奥德布雷希特公司承认曾通过行贿获得工程合同，并最终向美国、瑞士及巴西的政府官员支付了26亿美元的罚款，创下了当时美国历史上的贪腐罚款之最。

为了摆脱多年来在拉丁美洲各地腐败丑闻的不良影响，巴西奥德布雷希特公司在经历破产重组之后，于2020年12月更名为诺沃诺尔公司（Novonor）。

肉食加工商JBS贪腐案

除了前面所说的，巴西的肉食加工巨头JBS（José Batista Sobrinho）也是巴西贪腐案的又一代表。作为全球肉类加工业的领头羊，JBS每日屠宰牲口1300万只（头），年收入超过500亿美元。早在2016年，公司的老板就被卷入"洗车行动"的调查风暴中。次年，随着他的认罪供述及与巴西前总统米歇尔·特梅尔的录音曝光，他瞬间又成为巴西舆论的焦点。

随后，JBS及其旗下子公司迅速被多重严重指控所包围，包括向政府高官行贿、采用现代奴隶制劳动、非法砍伐森林、违反动物保护法规及重大卫生标准不达标等。据JBS高管里卡多·沙特（Ricardo Saud）的证词，公司竟然曾向1829名政要及其他人员行贿，金额高达近2.5亿美元。

乔斯利·巴蒂斯塔（Joesley Batista）是JBS背后的主要出资人，2016年更是荣登《福布斯》巴西顶级亿万富翁榜第70位。然而，随着JBS贪腐案的曝光，乔斯利与其兄弟韦斯利·巴蒂斯塔（Wesley Batista）不得不于2017年5月忍痛向巴西政府支付了32亿美元的罚款。这一罚款额超过了前一年奥德布雷希特公司支付的26亿美元罚款，创下贪腐罚款的历史新高。

持续打压

在2017年1月19日的一场雷暴中，一架双螺旋桨飞机不幸在里约热内卢以西150英里的海域坠毁。机上四人遇难，其中就包括法官特奥里·扎瓦斯基（Teori Zavascki）。在此前一年，扎瓦斯基一直在审阅大量有关"洗车行动"的证词。这些证词预计将揭露更多巴西及拉丁美洲诸国政要的受贿事实。正因如此，他和家人频繁受到死亡威胁。面对强烈的政治阻力，扎瓦斯基始终恪尽职守，确保调查真实可信。如今，他的突然离世给"洗车行动"带来沉重打击，让调查进展严重受挫。

此前，政府方面曾大幅削减联邦警察预算40%以上，同时还减少了参与"洗车行动"的特工人数，希望能以此来阻碍调查的深入。据巴西检察官透露，截至2020年12月，"洗车行动"已持续了近6年时间。对此，外界普遍担心，政治势力很可能会让这场反腐行动不了了之。

巴西总统博索纳罗的总检察长奥古斯托·阿拉斯对调查提出质疑，称其过于激进，且带有政治偏见。他发起的反对运动甚至还获得了总统家人的声援。同时，国会与最高法院等其他政府部门也对进一步开展反腐调查表示反对。

2014—2020年，"洗车行动"查出的贪腐案件规模惊人，涉及向企业高管及政府官员行贿的金额已超50亿美元。这一行动不仅将亿万富翁送入监狱，还迫使总统出庭受审，严重损害了全球多家知名企业的声誉。具体而言，巴西国家石油公司建设工程合同的行贿金额超过20亿美元，而建筑巨头奥德布雷希特公司的行贿金额则高达33亿美元。此外，上千名政要被曝曾收受肉食加工巨头JBS的贿赂，其中至少有50名国会议员面临指控，3名前总统亦被卷入调查之中。

截至本书成稿时，该调查已追回28亿美元的公共资金。总之，这一调查行动揭露了巴西政治体系内根深蒂固的贿赂文化，激起人们的强烈反抗，连续扳倒了两届巴西政府。

对于大多数巴西民众而言，"洗车行动"虽然在短期内可能给经济发展带来不利影响，但从长远来看，它净化了巴西的政治生态，也能打造更加公正、高效的政府，敦促政治家们更加诚信守法。不过，也有人担心"洗车行动"可能危及国家脆弱的民主根基，会为新的独裁统治铺平道路。

关键内容

- 巴西的"洗车行动"揭露了全球范围内最大的腐败丑闻，涉案金额超过50亿美元，贿赂对象涉及大量企业高管、政府官员及3位巴西前总统。
- 其中，国有石油巨头巴西国家石油公司及其高层管理人员成了调查的核心。但丑闻波及范围远不止此，该国最大的建筑巨头奥德布雷希特公司以及巴西肉食加工巨头JBS也未能幸免。
- 贪腐案所涉及的关键人物包括：洗钱犯阿尔贝托·优素福、巴西国家石油公司前采购总监保罗·罗伯托·科斯塔、奥德布雷希特公司的首席执行官马塞洛·奥德布雷希特，以及JBS公司的所有者乔斯利·巴蒂斯塔和韦斯利·巴蒂斯塔。

第八章

追逐"独角兽":一滴血的骗局

在美国硅谷,成功之路从来都是崎岖不平的。尽管有人倡导"伪装成功,直至成真"的策略,但这种做法暗藏诸多风险。因为公司的欺诈行为很可能会招致法律诉讼,甚至导致创始人入狱。如硅谷"独角兽"企业西拉诺斯公司(血液检测公司)的创始人伊丽莎白·霍尔姆斯和桑尼·巴尔瓦尼(Sunny Balwani)就走上了这条不归路。这家估值曾高达100亿美元的初创企业,在经历了记者调查、内部举报以及美国食品药品监督管理局的检查后轰然倒塌。公司对"成功"的极度渴望最终酿出了苦果,霍尔姆斯和巴尔瓦尼面临20年的牢狱之灾。

我们一直在糊弄投资人,但我们不可能永远糊弄下去。
——亨利·莫斯利(Henry Mosley)
西拉诺斯公司首席财务官

亨利,你缺乏团队精神。我想,你现在就该走人了。
——伊丽莎白·霍尔姆斯
西拉诺斯公司总裁

金融市场中有一个我们经常听到的概念——"独角兽",这一概念是2013年由风险投资家艾琳·李（Aileen Lee）提出的,专门用来指代那些成立时间不超过10年、估值超过10亿美元的企业。截至2021年1月,全球已有超过500家"独角兽"公司,其中不乏美国太空探索技术公司（SpaceX）、罗宾汉线上交易平台（Robinhood）、加密货币交易所（Coinbase）和英国挑战者金融科技公司（Revolut）、数字支付国际汇款服务公司（TransferWise）[1]等知名企业。

西拉诺斯公司也曾是一家"独角兽"公司,其2014年估值高达100亿美元。该血检公司名"Theranos",是由"therapy"（治疗）和"diagnosis"（诊断）两个单词组合而成的。公司的发展目标是成为一家颠覆性的生物技术企业,即彻底革新血液检测技术,为消费者提供便捷的血液检测服务。而且,测试过程快速便捷,只需使用小型设备和手环以及少量血液即可完成,且不受地点限制。

公司创始人是伊丽莎白·霍尔姆斯。她19岁从斯坦福大学辍学创业,当时便被各界视为科技界的"下一个乔布斯"。她频繁亮相于彭博电视台、美国消费者新闻与商业频道（CNBC）、美国有线电视新闻网（CNN）等主流媒体,《福布斯》《纽约客》《经济学人》《名利场》等知名杂志也对她多有报道。2015年,霍尔姆斯被《福布斯》评为美国"白手起家的最年轻女富翁"。

创业之初

伊丽莎白·霍尔姆斯出身于美国休斯敦的一个殷实家庭。她的天祖（高祖之父）是克里斯蒂安·霍尔姆斯（Christian Holmes）[2]。受其影响,她立志投身医学研究。而她的父亲克里斯蒂安·拉斯穆斯·霍尔姆斯四世（Christian Rasmus Holmes IV）曾是能源巨头安然公司

---

[1] 现已改名为威斯公司（Wise）。——编者注
[2] 美国辛辛那提总医院和辛辛那提大学医学院的创立者。——编者注

的副总裁。后来他转战政界，曾在政府机构担任多个要职。

2002年，霍尔姆斯进入斯坦福大学攻读化学工程。当时她在斯坦福大学工程学教授钱宁·罗伯逊（Channing Robertson）的实验室担任助理研究员。大一暑假，她前往新加坡基因组研究所，负责检测严重急性呼吸系统综合征（SARS）疑似病例的血液样本。这次经历让她深刻意识到，当时的血液检测技术还存在着巨大改进空间，这也坚定了她探索更高效检测方法的决心。

从新加坡回来之后，霍尔姆斯立刻着手申请专利。2003年底，她在钱宁·罗伯逊教授的支持下，创立了西拉诺斯公司。霍尔姆斯认为，自己一定会拥有辉煌的未来。因此在大二那年，年仅19岁的她认为接下来两年的学习会束缚她追求梦想，便毅然选择退学。

她有两位合作伙伴：钱宁·罗伯逊教授作为顾问和董事会成员加入了她的公司；肖纳克·罗伊则是她在实验室当助理研究员时协助她进行研究的博士生，于2004年5月加入西拉诺斯，迅速成为公司的首位全职员工。

从斯坦福大学退学后不久，霍尔姆斯就开始与比她大20岁的软件工程师桑尼·巴尔瓦尼约会——两人在她上大学前的那个夏天相识。尽管巴尔瓦尼在生物及医疗设备方面经验很少，但2009年时他还是当上了西拉诺斯的总裁兼首席运营官，并成为霍尔姆斯的得力助手。

霍尔姆斯并不是一个轻言放弃之人。当她第一次向斯坦福大学医学教授菲莉丝·加德纳（Phyllis Gardner）提出，通过几滴指尖血就能进行多重化验分析时，加德纳教授便对其可行性直言不讳道："我认为这个方案难以实施。"而其他几位医学界教授也同样持保留意见。

回顾多数生物技术初创企业，公司管理层普遍拥有博士学位，如20世纪80年代乔治·拉斯曼（George Rathmann）创建的安进生物科技公司（Amgen），或是沃尔特·吉尔伯特（Walter Gilbert）创办的百健公司。然而，西拉诺斯的创始人在大二时便毅然退学，这一决定让她的创业之路显得更加与众不同。她的想法在旁人看来过于大胆，甚至不切实际。毕竟，想要撼动整个医疗技术领域的格局，没有多年深造获得的深厚专业知识积累，就算拥有超凡的激情和才智，也绝非易事。即便在事业发展的后期，伊丽莎白·霍尔姆斯的管理团队也没有对她的技术充分信赖，且没有可以提供专业意见的医疗技术专家。

然而，在导师罗伯逊的帮助之下，霍尔姆斯这位年轻创业者借助斯坦福大学的人脉与资源，再加上自己的非凡魅力和卓越演讲能力，竟然迅速筹集到资金并组建团队。随后，罗伯逊成了公司的首位董事会成员，还亲自帮霍尔姆斯拉投资。

蒸蒸日上

作为霍尔姆斯家的友人，风险投资人蒂姆·德雷珀（Tim Draper）慷慨解囊，共为她提供了百万美元作为创业启动金。霍尔姆斯利用这笔资金租赁了实验室，并着手组建团队。她的首项专利申请是一种创新的可穿戴式给药装置。该装置可以按需调整给药的药量，同时进行血液监测。然而，这一构想并未赢得市场青睐。

随后，霍尔姆斯调整了方向，改为致力于研发一种革命性的采血设备，它摒弃了传统采血针，简化了采血过程。她宣称，这项技术仅需几分钟，就能在当地超市或药店完成超百种检测项目的即时分析。它不仅能揭示身体隐患，还能发现早期癌症等疾病，从而有望挽救数百万人的生命。

划时代的"爱迪生"装置

霍尔姆斯率先推出的原型机是Theranos 1.0，这种原型机采用卡盒与读取器结合的独特机制运作。她的第一步计划是对这款原型机进行测试，然后获取相关技术许可。2007年9月，第二款原型机"爱迪生"（Edison）横空出世。"爱迪生"装置通过创新的"纳米容器"收集管，能够轻松采集微量指尖血，并在公司特制的血液分析仪上进行详尽分析。而这里提到的纳米容器实际上是一个微小至极的容器，它的高度仅约半英寸，恰好能装下几滴血液。

采集完血样后，血样便会被送入"爱迪生"装置中。这是一台形似台式打印机的血液检测仪。据霍尔姆斯称，它能在极短时间内对微量血液完成数百项细致扫描。然而，"爱迪生"装置的具体工作原理至今仍是个未解之谜，毕竟完成如此高效的检测通常需要复杂的实验室设备支持才行。

假如这项技术能够成功，无疑将在生物技术和医疗领域掀起一场前所未有的革命。尽管项目快速推进，但霍尔姆斯吸引投资的前提仍是对西拉诺斯技术完全保密，不将其工作原理透露给任何人。这一策略果然奏效，一时间资金如潮水般涌来：2004年她筹集到690万美元，2005年增至1600万美元，到了2006年更是高达2850万美元。很显然，西拉诺斯公司正蓄势待发，准备在生物科学领域书写下属于自己的一页。

然而，即使在创业初期，西拉诺斯公司内部也一直弥漫着浓厚的保密与猜疑氛围。霍尔姆斯是一位严苛的老板。她期望员工能像她那样全力以赴。她甚至安排助手记录员工的上下班时间，并从2006年起，每晚8点在办公室提供晚餐，以此激励员工加班。

公司的首席科学家、初创团队成员之一的伊恩·吉本斯（Ian Gibbons）2006年也提醒过霍尔姆斯，称测试技术尚不成熟，存在诸多误差，因此现在不宜向公众推广。与此同时，外界的科学家也纷纷表示，对西拉诺斯的发展前景存疑。

糊弄瑞士投资人

亨利·莫斯利于2005年7月加入了西拉诺斯，并担任首席财务官一职。他拥有丰富的硅谷科技行业经验，先后在英特尔等四家科技公司的财务部门工作,而且还协助两家企业完成了上市。

霍尔姆斯请亨利编制公司的财务预测数据,以便向投资者展示。而亨利首次提交的数据,并没有达到霍尔姆斯的期望,于是亨利只能上调了业绩数据。尽管他对调整后的数据心存疑虑,但假如公司运营顺利,这些预测还是在合理范围内的。

由于亨利对西拉诺斯的技术运作机制并不了解,因此每次有潜在投资人来访时,他都会带着投资人去见罗伊。前面提到过,这位名叫罗伊的人是化学工程博士,也是霍尔姆斯在斯坦福大学实验室的同事。

在向投资人演示流程时,罗伊会先在自己的手指上采血,将少量血液置于一张信用卡大小的白色塑料盒内。然后再将塑料盒放入一个形似烤箱的方形检测仪中。检测仪会提取塑料盒中的数据信息,接着通过无线传输至服务器进行分析,过一会便会将结果反馈回来。每当需要展示时,罗伊都会指向电脑屏幕,上面会清晰展示检测仪内塑料盒中血液的流动情况。

然而,在向瑞士诺华制药公司(Novartis)进行演示时,投资人却对罗伊和这套检测设备提出了质疑。霍尔姆斯和公司的同事们只好一起来到这家制药巨头的总部进行演示。面对质疑,霍尔姆斯显得沮丧而失望。亨利向罗伊询问缘由后才知道,其实团队一直在愚弄投资人。而且,霍尔姆斯带去瑞士的两台检测仪中,有一台在抵达时就已经损坏了。

但是,为了掩盖次日上午演示时可能出现的漏洞,加州团队还是提前传送了一个伪造的结果。罗伊承认,他们经常这样做。屏幕上血液流经塑料盒、沉淀至小凹槽的画面是真实的,但检测结果不是。检测结果其实是他们提前录制的机器正常运作并成功完成检测的视频,在每次演示结束时,播放的其实都是这段提前录好的视频。

这让首席财务官亨利深感震惊。这完全就是一个骗局!于是,他去质问霍尔姆斯,为什么在演示时要作假,欺骗投资人。

此时,霍尔姆斯脸上的笑容瞬间凝固,显露出敌意。她冷漠地看着亨利，冷冷地说道："亨利，你缺乏团队精神。我想，你现在就该走人了。"这话已经说得很清楚了，亨利被解雇了。

> **书籍和电影**
>
> 普利策奖得主约翰·卡雷鲁（John Carreyrou）在其力作《坏血：一个硅谷巨头的秘密与谎言》（*Bad Blood: Secrets and Lies in a Silicon Valley Startup*）中，详细披露了自安然公司破产以来最震撼人心的企业欺诈案。书中故事以硅谷的辉煌愿景为背景，深刻而细致地剖析了创业家的野心与狂妄。而《硅谷发明家：吸血成金》（*The Inventor: Out for Blood in Silicon Valley*）一书是这部作品的完美补充。此外，2019年家庭票房电视网（HBO）也推出了相关纪录片。电视纪录片深入探讨了伊丽莎白·霍尔姆斯及其西拉诺斯这一科技界的重大丑闻。
>
> 油管（YouTube）上25分钟的短片《西拉诺斯：硅谷最大的灾难》，也可以带你深入剖析这起价值数十亿美元的欺诈案。此外，迪士尼+（Disney+）旗下的葫芦（Hulu）频道也于2022年3月推出迷你剧《辍学者》，用来生动地展示伊丽莎白·霍尔姆斯与西拉诺斯公司的起落浮沉。

吸引投资及合伙人

虽然在诺华遭遇了滑铁卢，但西拉诺斯仍是很快就与资本蓝十字（Capital Blue Cross）及克利夫兰诊所（Cleveland Clinic）达成合作，为患者提供血液检测服务。2010年，美国第二大药店沃尔格林

（Walgreens）在听取了西拉诺斯创始人伊丽莎白·霍尔姆斯和首席运营官桑尼·巴尔瓦尼的介绍后，决定与西拉诺斯开展深度合作。他们确认投资1.4亿美元，并在药店内设立血检中心。两年后，亚利桑那州的沃尔格林药店里出现了第一家西拉诺斯血检中心。此外，西拉诺斯还与药品零售商西夫韦（Safeway）开展了3.5亿美元的秘密合作。至2010年底，西拉诺斯已累计获得9200多万美元的风险投资。

随着投资滚滚而来，霍尔姆斯立刻成为科技媒体争相报道和赞誉的明星企业家。她不仅登上了《财富》和《福布斯》的封面，还发表了TED演讲，甚至还与比尔·克林顿、马云等重量级人物同台交流。

最牛董事会和兄弟帮

2011年7月，霍尔姆斯有幸结识了前国务卿乔治·舒尔茨（George Shultz）。在听了两小时的介绍后，乔治·舒尔茨便决定加入西拉诺斯公司的董事会。在随后的三年中，霍尔姆斯凭借"组建起美国企业史上最牛董事会"而声名鹊起。

当时董事会主席是风险投资专家唐纳德·卢卡斯（Donald Lucas）。他不仅扶持了亿万富翁软件巨头拉里·埃里森（Larry Ellison），还在20世纪80年代中期帮助甲骨文公司成功上市。此外，卢卡斯与埃里森均对西拉诺斯进行了个人投资。另外，星光熠熠的董事会成员还包括斯坦福大学工程学院副院长钱宁·罗伯逊教授、后来担任国防部长的四星上将詹姆斯·马蒂斯（James Mattis）以及前国务卿兼国家安全顾问亨利·基辛格（Henry Kissinger）。

也是在2011年，霍尔姆斯聘请了没有任何医学背景的弟弟克里斯蒂安来到西拉诺斯工作。克里斯蒂安上班时只是在网上看看体育新闻，后来他又把自己在杜克大学兄弟会里的好兄弟招了进来。很快，公司的员工就给他们起了"兄弟帮"和"恐怖兄弟"的外号。

伊丽莎白·霍尔姆斯：又一个乔布斯

此时的霍尔姆斯才20岁。辍学的她为了在职场中立足，或者说融入由男性主导的商海之中，经常刻意用低沉的嗓音讲话，以此来展现自己的成熟与权威。这是她精心塑造的个人形象的一部分。据说，她还练就了一双不眨眼的明亮眼睛，因为她感觉到直视对方时能让对方感觉她就是全世界的中心，达到一种近乎催眠的效果。

霍尔姆斯对乔布斯的痴迷，从她个人形象的另一部分展现无疑。据一些熟悉她的人说，她会刻意模仿乔布斯的打扮——身穿黑色高领衫，办公室里放置的也是乔布斯偏爱的家具，当然还有一模一样的工作狂作风——全年无休。

为了强化与乔布斯的联系，霍尔姆斯甚至从苹果公司挖来了几名资深设计师，负责设计"爱迪生"装备的外观，改善用户体验，力求将其打造成医疗领域的"iPod"。

乔布斯于2011年离世后，霍尔姆斯的管理风格似乎又开始受到《乔布斯传》的影响。根据霍尔姆斯管理风格的不断变化，读过此书的西拉诺斯员工可以轻易判断出她读到了传记的哪一章，模仿的又是乔布斯职业生涯中的哪一阶段。

年入15亿美元，大获成功

2014年，西拉诺斯荣登《财富》杂志封面，这奠定了霍尔姆斯硅谷新传奇的地位。其导师罗伯逊在报道中惊叹："从她的经历中，我仿佛看到了乔布斯和比尔·盖茨的影子。"

正如霍尔姆斯计划的那样，此刻她终于被多家媒体誉为"下一个乔布斯"。作为斯坦福大学的杰出"辍学生"，她创立的"独角兽"公司西拉诺斯掀起了医疗行业的革命，仅用一滴血就能完成全系列的实验室检测。

得益于拉里·埃里森和蒂姆·德雷珀等投资大鳄的支持，西拉诺斯在融资过程中，估值飙升到90多亿美元，很快霍尔姆斯个人资产也暴涨至45亿美元左右。这一高估值的背后，是西拉诺斯对外宣布的与制药伙伴的系列合作协议，包括与5家公司完成的6笔交易，预计在未来18个月内，将带来1.2亿—3亿美元的收入。同时，正在谈判过程中的15笔潜在交易有望带来高达15亿美元的收入。

唯一的问题在于：这项技术检测依然未能达到预期效果。它产生的错误结果会导致误诊及非必要治疗，进而严重威胁到患者的安全。对此，媒体记者和内部员工都颇有微词，而霍尔姆斯及男友桑尼·巴尔瓦尼则一直在想办法压制这些质疑之声。

物极必反

令人惊讶的是，揭露西拉诺斯一滴血骗局的人不是被解雇的前首席财务官亨利·莫斯利，而是两位初出茅庐的新员工——艾瑞卡·张（Erika Cheung）与董事会成员乔治·舒尔茨的孙子泰勒·舒尔茨（Tyler Shultz）。尽管他们刚刚大学毕业、资历尚浅，却正是他们一起联手将这家公司推向了破产边缘。当艾瑞卡与泰勒发现公司隐瞒了错误报告后，便开始商量该如何抵制管理层的不合理要求。

艾瑞卡向美国卫生与公众服务部下属机构——医疗保险和医疗补助服务中心（CMS）写了举报信，而泰勒则为《华尔街日报》记者约翰·卡雷鲁的调查提供了关键线索。

艾瑞卡在西拉诺斯仅工作了七个月。时年22岁的她，在大学里主修的是细胞生物学与语言学。她在西拉诺斯负责的是血检质量控制，可不管她如何分析，检测结果质量始终未能达标。其他人告诉她如何通过数据造假来通过质检。她询问原因时，才知道这是霍尔姆斯与巴尔瓦尼要求的。

这一系列事件都说明，霍尔姆斯与巴尔瓦尼似乎更热衷于媒体营销、品牌推广及命名策略，而非技术的精进。因此，在工作七个月后，艾瑞卡于2014年4月选择了辞职。

我曾希望这一切都不是骗局，这样完美的设备是真实存在的。

——艾瑞卡·张

FDA介入调查

2015年8月，美国食品药品监督管理局（FDA）开始对西拉诺斯展开调查。监管人员发现，西拉诺斯的实验室在对患者血样进行测试时，存在重大操作差错。

作为西拉诺斯的董事会成员，乔治·舒尔茨在随后的丑闻中备受瞩目。2011年11月他加入董事会后，成功吸引到多位重量级人物加入，包括前国务卿亨利·基辛格、前国防部长威廉·佩里（William Perry）及前参议员萨姆·纳恩（Sam Nunn）。这些名人的加入，也帮助霍尔姆斯拉到了更多投资。

乔治·舒尔茨的孙子泰勒从斯坦福大学生物系毕业之后，于2013年9月加入了西拉诺斯，当时可谓踌躇满志。然而，在这里工作了仅仅八个月，他就感到了深深的失望。2014年4月11日，泰勒通过电子邮件向霍尔姆斯表达了不满，并指责西拉诺斯篡改研究数据，忽视质量把控。霍尔姆斯立刻将这封邮件转给了总裁桑尼·巴尔瓦尼。巴尔瓦尼不仅没有正面回应，反而把事情告诉了他的爷爷乔治·舒尔茨，企图拿家族声誉来威胁他。

泰勒当天就毅然决然地辞职了。乔治·舒尔茨则对孙子泰勒的警告将信将疑，劝他先保持缄默，以免危及职业生涯。但泰勒心意已决，主动联系了《华尔街日报》的知名记者约翰·卡雷鲁。得知此事后，霍尔姆斯紧急求助于传媒大亨鲁伯特·默多克。这是因为默多克不仅直接掌管《华尔街日报》，还在2015年对西拉诺斯投资了1.25亿美元。可是，默多克拒绝了。

2015年10月，卡雷鲁的调查报告如同一枚重磅炸弹般揭露了西拉诺斯公司技术不过关的问题。文章刊登在《华尔街日报》上，首次对西拉诺斯的技术可靠性提出严重质疑。此后，西拉诺斯公司陷入一片混乱，一步步走向崩溃。

一切都结束了

2015年底，西拉诺斯突然遭到美国证券交易委员会、司法部和联邦调查局的联合调查，同时还被沃尔格林药店等投资者告上了法庭。2016年春，霍尔姆斯与巴尔瓦尼的关系彻底破裂，巴尔瓦尼被踢出公司。

2017年，西拉诺斯的处境更加艰难。1月，公司宣布将裁员41%；10月，公司又关闭了临床实验室，同时还解雇了340名员工。同年3月，媒体大亨默多克以1美元的象征性价格，将其持有的价值1.25亿美元的西拉诺斯股份亏本卖给了公司。此举使默多克的这笔投资被记为亏损，从而在其他投资上节省数百万美元的税款。其他知名投资者如贝茜·德沃斯（Betsy DeVos）、卡洛斯·斯利姆（Carlos Slim）及创办沃尔玛的沃尔顿家族同样损失惨重，其总损失超过6亿美元。

2017年6月，沃尔格林药店与西拉诺斯公司达成和解，以不到3000万美元的价格撤回了1.4亿美元的诉讼。

然而，西拉诺斯的麻烦并未结束。2018年3月，美国证券交易委员会对霍尔姆斯提起了欺诈指控，称其故意夸大技术，欺骗投资者。作为处罚，霍尔姆斯支付了50万美元的罚款。此举令她不仅失去了公司的控制权，还要在未来十年内禁止担任任何上市公司的要职。尽管如此，她仍保留了西拉诺斯创始人和董事会主席的头衔。然而，这一切努力都未能挽救西拉诺斯。2018年9月，这家公司最终破产。

伊丽莎白·霍尔姆斯的现状

西拉诺斯的出现曾一度让投资者、媒体乃至医学专家感到惊艳。在丑闻曝光前，《福布斯》杂志基于西拉诺斯90多亿美元的估值，估算其创始人霍尔姆斯2015年的身价已高达45亿美元。而如今，这两个数字都已跌至接近零。在2018年9月倒闭前，西拉诺斯公司已从投资人手里骗走了7亿多美元的投资。

尽管霍尔姆斯一直在为自己的公司辩护，但仍可能面临长达20年的牢狱之灾。之前也有报道称，她已于2019年订婚并完婚，且未邀请任何西拉诺斯的前员工参加婚礼。

她的丈夫是威廉·"比利"·埃文斯（William "Billy" Evans），是加州知名连锁酒店集团的继承人。两人于2017年夏天在湾区的一次聚会上相识，威廉时年27岁，比她小8岁，他们于次年8月在内华达沙漠的火人节上首次公开亮相。那时，恰好是西拉诺斯正式倒闭的前几天。

霍尔姆斯和她的前男友巴尔瓦尼均否认诈骗及共谋诈骗等指控。根据司法部规定，若罪名成立，他们或将面临各自最高20年监禁、25万美元罚款及巨额赔偿。

2022年1月，霍尔姆斯被判11项阴谋与诈骗罪中的4项成立。审判期间，她居住在圣何塞附近一处价值1.35亿美元的庄园内。庄园面积74英亩[1]，内有7座豪宅、4个泳池，还有网球场及私人果园。邻居中不乏米歇尔·菲弗（Michelle Pfeiffer）等明星和拉里·埃里森等科技富豪。同年7月，巴尔瓦尼也被判12项诈骗及共谋诈骗罪名成立。

2022年3月，以西拉诺斯公司及其创始人霍尔姆斯的真实故事改

---

[1] 1英亩≈4046.86平方米。——编者注

编的迷你剧《辍学者》在迪士尼+旗下的葫芦频道播出。剧中，阿曼达·谢弗雷德（Amanda Seyfried）饰演霍尔姆斯，纳威恩·安德鲁斯（Naveen Andrews）饰演巴尔瓦尼。

关键内容

- 伊丽莎白·霍尔姆斯创建了硅谷"独角兽"企业西拉诺斯公司。她立志打造医疗界的iPod，彻底革新血液检测领域。
- 西拉诺斯倒闭事件的关键人物包括公司CEO伊丽莎白·霍尔姆斯、首席运营官桑尼·巴尔瓦尼、前首席财务官亨利·莫斯利、勇敢举报者艾瑞卡·张和泰勒·舒尔茨、前国务卿兼公司董事会成员乔治·舒尔茨以及揭露真相的《华尔街日报》记者约翰·卡雷鲁。
- 西拉诺斯在巅峰时期的估值高达100亿美元，那时的伊丽莎白·霍尔姆斯如明星般耀眼，是人们眼中的下一个乔布斯。
- 然而，所有的成功都是泡沫：所谓的先进技术、纳米容器及"爱迪生"血液检测仪都无法通过质检。也就是说，其检测结果全都是伪造的，投资者全都上当受骗了。截至2018年9月公司倒闭前，公司从投资人手中骗走了7亿多美元。三年后，伊丽莎白·霍尔姆斯终被定罪。

第九章

无价之宝：史上最大名画失窃案

　　1990年，波士顿的伊莎贝拉·斯图尔特·加德纳博物馆遭遇了史上最大的博物馆失窃案，由于失窃艺术品总价值超过10亿美元且未追回，其成为一大悬案。关于博物馆失窃题材的电影，比如神偷托马斯·克罗恩偷走《蒙娜丽莎》或其他艺术品，其实早在1968年和1999年就由好莱坞搬上银幕，并让观影者兴奋不已。而在更早的"二战"时期，纳粹曾在欧洲大肆掠夺艺术品，其规模之浩大、影响之深远，都远超电影故事，堪称史上最为严重的艺术浩劫。

　　你真的认为像我们这样的人能够"从此永远幸福"吗？

——凯瑟琳·班宁
电影《龙凤斗智》台词

　　哦，罪人，你要逃向何方？

——《罪人》
妮娜·西蒙演唱，电影《龙凤斗智》配乐

对喜欢看博物馆失窃题材的影迷而言，1999年绝对是值得纪念的一年。这一年，经典影片《龙凤斗智》被翻拍。影片由皮尔斯·布鲁斯南（Pierce Brosnan）和蕾妮·罗素（Rene Russo）主演。该影片的配乐十分动听，尤其是妮娜·西蒙演唱的《罪人》，更是让人回味无穷。电影讲的是，亿万富翁克朗因为无聊，便打算从大都会博物馆盗走莫奈的名画。在偷窃过程中，保险调查员班宁对克朗产生了兴趣，两人随即展开了一场既浪漫又复杂的较量。

同年，由肖恩·康纳利（Sean Connery）和凯瑟琳·泽塔-琼斯（Catherine Zeta-Jones）主演的电影《偷天陷阱》（*Entrapment*）上映。电影讲的是，调查员贝克在追查失窃的伦勃朗（Rembrandt）画作时，锁定了偷盗老手麦克。她化身卧底，协助麦克盗取古画，由此产生了一段浪漫故事。

说起来，好莱坞喜欢拍大盗穿梭激光迷宫、躲避监控、巧妙逃脱的情节。因为在这些影片中，盗贼常常可以化身为优雅、老练且智慧超群的犯罪策划者。他们能够轻易破解博物馆、画廊或私人豪宅中昂贵的安保系统。

而现实中的真实情况往往平淡无奇。许多博物馆失窃案往往是安保人手不足导致的随机事件。比如，1911年震惊世界的《蒙娜丽莎》失窃案就是一例。此案竟是一名卢浮宫内的员工监守自盗。第一天，他在衣柜中躲了一晚，次日又扮作艺术家，轻松地将名画藏于长袍下带走。再如1987年，盗贼用锤子破门而入斯德哥尔摩现代艺术博物馆（Moderna Museet），盗走了亨利·马蒂斯（Henri Matisse）的名画。幸运的是，《蒙娜丽莎》在被盗2年后回归，而马蒂斯的《花园》（*Le Jardin*）则过了26年才重现人间。

博物馆对盗贼来说极具吸引力。许多博物馆都是艺术品价值连城，而安保力量又经常不足。此外，艺术品也便于携带。据统计，全球每年被盗的艺术品超过5万件，能找回的却不足一成。

被窃艺术品的黑市交易规模惊人，年交易额在60亿—80亿美元。

不过，这些艺术品并不容易出手，名贵之作更是难寻买家。即便在黑市，珍稀艺术品也只能贱卖，通常售价会远低于其公开市场估价。

窃贼在得手后，一般有以下三个选择：要么先把艺术品藏个几十年，等避过风头再找买家；要么在黑市上用来交换毒品或武器；要么将其作为其他黑市非法交易的抵押品。

不过与直接卖掉相比，更好的选择可能是向艺术品的所有者索要赎金，或者受雇于私人收藏家，在偷走艺术品后立刻就能获取佣金。然而，就算是这些也很难达成。

事实是，卖掉这些赃物往往比盗窃要难得多。这是无法回避的事实。

《蒙娜丽莎》失窃案

卢浮宫堪称全球最受欢迎的博物馆，它作为全球最大的艺术殿堂和巴黎的地标建筑，每年吸引着上千万游客。而1989年卢浮宫翻修时在入口处修建的玻璃金字塔，现在更成了卢浮宫的一张名片。

一个世纪前，《蒙娜丽莎》这幅旷世之作并不如今天这般有名。虽然达·芬奇（da Vinci）早在1507年（一说1503—1505年）就创作了这幅杰作，但在20世纪之前，它从未受到广泛关注，仅有少数艺术评论家视其为非凡之作。不过这一切，都因为后来的卢浮宫失窃案而发生了翻天覆地的变化。

1911年8月21日，《蒙娜丽莎》在卢浮宫失窃。根据调查发现，是一名博物馆员工趁夜潜入储藏室，静待博物馆闭馆后，才伺机将这幅名作从墙上取下。次日清晨，即8月22日，他又用长袍作为掩护，携带着这幅达·芬奇的传世之作，大摇大摆地走出了卢浮宫的正门，继而又离开了这个全球艺术瑰宝的汇聚地。几个小时后，人们才惊觉《蒙娜丽莎》已不翼而飞。

在确认《蒙娜丽莎》失窃之后，约60名调查人员立刻赶往卢浮宫。他们迅速关闭整座博物馆，并疏散了里面的游客，以寻找这幅画的下落。为了配合调查，卢浮宫关闭了整整一周。在此过程中，博物馆馆长特奥菲尔·霍莫勒（Téophile Homolle）也被解雇。卢浮宫重新开放之后，曾经悬挂《蒙娜丽莎》的空白墙壁一下子成了卢浮宫最受欢迎的打卡地之一。

尽管人们都在焦急等待着调查人员的搜寻结果，但《蒙娜丽莎》始终没有再现。与此同时，世界各地的报纸都报道了这幅名画失窃的消息。有些人指责包括银行家J.P.摩根（J. P. Morgan）在内的美国富豪是此次失窃案背后的主使，有些人怪德国人，还有些人将矛头直接指向巴勃罗·毕加索（Pablo Picasso）——调查人员甚至还对他进行了询问。很快，这起犯罪事件成了一个谜，但同时也缔造了《蒙娜丽莎》的传奇。而对于盗贼来说，这也让这幅名画更难脱手了。

几周过去了，几个月过去了，1年过去了……

终于，盗贼出手了。1913年秋，也就是《蒙娜丽莎》失窃后2年，一个自称"莱昂纳多·文森佐"的人联系到意大利佛罗伦萨的知名古董商阿尔弗雷多·盖里（Alfredo Geri），称其手中有《蒙娜丽莎》真品。尽管盖里认为他手中的画最多就是幅赝品，但他还是联系了佛罗伦萨乌菲兹美术馆的馆长乔瓦尼·波吉伯爵（Giovanni Poggi）一同前往，与这位神秘的联系人见面。

1913年12月10日，这名自称"莱昂纳多·文森佐"的年轻男子来到了阿尔弗雷多·盖里的办公室。他的真名是文森佐·佩鲁贾（Vincenzo Perrugia），1881年出生在意大利科莫湖畔的一个宁静村庄。年轻时，他曾怀揣艺术梦想移居法国。但到了法国，只能以粉刷墙壁为生。1910年10月至1911年1月期间，他曾在卢浮宫短暂工作过一段。佩鲁贾声称，他愿意以50万里拉的价格卖掉这幅画。按当时的市价折算，相当于不到10万美元，远远低于该画在1913年的估价500万美元。而且，他此时已经将这幅画带到了酒店的房间中。

佩鲁贾解释道，他之所以要偷这幅画，是为了将拿破仑从意大利抢走的艺术品重新夺回来。因此,他坚持要求古董商买下后捐出,且《蒙娜丽莎》必须挂在意大利的乌菲兹美术馆,绝不能再送回法国。

警方在酒店逮捕佩鲁贾时,他从容不迫地掏出一个木箱,里面杂乱地堆放着内衣、几双旧鞋和一件衬衫。在这些物品掩盖下,他打开了一层机关,而《蒙娜丽莎》就静静地躺在那个夹层之中。

佩鲁贾告诉检察官,他把这幅画放在箱子里,先是在巴黎的公寓里藏了2年,之后佩鲁贾才带它回到了意大利。

在审判中,法院认同了佩鲁贾是出于爱国原因才盗走这幅画的。因此他在意大利被誉为伟大的爱国者,仅被判入狱1年。

《蒙娜丽莎》被追回后,先是在意大利各地进行了巡展,然后才被送回卢浮宫。正是这次卢浮宫失窃案引发媒体的争相报道和警方的大规模调查,让《蒙娜丽莎》成为全世界家喻户晓的名画。

如今,《蒙娜丽莎》陈列在巴黎的卢浮宫,1962年的估价就高达1亿美元。若考虑通货膨胀因素,其当前价值已经超过了9亿美元。

书籍和电影

FBI(美国联邦调查局)艺术品犯罪调查小组的创建者罗伯特·K.惠特曼(Robert K. Wittman)在《追缉国家宝藏:FBI艺术犯罪组首席卧底探员破案实录》(*Priceless: How I Went Undercover to Rescue the World's Stolen Treasures*)里首次揭秘了他那与众不同的职业历程,同时也带来一部堪比《龙凤斗智》的真实大片。而乌利希·博泽(Ulrich Boser)的纪实小说《加德纳博物馆失窃案:世界头号艺术品盗窃悬案真相》(*The Gardner Heist: The True Story of the World's Largest Unsolved Art Theft*)则细腻地描绘了一个关于艺术、贪婪、痴迷与失落的传奇,其魅力与被盗的艺术瑰宝不相上下。

对于热爱盗宝题材的观众而言,下面几部好莱坞影片千万不要错过:皮尔斯·布鲁斯南与蕾妮·罗素主演的《龙凤斗智》(1999年)、肖恩·康纳利与凯瑟琳·泽塔-琼斯主演的《偷天陷阱》(1999年)、乔治·克鲁尼与马特·达蒙等一众明星主演的《盟军夺宝队》(2014年)。

斯德哥尔摩的博物馆失窃案

过去的几十年,博物馆失窃题材电影——特别是《十一罗汉》系列电影的作案手法,显然已经影响到瑞典盗贼的技术革新。早在1987年,盗贼只要挥舞着大锤,就能从斯德哥尔摩现代艺术博物馆里盗走价值百万美元的马蒂斯画作。但到了20世纪90年代,特别是1993年和2000年,斯德哥尔摩现代艺术博物馆及瑞典国家博物馆所遭遇的,都是精心设计的盗窃,而盗窃者的技巧与《不可能完成的任务》影片中的情节已经不相上下,被窃艺术品的价值更是飙升至数百万美元。

下面我就为大家讲讲这些盗窃案:

第一起发生在1987年5月11日凌晨。这天一名盗贼挥舞大锤砸门,闯入位于斯德哥尔摩市中心岛屿上的现代艺术博物馆——这是一座展示现代艺术与当代艺术的国家级殿堂。盗贼仅用了十分钟,便带着亨利·马蒂斯的杰作《花园》匆匆逃离。他甚至与安保人员擦肩而过。此后,这起案件线索中断,画作也就石沉大海了。

这起失窃案在发生当时就上报给国际刑警组织,并在伦敦的失窃艺术品登记处进行了登记。该登记处是全球最大的国际私人数据库,专门记录失窃、丢失和被掠夺的艺术品。而这幅画作二十多年一直下落不明。

几年后的1993年11月8日晚,盗贼团伙趁着夜色,从斯德哥尔摩现代艺术博物馆的屋顶钻孔潜入画廊。他们在没有触发任何警报的情况下，完成了有史以来最大规模的盗窃。直到第二天早上，一名安保人员才发现有人闯入。

清点后发现，这个盗贼团伙偷走了立体派大师巴勃罗·毕加索和乔治·布拉克（Georges Braque）的8幅作品，总价值约6000万美元。后来，其中的大部分作品被找回。

大约又过了7年，即在2000年12月22日，斯德哥尔摩再次上演了一场如电影般惊险的抢劫案。在抢劫案发生前，劫匪先是在城市两端使用汽车炸弹，分散警方注意力。然后又在道路上铺设了钉子，划破了警车的轮胎。当警察被这些事搞得焦头烂额时，三名男子才于傍晚5点左右走进斯德哥尔摩的瑞典国家博物馆。他们当中一人手持机枪，威胁博物馆大堂里的人不许动；另外两人则跑上二楼，从不同展厅抢走名画，然后乘小船逃走。很显然，又是一次精心策划的抢劫，劫匪显然很清楚他们的抢劫目标。

他们抢走了荷兰艺术巨匠伦勃朗的自画像，还有法国印象派大师皮埃尔·奥古斯特·雷诺阿（Pierre-Auguste Renoir）的两幅杰作——《一位年轻的巴黎女子》与《交谈》。这些艺术品的总价值预计超过3000万美元。

抢劫案发生后不久，博物馆便收到了一封勒索信，要求支付300万美元的赎金。好在警方迅速行动，不到一个月就成功逮捕了10名与此次抢劫案有关的嫌疑人。据推测，这起抢劫案背后的主谋竟是一名42岁的俄罗斯男子。从2001年到2005年，警方经过不懈努力，终于将这些珍贵的艺术品悉数追回。

> **巴黎现代艺术博物馆：**
> **2010年5幅名画被盗，价值超1亿美元**
>
> 2010年5月20日晚，一名盗贼潜入了埃菲尔铁塔对面的巴黎现代艺术博物馆。他损坏了警报系统，又锯断了挂锁，然后悄无声息地绕过了3名警卫，最终携带5幅总价超过1亿美元的名画逃离了现场。
>
> 监控录像仅记录下黑衣蒙面人破窗潜入的那一瞬。失窃的名画包括毕加索的《豌豆与鸽子》、马蒂斯的《田园曲》、莫迪利亚尼（Modigliani）的《持扇的女人》、布拉克的《埃斯塔克附近的橄榄树》以及莱热（Leger）的《静物与烛台》。
>
> 由于这几幅画太出名了，盗贼很难在市场上出手。这说明此次盗窃案很可能是受私人藏家指使。如今，窃贼与这些珍贵画作的流向均没有任何消息。

伦敦失窃艺术品登记处

2013年，斯德哥尔摩现代艺术博物馆迎来一个天大的好消息：1987年被那个挥舞大锤的盗贼偷走的、估价约100万美元的马蒂斯名作《花园》，被伦敦失窃艺术品登记处的专家追回来了。

失窃艺术品登记处是失窃艺术品和古董的全球最大数据库，主要致力于追回这些艺术品。同时，它也是全球各大拍卖行、艺术品贸易协会、保险行业和国际艺术研究基金会的合作伙伴。其股东包括佳士得（Christie's）、苏富比（Sotheby's）、邦瀚斯（Bonhams）和菲利普斯（Phillips）等拍卖行。

此前，一位波兰的卖家代表曾联系英国艺术品经销商查尔斯·罗伯茨（Charles Roberts），想要出售这幅马蒂斯的作品。而且这位卖家自从20世纪90年代起，就拥有了这幅名画。罗伯茨按照惯例，在进行贵重名画的交易之前，先在失窃艺术品登记处的数据库里进行了查询。

数据库立刻识别出了这幅画。这幅画着白玫瑰花园的杰作，正是多年前博物馆失窃的那幅。事后，博物馆的一位女发言人表示："这幅画能重现人间，真是太棒了！失窃了这么多年，我们几乎都绝望了。"

26年后，这幅名画终于又回到了斯德哥尔摩的现代艺术博物馆。

纳粹洗劫欧洲：史上最大规模的艺术品浩劫

古斯塔夫·克里姆特（Gustav Klimt, 1862—1918）是位杰出画家。他在19世纪末到20世纪初时曾深受维也纳犹太贵妇们的青睐，成了她们钟爱的肖像画家。他的作品常用华丽的金箔装饰，气质奢华，因此外界常称这是他独有的"黄金"或"拜占庭镶嵌画"风格。

2006年6月，艺术市场又掀波澜。克里姆特的杰作《阿黛尔·布洛赫–鲍尔夫人肖像一号》以惊人的1.35亿美元成交，这一成交刷新了当时世界名画的成交纪录。紧接着，同年11月佳士得拍卖行再掀高潮，4幅克里姆特画作共拍出近2亿美元的天价。

然而，这些光鲜交易的背后，却隐藏着一段长达10年的斗争史。当年居住在洛杉矶的犹太老妪玛丽亚·阿尔特曼，曾携手年轻律师兰迪·舍恩伯格，与奥地利政府展开了不屈不挠的抗争，目的是讨回"二战"前纳粹党从他们家族手中抢走的《阿黛尔·布洛赫–鲍尔夫人肖像一号》。这段传奇经历被搬上大银幕，成为2015年电影《金衣女人》（Woman in Gold）的故事蓝本。

纳粹德国对欧洲艺术品及其他财物的掠夺，是一场有组织的大洗劫，堪称史上最大规模的艺术品浩劫。掠夺自1933年开始，战争期间更是愈演愈烈。纳粹党通过设立专门机构，以科学方法评估哪些公共和私人藏品对其政权最为重要，进而对其开展有计划、有组织的掠夺。

纳粹党没收了德国博物馆和私人手中收藏的艺术品，并冠之以"堕落艺术"的罪名。这些作品要么被公开焚烧，用作纳粹的宣传工具；要么被拍卖，为纳粹党筹集资金。1939年6月30日，瑞士卢塞恩的国民大酒店举办了一场臭名昭著的拍卖会，拍卖会上拍卖了纳粹党掠夺的许多艺术品。而且众多知名艺术品经销商、大收藏家和博物馆的代理人都参与了这场非法交易。

纳粹党从犹太人手中无情掠夺了成千上万的艺术珍品。这种对犹太财产的大肆洗劫，是大屠杀中极为重要且令人发指的一环。

在这场史无前例的艺术劫掠中，纳粹党将欧洲多家著名博物馆的藏品抢夺一空，包括米开朗琪罗（Michelangelo）、伦勃朗、毕加索、达·芬奇等巨匠的传世之作，都被几个人据为己有。

1943年，为了保护欧洲的古迹与艺术品，盟军专门组建起由300人组成的"古迹卫队"。他们穿梭于战火纷飞的欧洲，尽力识别并保护文化遗产。随着盟军战线的推进和纳粹党统治的瓦解，古迹卫士们的工作重心又转向抢救和追回被纳粹党劫掠的艺术品与文物。2014年，由乔治·克鲁尼执导的电影《盟军夺宝队》便生动再现了这支精通文物、艺术及档案保护的盟军队伍的英勇事迹。

1945年5月，欧洲大陆重现和平。但对古迹卫士而言，真正的挑战才刚刚拉开序幕。尽管欧洲已经结束了战争，但无数文化瑰宝早已流落他乡，踪迹难寻。可见纳粹党掠夺艺术品的规模惊人。而直到此时，人们才得知纳粹党贪婪到何种程度。

接下来的日子里，古迹卫士的足迹遍布整个欧洲大陆。他们在偏远的盐矿深处、废弃建筑中被遗忘的板条箱内、山顶城堡的秘密角落里，找回一件又一件被纳粹党抢走的艺术品和文化遗产。有一次，他们在德国南部一次性追回了多达1500件被盗的艺术珍品。在奥地利的一座盐矿隧道中,他们更是找回了6000多幅画作,其中不乏米开朗琪罗的《布鲁日圣母像》及《根特祭坛画》等艺术巨匠的传世之作。

加德纳博物馆失窃案:史上金额最大的博物馆失窃案

1990年3月17日是圣帕特里克节。这天波士顿城内的人们沉浸在节日的欢乐氛围中。午夜时分,一辆汽车悄然停在波士顿伊莎贝拉·斯图尔特·加德纳博物馆的侧门前。随后,两名身着警服的男子下了车,要求保安放他们进入博物馆。此时,博物馆的夜班保安里克·阿巴斯(Rick Abath)正在值班。他与同事兰迪·赫斯坦(Randy Hestand)轮流在维多利亚时代珍品展的许多间空旷展厅里巡逻。

阿巴斯听信了两名"警察"的请求,遂将他们放了进来。"警察"一进来便称警察局接到有人扰乱治安的报告,要求赫斯坦也立刻到前台来,以便对两人进行询问。当赫斯坦走过来时,"警察"突然称有逮捕令并要求阿巴斯出示身份证。他们强迫阿巴斯离开保安台,在确认其远离警报按钮后便将其铐在墙边。紧接着,"警察"又转向赫斯坦,冷酷地来了句"打劫"。

接着,两名保安便被捆绑起来,又被押到博物馆的地下室中。

博物馆内没有安装摄像头,只安有运动探测器。因此当盗贼们走向二楼的荷兰厅时,运动探测器捕捉到了他们的行踪。虽然荷兰厅里珍藏着博物馆最珍贵的艺术品,但盗贼们的行动不紧不慢。运动探测器显示,他们在画廊内足足逗留了34分钟。

他们将伦勃朗的《风暴中的基督》与《黑衣绅士与淑女》、维米尔(Vermeer)的《音乐会》、戈弗特·弗林克(Govert Flinck)的《方尖碑风景》等名作从墙上逐一取下,然后又将画纸从画框中小心拿出。

相信但凡他们觉得时间紧迫,都会取下画框后立刻逃之夭夭。

很显然,他们并不着急逃跑。甚至在抢劫结束后,他们还在博物馆内四处闲逛,并回去看了看那两名保安的情况。接着他们又潜入安保主任的办公室，取走了记录前门、停车场及安保台情况的监控录像。他们分两次行动，将这些珍贵的艺术品安全地放到汽车中。最终，在凌晨2点45分，他们悄无声息地离开了博物馆。

自此以后，他们和那些被盗的名画就如同人间蒸发一般，再无踪迹可寻。

盗贼们做这些事时，阿巴斯和赫斯坦一直被关在地下室里。直到4个小时之后，早班保安来换班才将他们救出来。随后，警方和联邦调查局在上午8点多抵达现场，并迅速展开调查。他们推断，这个团伙之所以选择伦勃朗和维米尔的画作，是因为它们价值连城。但不知出于何种原因，他们没有碰博物馆中最有价值的画作——提香（Tiziano）的《劫夺欧罗巴》。

按照当时市场价格估算，这些失窃作品的总价值超10亿美元。为此，加德纳博物馆开出了1000万美元的天价悬赏金，创下了当时私人机构赏金的最高纪录。

可是30年过去了，此案依然没有告破。

加德纳博物馆：失窃名画只剩画框

加德纳博物馆由女性先驱伊莎贝拉·斯图尔特·加德纳（1840—1924年）一手打造，博物馆共收藏了16000种画作、雕塑及陶瓷艺术品。加德纳不仅是美国杰出的艺术收藏家，更是慈善家和重要的艺术家赞助人。

因为没有继承人，加德纳遂将自己的所有遗产全都捐了出去，包括她的藏品、房产及土地。但她附带了一个条件：馆内所有藏品不可重新排列、售卖或捐赠，也不可再加入任何新的艺术品。

1990年的盗窃案给加德纳博物馆带来了难题，即失窃画作留下的空白墙面显得格外刺眼。而遵循加德纳的遗嘱，博物馆又不能加入新的藏品，来填补这些空白。于是，博物馆选择了保留空画框，作为对遗失作品的深刻纪念。岁月流转，这些无画之框已自成风景，成为博物馆标志性的特色之一。游客们如同百年前卢浮宫《蒙娜丽莎》失窃后前人的做法那样，驻足其前，静默沉思，感受那份失落的震撼。

案件调查情况

自1990年案发之后，案子的线索一直时断时续。为侦破取得突破，搜集更多关键信息，FBI也多次提高悬赏金额，如今悬赏已从100万美元提高到1000万美元。然而，尽管当局深入调查了错综复杂的嫌疑人网络，却仍无法对任何一人明确定罪。随着时间的流逝，失窃案的诉讼时效已然过期。今天，博物馆方面已向外公开声明，只要能够归还失窃画作，绝不会对承认持有者进行追究。

几十年来，FBI的侦查范围也不断扩大，甚至一直延伸到与新英格兰及费城黑手党有瓜葛的本地盗窃团伙，其中不乏黑帮人物。FBI曾高度怀疑一个叫卡梅洛·梅林诺的黑帮成员手上持有这些画作。因为FBI通过监听发现，他曾在1998年自曝知晓画作的下落。然而，当梅林诺因另一起案件被捕，并有机会通过归还画作换取减刑时，他却选择了沉默。最终，他被判处47年监禁，并于2005年在狱中离世。而失窃画作之谜始终未曾解开。

FBI目前的判断是，偷走画作的嫌疑人是波士顿某犯罪集团里的一个小喽啰。而且，早在2013年，当局就对他的身份胸有成竹。可是鉴于此人已经不在世了，因此警方没有公开他的身份。

另一名嫌疑人名叫罗伯特·詹蒂尔（Robert Gentile），他是个卖二手车的。2018年，他因非法持械被判入狱四年半。其间，FBI曾试图将他与加德纳博物馆失窃案联系起来。此前，詹蒂尔的帮派同伙之一、波士顿黑帮头目罗伯特·瓜伦蒂的遗孀告诉特工，她目睹了她已故的丈夫将一幅失窃的画作交给了詹蒂尔。在詹蒂尔家中，FBI特工不仅发现了警帽、警徽、20000美元的现金以及大量武器，还发现了一份加德纳博物馆失窃艺术品清单，清单上甚至列出了它们的黑市价格。尽管掌握了这些证据，詹蒂尔还是否认知道任何关于盗窃的事情。不过，他并没有通过测谎仪的测试。

由于身体健康问题且狱中表现良好，詹蒂尔于2019年3月提前获释。调查人员认为，82岁的詹蒂尔很可能是最后一个知道失窃画作下落的人。但就在2021年9月，詹蒂尔去世。这个秘密也被他彻底带进了坟墓。

加德纳博物馆失窃案至今仍是全世界最大的私人藏品失窃案。盗贼偷走了十几幅名画，其中包括维米尔的1幅、伦勃朗的3幅和德加（Degas）的5幅。在数千条线索和1000万美元的悬赏之下，这些画作至今仍未被追回。无数FBI特工、古董商人和私家侦探都试图解开这个谜团，但均以失败告终。

关键内容

- 失窃艺术品的年黑市交易额约有60亿—80亿美元。不过，大多数失窃艺术品都卖不出去，只能用来向所有者或保险公司索要赎金。有时，现实中的盗窃案真的与《龙凤斗智》《偷天陷阱》《十一罗汉》和"碟中谍"系列等电影情节十分相似。

- 1911年，文森佐·佩鲁贾偷走了《蒙娜丽莎》，由此创造出一个传奇。在失窃之前，《蒙娜丽莎》也是一幅佳作，但名气并不大。但经过媒体关于卢浮宫失窃案和神秘案情的炒作之后，《蒙娜丽莎》已成为今天全世界家喻户晓的名作。

- 截至本书成稿前，1990年波士顿伊莎贝拉·斯图尔特·加德纳博物馆失窃案仍是史上金额最大的艺术品失窃案，且至今仍未告破。价值10多亿美元的名画至今已经失踪30年。不过，当年挂着名画的墙壁上也并非空空如也，而是依据加德纳女士的遗嘱，展出着这些名画的空画框。

第十章

华尔街之魂：戈登·盖柯和乔丹·贝尔福特

戈登·盖柯是电影《华尔街》(*Wall Street*)及《华尔街：金钱永不眠》(*Wall Street: Money Never Sleeps*)中的虚构人物。他代表着20世纪80年代的华尔街精神内核，展现出真实世界中如卡尔·伊坎这样的企业掠夺者、伊万·波斯基(Ivan Boesky)这类臭名昭著的股票交易员、"垃圾债券之王"迈克尔·米尔肯(Michael Milken)等这类特质的投资人。这部电影错误的核心观念可以用一句话概括，那就是"贪婪是无可厚非的"。比如20世纪90年代，乔丹·贝尔福特建立起斯特拉顿·奥克芒经纪公司(Stratton Oakmont)，用该公司专门从事金融诈骗，继而积累起巨额财富，后因操控股市和低价股欺诈罪被判入狱。2013年，他的人生故事被导演马丁·斯科塞斯(Martin Scorsese)拍成电影《华尔街之狼》(*The Wolf of Wall Street*)。不管是虚构的戈登·盖柯，还是现实中的乔丹·贝尔福特，都是华尔街贪婪文化的典型代表。而正是这种文化最终引发了2008年的全球金融危机，在全球造成了高达几十万亿美元的经济损失。

贪婪，怎么说呢，是无可厚非的。

——戈登·盖柯
电影《华尔街》台词

这些都合法吗？当然他妈的不合法！

——乔丹·贝尔福特
电影《华尔街之狼》台词

20世纪90年代是充满变革、非同寻常的10年：万维网的诞生极大地推动了互联网的普及，铁幕的落下标志着冷战的结束，这让许多人生平第一次感受到自由与创业的喜悦。

随着互联网的崛起，股市投资者纷纷将资金投入初创公司，以至即便这些新公司缺乏商业计划、产品或盈利记录，也能成功上市并筹集资金。可见，新经济模式的兴起已经彻底颠覆了过去的投资方式。但到了20世纪90年代末，由于互联网公司过度投机，造成互联网泡沫接踵而来，互联网泡沫也叫科技泡沫或网络泡沫。

乘着经济繁荣的东风，美欧的股价实现了惊人增长。美国的纳斯达克指数在短短几年间，从不足1000点飙升至5000点以上。而在德国，科技板块的NEMAX指数也创下了历史新高。

在纽约的华尔街，乔丹·贝尔福特凭借斯特拉顿·奥克芒经纪公司赚取了巨额财富。与此同时，成千上万的年轻投资银行家将电影中的虚构人物戈登·盖柯当成偶像。然而，这一切都在2001年股市泡沫破裂时戛然而止。当时的美联储主席艾伦·格林斯潘（Alan Greenspan）将其称为"非理性繁荣"，真是一语道破了股市虚火旺盛的现实。随后，股市陷入了漫长的低迷期，纳斯达克指数更是大幅下跌。直到多年后，才逐渐恢复到2000年崩盘前的水平。

咆哮的20世纪90年代与储贷危机：金融危机前兆

很多人或许已经忘记了，在20世纪90年代那场令人瞩目的经济繁荣来临之前，美国还经历过1991年的经济衰退。这场衰退的根源之一，就是20世纪80年代房地产泡沫在长期累积后突然破裂。而泡沫的形成，主要归咎1981年的减税政策以及金融监管的松懈。

随后，储贷危机的爆发，让银行因为不良贷款而陷入困境。当美国政府不得不出手支持银行业时，联邦预算承受的巨大压力，也对整体经济造成了沉重打击。这一幕，是否与2008年的金融危机有着惊人的相似之处？只是，后者的影响范围和程度，都远远超出我们的想象。

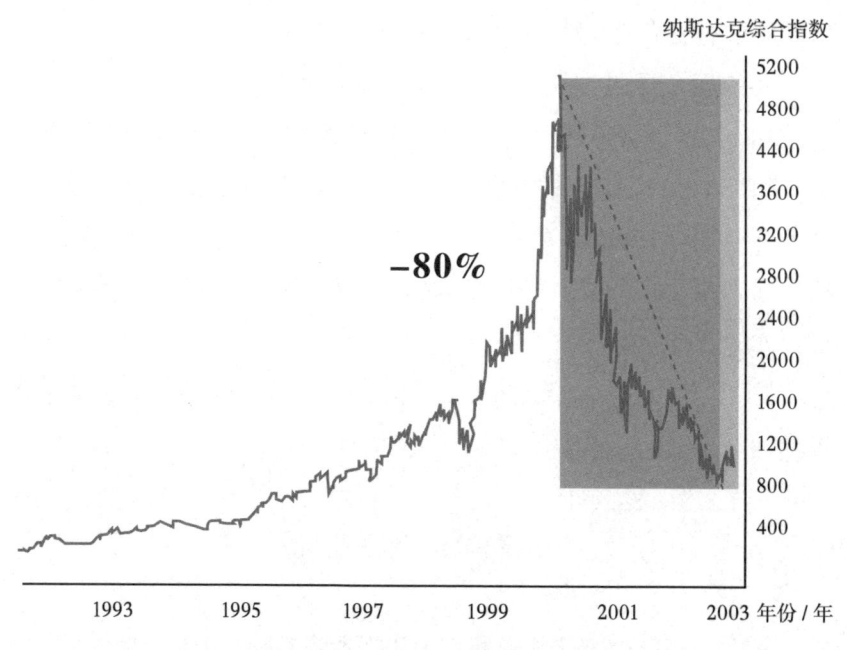

图4　纳斯达克综合指数与咆哮的20世纪90年代
（数据来源：彭博）

可怕的2008年

2008年9月，一个阴沉的周末清晨，我刚刚结束夏威夷的蜜月之旅，来到德国法兰克福机场。飞机落地时，我还带着睡意。此时，《法兰克福汇报》周末版的一条醒目头条——"雷曼兄弟破产"突然映入我的眼帘。那时，我的工作是在德意志银行从事资产与财富管理。看到这条新闻，我瞬间预感到，我的工作在即将到来的周一肯定会做得异常艰难。

周一果然糟糕透顶——那是2008年9月16日。雷曼兄弟的破产，标志着次贷危机的全面爆发。最终，这一危机演变为全球性的金融动荡。这不是一家银行的破产，而是整个金融体系的崩溃。短短几天内，雷曼兄弟的股价就暴跌了93%。

全球观众通过电视屏幕，目睹了数百名雷曼兄弟员工失业的情景。他们大多西装笔挺，抱着装满个人物品的纸箱，黯然离开银行大楼。此前，雷曼兄弟是美国第四大投资银行，资产高达6400亿美元，在世界各地拥有25000多名员工。因此，它的轰然倒塌成为金融危机爆发的标志性事件。这场危机迅速席卷全球金融市场，最终导致约10万亿美元的经济损失。

当时，金融市场立刻停止了运转，整个资本主义体系处于崩溃的边缘。

回顾全球金融危机

究竟发生了什么事？为何我们视为理所当然的经济与金融体系会突然停摆？为何"攻击和占领华尔街"等抗议活动能迅速赢得广泛支持？

长久以来，美国的房价一直缓慢上涨。然而，2000—2001年，随着美联储不断降息，房价开始急剧攀升。

书籍和电影

2013年的电影《华尔街之狼》是马丁·斯科塞斯执导的一部美国大片，由莱昂纳多·迪卡普里奥（Leonardo DiCaprio）与玛格特·罗比（Margot Robbie）联袂主演。影片的主人公乔丹·贝尔福特是20世纪90年代美国金融界最为臭名昭著的人物。正是他创办了斯特拉顿·奥克芒经纪公司。他还以不同凡响的炒股手法和狡猾手段著称，同时他麾下更是有一群金融狂徒和他一起过着奢靡的生活。

白天，贝尔福特在股市里每分钟都能进账数千美元；到了晚上，他会将这些钱全部挥霍在毒品、女人和旅行上。

这部电影由贝尔福特2008年写的自传改编，而其制作资金又牵涉2015年马来西亚国营基金"一马发展"（一马发展基金）的洗钱和贪腐丑闻。此外，诸如《华尔街》（1987年）、《华尔街：金钱永不眠》（2010年）及《抢钱大作战》（2000年）等经典影片，也深刻揭露了华尔街的贪婪与奢靡。

从房地产泡沫到经济大衰退

随着投机购房热潮的兴起，美国各大银行迅速放宽了风险管理标准，推出了更多种类的贷款，包括介于优质与次级之间的alt-a级按揭贷款、针对信用较差客户的次级贷款，以及针对无需收入、工作和资产的分置贷款等等。简而言之，就是银行开始向无力购房的人提供贷款。

尽管风险高企，但银行并不惧怕承担这种风险。因为他们可以刻意将这些贷款打包成抵押贷款，贷款不仅支持证券和担保债务凭证，还能作为低风险金融产品卖给投资者,进而在低息时代为投资者带来稳定收益。同时,房地美、房利美这些受到银行和联邦政府支持的机构,更是负责将这些按揭贷款进行重组和证券化操作。穆迪、标准普尔和惠誉等评级机构虽然了解这些按揭贷款的次级性质,但因其规模庞大,依然给出了AAA级评级。

2004年10月,美国证券交易委员会降低了对投资银行净资本的要求。这一决定进一步刺激了银行的冒险行为,使银行得以将初始投资通过杠杆放大到30至40倍。

2006年初,房价见顶,房地产泡沫随之破裂。此时,众多房主面临的困境是:现在的房价已低于他们的买房成本了。而且,后来更是发展到就算没有按揭,也无法顺利出售。而办理了浮动利率按揭贷款的人更是雪上加霜。房价下跌导致他们的还款成本不断攀升,尤其是那些资质薄弱的次级按揭贷款人,由于根本无力偿还贷款,立刻陷入进退两难之境地。

随后,法拍房数量开始激增。2007年3月,美国次级抵押贷款市场崩溃,超过25家机构宣告破产。其中,规模最大的是新世纪金融公司(New Century Financial),由于公司股价暴跌近九成,公司最终不得不申请破产保护。这一系列事件标志着房地产泡沫彻底转化成为按揭贷款危机。

到2007年8月,情况愈发严峻。很显然,金融市场已无力独自解决次级贷款危机。很快,危机也蔓延到其他国家,因为持有房地产的抵押支持证券及抵押债务凭证的机构投资者遍布世界各地。后来,好莱坞还以这次危机为蓝本,拍摄了《商海通牒》(*Margin Call*, 2011年)和《大空头》(*The Big Short*, 2015年)等影片。

随着房地产泡沫的破灭,金融机构也面临着巨大挑战,它们根本无法对账簿上那些总值达数万亿美元的"有毒证券"进行估值。就这样,美国的次贷危机如同野火般蔓延,最终升级为全球性金融风暴。

在这场危机中,全球银行间市场陷入停滞,流动性资金完全冻结,导致信贷市场严重紧缩。在英国，北岩银行因资金链紧张，不得不向英格兰银行紧急求助。随后，北岩银行又遭遇储户挤兑，最终在2008年被政府收归国有。而在大洋彼岸的瑞士，银行业巨头瑞银集团在2007年10月率先宣布，因涉足次级贷投资而亏损超过30亿美元，成为首家公开承认存在重大损失的知名银行。

不过，美国的情况恐怕更加糟糕。2008年3月，历史悠久的华尔街投行贝尔斯登（Bear Stearns）轰然倒塌。这家自1923年起便在金融界竖立起招牌的老牌机构最终被摩根大通以极低的价格接手。而美林证券则在走到破产边缘时被美国银行及时收购，勉强逃脱了覆灭的命运。面对如此严峻的经济形势，美国政府出手干预，接管了全球第五大保险公司美国国际集团（AIG），以防其成为令市场陷入困境的又一块多米诺骨牌。

到了2008年夏天，金融危机终于全面爆发。房利美和房地美两家公司紧急求助美国政府。同年9月，雷曼兄弟破产，创下了美国破产史上破产金额的新纪录。全球金融市场陷入了崩溃边缘，股市暴跌，创历史新低。仅半年多时间，标普500指数从8月28日的1300点高位暴跌至666点，跌幅高达48.8%。

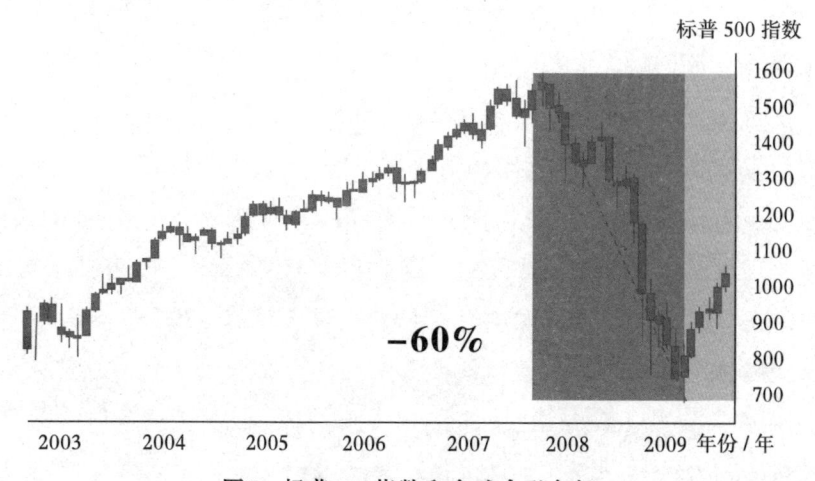

图5　标普500指数和全球金融危机
（数据来源：彭博）

在德国，IKB、Hypo Real Estate等金融机构及多家地方银行也深陷财务泥潭，其中第二大银行德国商业银行更是被迫部分国有化。

在随后数月中，美联储和各国央行纷纷出手，向因资产下跌而停滞不前的信贷市场注入了数十亿美元资金，以稳定经济局势。

2009年3月，股市终于见底。美国政府随即推出7000亿美元的救市计划。然而，这一救助举措马上引发公众强烈不满。他们认为，银行家们似乎因破坏经济而得到了奖赏。尽管如此，该计划确实有效阻止了美国乃至全球经济的全面崩溃。

尽管出台了救市措施，全球金融危机还是引发了2008—2009年美国的金融危机，美国失业率飙升至10%，数百万人流离失所。在全球范围内，以GDP计算的经济损失高达10万亿美元以上。

大而不倒：贝尔斯登的最后时光

2007年初，拥有85年历史的纽约老牌投行贝尔斯登的市值突然飙升至200亿美元。《财富》杂志也在同年将其评为华尔街"最受尊敬"的金融公司。一时间真的是如日中天，风光无限。

然而，贝尔斯登在对冲基金领域，尤其是高风险的抵押贷款支持证券（MBS）业务的深入程度，悄然为其埋下次贷危机的伏笔。最终这场危机席卷全球，引发了金融海啸与经济衰退。

眼见房地产市场发展得如火如荼，贝尔斯登等投行积极向全球投资者推销复杂的次级抵押贷款证券，不过他们对其中隐藏的巨大风险视而不见。随后，抵押贷款支持证券与抵押债务证券迅速成为其核心业务，推动利润飙升。在巅峰时期，贝尔斯登仅以110亿美元的净资产，便支撑起近4000亿美元的庞大资产规模，杠杆率竟然达到了近40倍。即便是对于擅长杠杆操作的投行而言，这样的资产负债数据也显得异常激进。

房地产泡沫破裂时，许多次级抵押贷款的借款人开始违约，贝尔斯登的资产负债表也马上出现严重的流动性不足——许多资产随时可能会变得一文不值。2007年6月，贝尔斯登不得不拿出了32亿美元建立起"高级结构性信贷策略增强杠杆"基金（Enhanced Leverage Fund），来缓解抵押债务凭证和抵押贷款支持证券等高风险业务的流动性问题。即便如此，最终次贷危机也让该基金和另一家相关对冲基金几乎赔得一分不剩。

而仅仅2个月之后，贝尔斯登就迅速倒闭了。2008年3月11日，美联储宣布了一项500亿美元的纾困计划，旨在援助陷入困境的金融机构。同时，穆迪评级机构将贝尔斯登的多项抵押贷款支持证券降级至垃圾级。

然而，美联储的声明也加重了市场对未来困境的担心，加之穆迪对多家证券机构的降级，更是严重打击了投资者的信心，导致他们不仅纷纷撤资，还拒绝签订新的回购协议。

与普通银行可用存款人现金运营不同，贝尔斯登等投行主要依赖短期融资交易，即"回购"交易，通过打包销售证券获得现金，并以此融资。而过度依赖回购的风险是，投资者信心一旦丧失，银行将难以维系运营。而这正是2008年3月13日贝尔斯登所遭遇的难题。

贝尔斯登的CEO艾伦·施瓦茨（Alan Schwartz）向管理其现金的摩根大通求援，申请紧急贷款；同时告知美联储主席，如果贷款不成，公司将会破产。为此，美联储召开了30年来首次安排在周末的紧急会议，以寻求解决方案，以防贝尔斯登破产会波及其他如美林、雷曼兄弟等杠杆过高的公司。2008年3月16日周日晚，贝尔斯登董事会同意将公司以每股2美元的价格低价卖给摩根大通。随后，美联储又为摩根大通提供了相关贷款。实际上，贝尔斯登的规模太大了，大到不容倒闭。

事实证明，在这场金融风暴中，贝尔斯登不过是倒下的第一张多米诺骨牌。2008年9月，美国银行又出手收购了陷入危机的美林证券。很快，美国财政部宣布下一步将出手援助政府监管下的房贷巨头——房利美和房地美，以稳定市场。不仅如此，美国政府还为美国国际集团提供了高达1800亿美元的纾困资金，并予以接管，以重振市场对美国经济的信心。

可令人震惊的是，美国政府认为雷曼兄弟并非大到不能倒下的金融机构，因此美国金融体系有能力在雷曼兄弟倒闭后继续保持正常运作。于是，这家拥有158年悠久历史的投资公司在2008年9月15日宣告破产，这标志着金融危机全面深化与爆发。

华尔街灵魂已逝

金融危机改变了投行在流行文化中的形象，特别是《华尔街》中的戈登·盖柯、《华尔街之狼》中的乔丹·贝尔福特和美剧《亿万》(*Billions*)中的鲍比·阿克塞尔罗德等角色成了代表贪婪、金钱和权力的形象以来更是如此。随着2008—2009年的全球金融危机爆发，华尔街的过度贪婪即便没有完全消失，也正在逐渐消退。当然，华尔街的神话不会完结，仍在继续。

《亿万》是由布莱恩·科佩尔曼（Brian Koppelman）、大卫·莱维恩（David Levien）和安德鲁·罗斯·索尔金（Andrew Ross Sorkin）创作的美剧，于2016年在美国电视网首播。该剧的主角是鲍比·阿克塞尔罗德，他是一位白手起家的华尔街亿万富翁，掌管着业内最成功的对冲基金。阿克塞尔罗德享受着成功带来的所有物质条件：豪宅、私人飞机、直升机、私人厨师……尽管阿克塞尔罗德的初衷是好的，但贪婪和权力的诱惑实在太大了。而且在顶级金融圈里，是没有对错可言的；即便有，其界限也是模糊不清的。

美剧角色阿克塞尔罗德基本沿袭了银幕上的戈登·盖柯与真实世界里"华尔街之狼"乔丹·贝尔福特的风格。贝尔福特在电影中的经典台词令人难忘："我叫乔丹·贝尔福特，在26岁那年赚了4900万美元。但这让我恼火，因为只差300万美元就实现平均每周赚100万美元了。"

与阿克塞尔罗德不同，乔丹·贝尔福特是现实中真实存在的人。他1962年出生于纽约，后来依靠家人和朋友的帮助，在罗斯柴尔德公司开始了股票经纪人的实习生涯。然而，1987年的黑色星期一股市大崩盘后，公司陷入了困境，贝尔福特不幸被裁员。

但挫折并未击垮他。1989年，贝尔福特携手丹尼·波鲁什（Danny Porush）和布莱恩·布莱克（Brian Blake）共同创立了斯特拉顿·奥克芒经纪公司。公司发展得很快，鼎盛时期曾拥有超过1000名股票经纪人，而且还成功参与了35家公司的公开募股，总金额更是超过10亿美元。这里面就包括知名鞋业品牌史蒂夫·马登（Steve Madden）的上市项目。

说白了，斯特拉顿·奥克芒经纪公司就是一个"股票电话推销室"，他们专门向客户推销垃圾股，然后通过哄抬股价再抛售的欺诈手段坑害投资者。很显然，这种做法属于证券欺诈：通过散布虚假和误导性的利好，人为抬高股价。一旦股价虚高，操控者便开始抛售，股价就会立刻暴跌，从而令投资者蒙受损失。这种情况在微型股、粉单股以及加密货币小盘股中尤为常见。

20世纪90年代，贝尔福特通过他的经纪公司赚得盆满钵满。他一方面生活奢靡，频繁举办派对；另一方面又滥用药物，特别是镇静剂甲喹酮。在经营斯特拉顿·奥克芒经纪公司期间，他与第一任妻子丹尼斯·隆巴尔多（Denise Lombardo）离了婚。后来，他与在派对上结识的模特纳丁·卡里迪（Nadine Caridi）结了婚。然而，卡里迪指控贝尔福特吸毒成瘾，还对她家暴。两人最终也只能分道扬镳。

由于违法操作,斯特拉顿·奥克芒经纪公司在整个运营期间一直都是执法部门的重点打击对象,1996年12月,该公司被彻底取缔。1999年,乔丹·贝尔福特终于承认自己操纵股价,设计垃圾股骗局,犯下了证券欺诈等相关罪行。他的骗局给投资者带来约2亿美元的损失。他与美国联邦调查局达成了认罪协议,在监狱中度过了近2年的时光。其间,他还揭发了诈骗计划中的众多同伙及下属。

联邦调查局勒令贝尔福特归还他从1500多名股票投资者那里骗取的1.1亿美元。然而,在变卖了贝尔福特的豪宅、豪车及其他被查封财产之后,受害者最终只追回了约1000万美元。

现在,贝尔福特成了一名作家和励志演讲家。他环游世界,分享他的传奇故事。尽管背负着大量犯罪记录和罚款,但他的个人资产仍保持在约1亿美元的高位。服刑期间,贝尔福特撰写了自传《华尔街之狼》。该书风靡全球,在40个国家发行,然后又被译成18种语言。电影《抢钱大作战》和《华尔街之狼》等都是以他的自传为蓝本创作的。

投行界的六大亿万富翁

1. 内森尼尔·罗斯柴尔德（Nathaniel Rothschild）

在投资银行界罗斯柴尔德家族可谓声名显赫。19世纪时,这个家族坐拥的私人财富就已堪称世界之最。放眼现代,其财富更是无人能及。时至今日,罗斯柴尔德家族遗留下来的净资产仍是一个天文数字,据估计在5000亿到1万亿美元之间。作为第四代罗斯柴尔德男爵雅各布的独子和合法继承人,内森尼尔·罗斯柴尔德继承了庞大的家族财富。据传,有价值约500亿美元的财富被他藏进了瑞士的多家信托机构中。

2. 吉姆·西蒙斯（Jim Simons）

吉姆·西蒙斯是一位多才多艺的人物，他既是数学家，又是对冲基金界的精英，还是一位热心的慈善家。他擅长运用复杂的数学技术和精密算法来指导投资决策，因此被誉为量化投资的开创者。1982年，西蒙斯在纽约创立了文艺复兴科技公司。这家对冲基金迅速崛起，成为业内的佼佼者。其中，文艺复兴的奖章基金更是名声在外，备受瞩目。截至2022年，吉姆·西蒙斯的个人净资产已达到了惊人的280亿美元。

3. 约瑟夫·萨夫拉（Joseph Safra）

约瑟夫·萨夫拉是一位瑞士籍的银行家与亿万富翁，正是他一手创立了巴西的金融巨头——萨夫拉集团。萨夫拉则一直担任集团的CEO，直至其去世。2013年初，他旗下的银行与萨拉辛银行强强联手，在瑞士合并成为约瑟夫·萨夫拉-萨拉辛银行。据《福布斯》透露，当这位金融大亨于2020年底离世时，留下了高达230亿美元的净资产。

4. 瑞·达利欧（Ray Dalio）

瑞·达利欧是全球对冲基金界的领军人物，桥水联合基金的创始人兼掌舵人。如今该公司管理着令人咋舌的1540亿美元资产。不仅如此，他还是畅销书《原则：生活和工作》（*Principles: Life & Work*）的作者。该书深入浅出地探讨了企业管理的精髓与投资哲学的奥秘。在《福布斯》公布的2022年亿万富翁排行榜中，瑞·达利欧以220亿美元的净资产位列第74位。

5. 豪尔赫·保罗·雷曼（Jorge Paulo Lemann）

豪尔赫·保罗·雷曼从投行界起步，逐步成长为安海斯-布什英博集团（Anheuser-Busch InBev）的幕后大佬。如今，他定居瑞士，并与他人共同创立了巴西知名的投资公司3G资本，该投资公司旗下拥有汉堡王、安海斯-布什英博及亨氏等众多知名品牌。2013年，雷曼携手沃伦·巴菲特的伯克希尔·哈撒韦公司成功将亨氏纳入麾下。两年后，亨氏又与卡夫食品实现了合并。据《福布斯》估算，截至2022年，豪尔赫·保罗·雷曼的净资产已飙升至160亿美元。

6. 彼得·凯尔纳（Petr Kellner）

彼得是捷克著名企业家，更是捷克共和国的首富。他曾创立过一家投资基金。后来他利用赚到的钱，在捷克最大保险公司被私有化时，买到了其控制权。因此，他也成了PPF投资集团中举足轻重的股东。只可惜命运弄人。2021年3月，凯尔纳在阿拉斯加州的一次直升机滑雪之旅中，遭遇空难离世，享年56岁。他留下了深爱的妻子和四个孩子，以及高达180亿美元的巨额遗产。

"贪婪是无可厚非的"

奥利弗·斯通（Oliver Stone）执导的《华尔街》中有个令人过目不忘的经典反派——戈登·盖柯。在这部电影及其续集《华尔街：金钱永不眠》中，迈克尔·道格拉斯（Michael Douglas）精彩演绎了戈登·盖柯这个角色。在影片中，年轻的股票经纪人巴德·福克斯（Bud Fox）与富有的企业掠夺者盖柯结缘。盖柯以其在金融界的传奇地位，并利用巴德提供的蓝天航空及安纳达钢铁的内幕信息，不择手段地积累财富，而这也让巴德一夜暴富。但随后，巴德对自己的所作所为深感懊悔，站出来指证盖柯。后者因此入狱，罪名是证券欺诈和内幕交易。迈克尔·道格拉斯凭此角色荣获奥斯卡奖，其用演技将贪婪无度的投资银行家形象刻画得淋漓尽致。

尽管盖柯在影片中是个反派，但他也意外成为许多投资界新人的"导师"。在他们眼中，盖柯是在纽约、伦敦、法兰克福等投行激烈竞争中生存下来的典范。

盖柯这一形象深刻反映了贪婪文化的普遍性。他并非单一人物的翻版，而是融合了多位真实金融界巨擘的影子，如投资银行家丹尼斯·莱文（Dennis Levine）、臭名昭著的股票交易者伊万·波斯基、企业掠夺高手卡尔·伊坎、金融大亨阿舍·埃德尔曼（Asher Edelman）、投资人迈克尔·奥维茨（Michael Ovitz），以及垃圾债券界的传奇人物迈克尔·米尔肯等等。

丹尼斯·莱文：投行中的明星

丹尼斯·莱文绝对当得起20世纪80年代的明星人物。那时，他在华尔街投资银行德雷克塞尔·伯纳姆·兰伯特（Drexel Burnham Lambert）公司做兼并业务。只可惜，他在华尔街的职业生涯因内幕交易指控戛然而止。

据悉，莱文与华尔街精英们建立了一个业内关系网，利用各自在工作中获取的内幕信息进行交易。为了防止电话被追踪，他们会使用公用电话互通有无，并通过列岛银行巴哈马分行的一个用假名开立的账户进行操作。因为他们知道，瑞士的列岛银行素来以其保密传统著称。

由于莱文赚到了很多钱，列岛银行的内部员工便也开始模仿他的交易，结果引起了美国证券交易委员会的注意。最终结果就是，丹尼斯·莱文成为20世纪80年代中期华尔街内幕交易调查中首批被起诉的高调内幕交易人员之一。

伊万·波斯基：内幕交易丑闻的罪魁祸首

伊万·波斯基，昔日股市的风云人物，因深陷20世纪80年代的内幕交易丑闻而声名狼藉。20世纪80年代中期，他曾凭借精准的企业并购预测，成功卖出比弗利山庄酒店。在积累了超过2亿美元的巨额财富后，甚至登上了《时代》杂志的封面，一时间风光无两。

波斯基利用内幕信息，为关联方购买涉及纳贝斯克、雷诺兹、休斯敦天然气等公司并购案的股票，从中大赚特赚。尽管法律早已明文禁止内幕交易，但由于执行力度严重不足，波斯基之流有机可乘。直到美国证券交易委员会对迈克尔·米尔肯等人展开调查时，波斯基才终于落入法网。为换取从轻处罚，他选择与美国证券交易委员会合作，供出了部分交易内情。最终，波斯基虽仅被判入狱3年，但创纪录的1亿美元罚款和终身证券行业禁入令，也让他付出了沉重的代价。

企业掠夺者卡尔·伊坎

卡尔·伊坎是华尔街投资界的佼佼者。几十年来，他多次在美国商界掀起巨大波澜。另外，他的职业生涯是从在德雷福斯公司当股票经纪人开始的。20世纪80年代，伊坎凭借对环球航空公司（TWA）的恶意收购一战成名，成为企业掠夺者的代表人物。据说他当时巧妙利用自有资金、投资者资本及银行贷款，成功拿下了环球航空的半数股权，并于1988年通过杠杆收购彻底掌控该公司。之后便是有条不紊地出售公司资产，以清偿债务。

20世纪80年代，伊坎因利用德雷克塞尔·伯纳姆·兰伯特公司提供的垃圾债券，在上市公司持股，并推动公司管理层及管理风格改革，因此被称作"秃鹫资本家"。在大多数情况下，被他盯上的公司都愿意为劝他放手而主动给钱。

然而，进入20世纪末，伊坎的形象却发生了转变——他一跃成为积极股东。据《福布斯》杂志估算，如今伊坎的净资产已高达约160亿美元。此前，他曾任美国总统特朗普的顾问，后因争议缠身而退出。此外，在"天堂文件"曝光的利用离岸账户避税的富豪名单中，他的名字也赫然在列。

阿舍·埃德尔曼：并购、艺术与财富

阿舍·埃德尔曼不仅是一位美国金融界精英，也是一位资深的艺术爱好者与收藏家。他的事业版图广阔，涵盖了投行、理财及复杂衍生品交易等领域。1988年，埃德尔曼在哥伦比亚商学院纽约校区开设了一门别出心裁的课程——课程名为"企业并购：商战的艺术"。该课程精准地捕捉到了当时华尔街的时代脉搏，介绍了风起云涌的并购热潮。

后来，埃德尔曼选择移居瑞士，开始全身心投入艺术的世界中。他不仅在洛桑附近创立了人们趋之若鹜的FAE当代艺术博物馆——该博物馆后成为艺术爱好者们的朝圣之地，还创立了艺术保障（ArtAssure）与恩赐（Artemus）这两家创新型企业——将艺术与金融、租赁等商业元素相结合，开创了艺术与资本共舞的新模式。而电影主人公戈登·盖柯那令人印象深刻的顶层公寓与考究的西装造型，灵感就来源于阿舍·埃德尔曼本人。

迈克尔·奥维茨：非凡之才

迈克尔·奥维茨是美国商界的卓越投资者，他以出众的企业顾问能力闻名。他亲自操刀，促成了多宗轰动世界的并购交易，如索尼成功收购哥伦比亚影业便是其辉煌战绩之一。另外，奥维茨还短暂地在迪士尼公司担任总裁一职。但经历了动荡的一年之后，他被董事长迈克尔·艾斯纳（Michael Eisner）辞退，但他也获得了3800万美元以及价值约1亿美元的股票期权作为遣散费。这无疑是他非凡才能与贡献的最好证明。

迈克尔·米尔肯：垃圾债券之王

迈克尔·米尔肯是公认的"垃圾债券之王"，在垃圾债券交易领域做出了卓越成就。20世纪80年代末，他在德雷克塞尔·伯纳姆·兰伯特公司的垃圾债券部门担任主管，只用了4年收入就突破了10亿美元大关，刷新了当时的个人收入纪录。

然而，米尔肯的职业生涯并非一帆风顺。从1979年开始，他就因与德雷克塞尔·伯纳姆·兰伯特公司合作的不当和非法行为，成为美国证券交易委员会的重点关注对象。随着1986年伊万·波斯基在内幕交易大案中认罪，并揭发米尔肯涉及内幕交易、欺诈及股票操纵等非法交易，这些调查才终于有了突破。

1989年，米尔肯因内幕交易被正式起诉。最终，他因敲诈勒索和证券欺诈等罪名被判入狱10年并罚款6亿美元，随后又被美国证券交易委员会永久禁止涉足证券业。

米尔肯因在狱中表现良好，同时因指证前同事有功，刑期缩短至2年。2020年2月，他更是获得了特朗普总统的特赦。如今，米尔肯的净资产已高达约40亿美元，已成功跻身《福布斯》全球富豪榜之列。

投行入门介绍

投行是全球顶尖精英的汇聚地，很多人都在此领域取得过非凡成就。新人一般会从分析师做起，这意味着最初几年要承受每周高达120小时的工作强度，也就是每周上6天班，日均工作20小时。但即便日后晋升为总经理，工作时间也不会减少。

回望20世纪80年代，正是德雷克塞尔·伯纳姆·兰伯特和德莱弗斯等投行培养贪婪与野心的温床的时代。10年后，这股风气又蔓延到其他银行，高盛、摩根大通、美林、雷曼兄弟及贝尔斯登均受其影响。其中，投行贝尔斯登尤为独特，他们乐于招募"寒门学子"，也就是出身贫寒却才智过人、怀揣致富梦想的精英。也就是说，这里需要的是为了公司利益勇于挑战，不遗余力的硬派人物。

这些银行的年平均盈利高达数十亿美元。因此，银行家们也收入颇丰，年收入均达到百万美元。他们的企业文化则倡导"劳逸结合"，年终奖发放时更是鼓励员工"大展拳脚，追求无限"。随后，欧洲银行业纷纷效仿。21世纪初，德意志银行和巴克莱银行都成了投行中的弄潮儿。

在约瑟夫·阿克曼（Joserf Ackermann）与安舒·贾恩（Anshu Jain）的带领下，德意志银行实现了从本土银行到全球投行的华丽转身。然而，由于2008年全球金融危机的冲击，投行模式难以为继。2018年4月，新任CEO克里斯蒂安·泽温（Christian Sewing）接手，他在清理旧账的同时停止投行模式，并将德意志银行的重心转向了德国私人银行业务。

如今，曾经那个追求25%股本回报率、全球投行繁荣发展的时代已成过往云烟。美林银行的银行家们曾经拥有的傲慢与优越感，也随着岗位的消失而不复存在。如今，他们开始转而效力于美国最大的零售银行——美国银行。

也许，那种错误的"贪婪是无可厚非的"观念正潜伏在暗处，蓄势待发，准备以更猛烈之势卷土重来？这种可能也不是没有。至少2022年的一些事件再度印证了这一点。投行不惜支付破纪录的薪资与奖金，作为对超长工时与极端恶劣的工作环境的补偿，只为吸引那些野心勃勃的精英。

关键内容
- 在金融市场中，贪婪和恐惧如同天平的两端。它们强烈对立，共同主导市场情绪。这两种情绪往往会导致市场行为偏离理性轨道，催生投机泡沫。
- 投行内部盛行的文化，即是对贪婪与成功的狂热追求。像鲍比·阿克塞尔罗德和戈登·盖柯这样的虚构角色，在现实中都能找到对应的影子，如丹尼斯·莱文、伊万·波斯基、卡尔·伊坎和迈克尔·米尔肯等人。他们中的多数人都参与过内幕交易。而他们这样做并非为了追求客户利益，只是为了满足个人贪欲。

- 乔丹·贝尔福特，人称"华尔街之狼"，通过向缺乏经验的投资者推销粉单股，即低价垃圾股，迅速积累下巨额财富。他的自传赤裸裸地揭示了华尔街背后的驱动力：金钱、毒品与性爱。更值得注意的是，电影《华尔街之狼》的拍摄资金竟然与2015年那场震惊全球的马来西亚国营基金"一马发展"有着千丝万缕的联系。
- 继20世纪80年代的储贷危机及20世纪90年代的繁荣泡沫之后，2008年的全球金融危机如潮水般汹涌而至。在这场危机中，银行家的贪婪无度几乎将全球经济推向崩溃的边缘。随后而来的经济大衰退，更是造成超过10万亿美元的巨大经济损失。其影响之深远，至今仍令人心有余悸。

第十一章

国家腐败：一马发展基金丑闻

马来西亚国营基金"一马发展"丑闻，堪称全球震撼的金融丑闻之一。其核心人物刘特佐（Jho Low）[1]的生活极尽奢华。他挥金如土，不仅斥资高达2.5亿美元购入豪华游艇，还频繁与莱昂纳多·迪卡普里奥、米兰达·可儿（Miranda Kerr）、布兰妮·斯皮尔斯（Britney Spears）等巨星举办豪华派对。不过，这起丑闻的本质是利用错综复杂的国际避税港和全球银行业网络进行的一场规模空前的欺诈与洗钱活动，其涉案金额超过45亿美元。这场风暴最终导致马来西亚前总理纳吉布·拉扎克（Najib Razak）被迫下台。截至本书成稿时，刘特佐已带着数亿美元的巨额资金潜逃，至今依然逍遥法外，下落不明。

尽可能地索取，但什么也别付出。

——杰克·斯帕罗（Jack Sparrow）船长
电影《加勒比海盗》台词

---

1 刘特佐，本名刘德祖。

这是一场史无前例的狂欢盛宴：2012年11月3日周六晚，美国拉斯维加斯永利酒店旁的巨型帐篷内，诸多明星欢聚一堂。包括莱昂纳多·迪卡普里奥、罗伯特·德尼罗、杰米·福克斯、本尼西奥·德尔·托罗、布兰妮·斯皮尔斯、鸟叔、金·卡戴珊（Kim Kardashian）、坎耶·维斯特（Kanye West）、帕丽斯·希尔顿（Paris Hilton）以及意大利模特里弗·维佩里等明星在内的300多名嘉宾共同参与，将这场私人派对推向拉斯维加斯前所未有的高度。

据传，在派对中小甜甜布兰妮只因演唱了一首《生日快乐歌》，就赚了100万美元。据估算，整场派对的总费用得要好几千万美元。在派对中，我们可以看到20多位小丑就像直接从电影《查理和巧克力工厂》中走出来一样，在派对上尽情耍宝；还可以看到身着单薄服装的杂技演员在空中表演，让人仿佛置身于太阳马戏团之中。另外，派对现场竟然还有一个室内摩天轮。

这场庆祝活动于晚上10点开始。鸟叔的全球热门单曲《江南Style》成为这场私人音乐会的开场。只见许多整瓶的香槟从用冰雕成的24英尺吧台上滑过。与此同时，200多名穿着紧身衣的服务员正不断为客人端酒。

派对的安保工作做得相当到位，每位参与者都须签署保密协议，严禁拍照并透露派对中的任何细节。

不过，小道消息还是不胫而走。据说，莱昂纳多·迪卡普里奥、Q-Tip和布斯塔·莱姆斯（Busta Rhymes）一同表演了说唱。而小甜甜布兰妮则一直优雅地穿梭于人群之中，和那些白金级的派对嘉宾们一一打招呼。其中，她特别留意到来自马来西亚的亿万富翁刘特佐。他身着一件笔挺的黑色燕尾服，即便如此仍能看出他身材略显肥胖，额头上微微渗出汗珠。没错，这次派对正是为刘特佐庆祝生日而举办。

刘特佐出生于1981年11月4日。

他的个人净资产为40亿美元。

派对开始之前，帕拉佐酒店五楼的总统套房内热闹非凡，那里正进行着一场预热派对。这间套房每晚的费用高达25000美元，奢华至极，甚至还配备了泳池和露台，能直接看到拉斯维加斯大道的繁华街景。

但是，派对的主人并没在这儿多作停留，因为更大的庆祝活动就要开始了。只见，小甜甜布兰妮从一个巨大的仿真婚礼蛋糕中惊喜现身。她穿着一身闪耀的金色薄装，先是与舞者们共舞，继而又为刘特佐唱响生日歌。

伴随着布兰妮的甜美歌声，灯光秀在夜空中绽放开来，本来围绕在会场四周的4个巨大屏幕缓缓升起。此时，所有宾客都能清晰地看到璀璨烟火。夜幕降临，这位亚洲版的"盖茨比"开始拆他的生日礼物。礼物中有三辆意大利豪华摩托车，还有一辆价值250万美元、拥有1000马力的布加迪威龙超级跑车。

派对一直持续到深夜。这期间，亚瑟小子（Usher）、DJ Chuckie和坎耶·维斯特轮番上阵，为大家带来一场又一场的精彩演出。

马来西亚的亿万富翁刘特佐是谁？

刘特佐是一个富有的马来西亚华人家庭中的幼子。在他小时候，家人便安排他进入著名的伦敦哈罗公学学习。这所学校曾培育过众多显赫人物，比如英国前首相丘吉尔（Churchill）和印度首任总理尼赫鲁（Nehru）都毕业于这里。

在哈罗公学里，刘特佐充分利用环境优势，结交了许多来自中东、文莱的贵族家庭学生。在伦敦的日子里，他还与马来西亚前总理纳吉布的继子里扎·阿齐兹（Riza Aziz）结下不解之缘。随后，刘特佐又前往美国宾夕法尼亚大学沃顿商学院深造，其间持续拓展自己的人脉。

刘特佐是个难得的青年才俊。20多岁的他从沃顿毕业后，虽然没有实际工作经验，却已经在金融圈创业。他创立了自己的私募股权公司，成了马来西亚国营基金"一马发展"背后的军师。

刘特佐对奢侈品充满无尽向往。他的日常生活被爱马仕、铂金包和顶级香槟环绕。他痴迷于赌场与夜店的纸醉金迷，常在一夜之间豪掷数百万美元，这也让他赢得了"大鲸鱼"的称号。前面我们提过，在赌场里，顶级客户都被尊称为"鲸鱼"，而他则是"大鲸鱼"。

他的消费清单更是令人咋舌：他可以花费2亿美元购买艺术品，这些艺术品中包括毕加索的《公牛头》和巴斯奎特（Basquiat）的《红人一号》；他戴的是价值2700多万美元的22克拉粉色钻石项链；另外他还为《华尔街之狼》等好莱坞大片投资数千万美元。

另外，他给明星送起礼物来同样慷慨。如他送给莱昂纳多·迪卡普里奥和米兰达·可儿的奢华礼物包括荷兰定制的透明亚克力大钢琴；甚至他还花费了30万美元，在金·卡戴珊的婚礼上给她送了一辆白色法拉利跑车。

此外，他还有一架私人飞机和五座豪华住宅：伦敦两处、纽约两处（其中一处更是位于著名的亿万富翁大道）、洛杉矶一处。

而最值得一提的莫过于他斥资2.5亿美元购买的超级游艇"平静号"。这艘量身打造的奢华游艇，内设电影院、直升机停机坪，空间宽敞，足以容纳数十名船员。

虽然刘特佐花钱如流水，但奇怪的是他花的竟然都不是自己的钱。那么钱都是从哪里来的呢？

很快，刘特佐便卷入一起惊天诈骗案中。据检察官披露，这是一起精心策划的阴谋，目的是从一马发展基金中窃取45亿多美元，然后悄悄转进刘特佐及其他共谋者的私人账户。这些共谋者中不乏来自马来西亚、沙特阿拉伯和阿拉伯联合酋长国的官员。

马来西亚

马来西亚是个君主立宪联邦制国家，3200万人口，由马来半岛与东马来西亚（位于婆罗洲）两大区域构成。两块区域之间是壮阔的中国南海。马来西亚的国界线既涉及陆地，又涉及海洋。它与泰国、印度尼西亚、文莱接壤，同时与新加坡、越南隔海相望。

由于马来西亚是马六甲海峡的三大守护者[1]之一，因此其经济深受国际贸易影响，是全球经济开放度极高的国家之一。经历过1997—1998年的亚洲金融危机后，马来西亚经济稳步发展，近10年年均增长率高达5.4%。世界银行预计马来西亚将在不久后实现经济跨越，从中高收入国家迈入高收入国家行列。

依据世界银行的人力资本评估，马来西亚在全球157个国家中排名第55位，而在全球192个国家的人均国内生产总值排名中，马来西亚位列第67位。其人均GDP高达11000美元，超越了除新加坡外的所有周边国家。

一马发展基金

一马发展基金于2008年正式创立，它的前身名为登嘉楼投资机构基金（TIA基金）。TIA是一只主权财富基金，初始资金为27亿美元，最初是为了推动马来西亚登嘉楼州的经济发展而建立的。而该基金创立之初，刘特佐已是TIA的顾问。登嘉楼位于马来西亚半岛的东北部，靠近泰国边境，人口超过100万。

纳吉布·拉扎克担任马来西亚总理4个月后，财政部接管了TIA，并更名为一马发展基金。2009年7月22日，纳吉布总理表示，之所以将

---

[1] 马六甲海峡三大守护者分别是：马来西亚、新加坡和印度尼西亚。——编者注

TIA扩展为联邦实体,是为了让受益者从登嘉楼居民扩大到整个马来西亚。

一马发展基金在起步时,主要工作是购买私人发电厂,同时在马来西亚首都吉隆坡规划金融区。截至2016年,它在马来西亚已拥有5家发电厂,并在其他5个国家拥有8家发电厂。另外,一马发展基金还在石油项目和土地交易方面进行了大量投资。

然而令人沮丧的是,一马发展基金非但没有成功吸引外国投资,反而迅速陷入债务旋涡。总的来说,一马发展基金通过发行债券筹集了80多亿美元的资金,同时还因贷款和利息的累积,背负了数十亿美元的沉重债务。2012—2013年,高盛曾经3次助力进行私募债券的销售,帮助一马发展基金筹集到总计65亿美元的资金。然而,在成立后的短短5年里,该基金仍是累积了高达120亿美元的债务,基金生存形势严峻。

而沉重的债务是要付出代价的。随着一马发展基金的债务规模不断膨胀,其发行的债券也被标准普尔、惠誉等国际知名评级机构无情地降级为垃圾级,令市场信心严重受挫。为了稳定局势,减轻债务压力,该基金急需注入新的现金流。遗憾的是,当一马发展基金向马来西亚内阁请求提供10亿美元的资金支持时竟然遭到拒绝,结果令其处境雪上加霜。

而问题的核心在于,此时已有许多人传说一马发展基金筹集到的大部分资金可能都被贪污了,或者通过洗钱挪作他用了。其金额之巨,令人瞠目结舌。后来,马来西亚当局和美国当局调查发现,利用复杂的全球发展计划,一马发展基金共有45亿多美元的资金被非法挪用。案情不仅涉及基金内部的高级管理人员,还牵连马来西亚前总理纳吉布等诸多重量级人物。

风波始于2015年。当时,包括《华尔街日报》在内的多家媒体纷纷指责一马发展基金被非法挪用,国家的钱被悄悄转进了前总理纳吉布及其亲信的私人账户——比如刘特佐的账户。超过45亿美元的巨额资金，通过精心设计的空壳公司从一马发展基金流出，都进了贪官及其同伙的荷包中。

> ### 刘特佐：亿万富翁还是幕后黑手？
>
> 刘特佐，马来西亚商人，国际逃犯。马来西亚当局、新加坡当局和美国当局均因其涉嫌一马发展基金诈骗案而对他发出通缉令。他被指控将一马发展基金的45亿多美元资金转进自己及同谋的个人账户中。
>
> 刘特佐还喜欢沉迷于奢侈的生活和各种派对之中。2011年，他曾为卡戴珊购买了一辆价值30万美元的白色法拉利作为结婚礼物。另外，他还为电影《华尔街之狼》等的制作投资数千万美元，《华尔街之狼》随后获得了多项奥斯卡奖提名。另外，他成立了红岩影业（Red Granite），在戛纳举行奢华派对，并邀请了坎耶·维斯特进行表演。
>
> 据媒体报道，美国司法部通知曾收到过刘特佐馈赠的明星上交赃物。莱昂纳多·迪卡普里奥归还了一件毕加索的雕塑和一幅巴斯奎特的涂鸦画，米兰达·可儿则归还了市值接近千万美元的钻石珠宝。
>
> 如今，刘特佐虽已被国际通缉，却至今逍遥法外。

刻意打压

为什么2009—2012年期间，一马发展基金的贪污行为一直没有受法律制裁，直至2015年才出事？实际上，此前很多人都知道，只是并未捅出来。直到沙地石油公司（PetroSaudi）的前员工泽维尔·尤斯托（Xavier Justo）因对解雇补偿不满，才向媒体披露了相关内幕信息。

2005年，塔里克·奥拜德（Tarek Obaid）创立了沙地石油公司。这家公司的主要"优势"在于，其名称与沙特石油公司（Saudi Aramco）很像，但实则毫无关联。在创立初期，该公司鲜为人知。直到2009年9月，沙地石油公司与一马发展基金成立了一家专门用于洗钱的合资企业，旨在为刘特佐、塔里克·奥拜德及首席投资官帕特里克·马奥尼（Patrick Mahony）等人谋取非法收益时，该公司才为公众所知。不过，尽管一马发展基金名义上转了18亿美元，但仅有3亿美元用在了沙地石油的合法业务上。

调查发现，至少有10亿美元并未直接汇入合资公司账户，而是被暗中分成了两笔汇款：其中3亿美元汇入合资公司在瑞士的摩根大通账户，另外7亿美元则汇入空壳公司优星（Good Star）在苏格兰皇家银行和顾资银行的账户中。

这个"优星"账户由塔里克·奥拜德和帕特里克·马奥尼掌控，外界无人能查，甚至连会计师和法律团队都无权插手。后来人们发现，汇入"优星"的这笔资金实际上流向了刘特佐、前总理纳吉布和罗斯玛·曼索尔（Rosmah Mansor）三人的账户。

2011年4月，因与管理层不和，泽维尔·尤斯托离开了沙地石油公司。被解雇前，他做了两手准备：一是追讨自己数月未领的工资作为遣散费；二是未雨绸缪，让沙地石油公司IT部门的朋友帮忙复制了公司内部数据，以防万一。

尤斯托与奥拜德初步商定的和解金为650万美元，但经过进一步谈判，金额被削减至400万美元。这时，尤斯托亮出了手中掌握的公司数据，并以此要求额外再加250万美元。正当尤斯托与沙地石油公司谈判之际，英国的调查记者雷沃克斯特·布朗（Rewcastle Brown）突然联系到他。

原来，马来西亚砂拉越州独立媒体"砂拉越报告"网站的创办者雷沃克斯特·布朗为尤斯托牵线搭桥，安排他与马来西亚知名财经日报《边缘》(The Edge)的创办人兼CEO会面。这位CEO表示，如果尤斯托能够提供他们想要的数据，就愿意支付他向沙地石油公司追讨的金额。之后，《边缘》媒体集团的主席童贵旺拿督(Tong Kooi Ong)向尤斯托支付了200万美元。

2015年，雷沃克斯特·布朗手中已掌握了22.7万份揭秘欺诈的内部文件，连《华尔街日报》也收到了这些文件。正是这些文件，让泽维尔·尤斯托成为全球最大金融丑闻的揭露者。他的数据显示，马来西亚主权财富基金一马发展基金存在着巨额资金流失问题。

在舆论压力下，马来西亚反腐败委员会(MACC)迅速介入调查。同时，马来西亚的审计长公署也在内阁的授权下，开始对一马发展基金的财务报表进行严格审计，以评估其财务表现和活动是否偏离了公司初衷。

就在马来西亚反腐败委员会准备逮捕总理纳吉布的关键时刻，纳吉布选择先下手为强。他发起了"长刀清洗"行动(Week of Long Knives)：他先是撤销了领导事件调查的总检察长阿卜杜勒·加尼(Abdul Gani)的职务，随后又撤销了副总理穆希丁·亚辛(Muhyiddin Yassin)以及4名揭露丑闻的部长。与此同时，马来西亚反腐败委员会的办公室也遭到了突袭，4名相关官员被捕。而那份揭露真相的审计报告，由于被国家安全委员会列为《官方机密法》规定的保密内容，至今未能公之于众。

此外，丑闻的揭露者——瑞士公民泽维尔·尤斯托，则因沙地石油公司指控其窃取数据并企图敲诈公司，在泰国被捕入狱。

另外，纳吉布政府也拒绝与新加坡、美国和瑞士一起调查合作。2016年，纳吉布任命的总检察长宣布了调查结果，调查结果称总理没有任何不当行为。此事就这样不明不白结束了。

两年后，马来西亚政局发生了重大变化，希望联盟(Pakatan Harapan)在大选中获胜。新上任的总理马哈蒂尔·穆罕默德(Mahathir Mohamad）要求解密那份重要的审计报告。接着在2018年5月，新任财政部部长林冠英决定采取行动，聘请普华永道会计师事务所对一马发展基金进行全面审计。此前，一马发展基金的董事们已公开表示，公司财务状况堪忧，负债累累且无力偿还债务。

2018年6月底，一马发展基金进行了高层人事变动，总裁兼首席执行官阿鲁尔·坎达（Arul Kanda）因未能履行职责而被解职。紧接着于同年8月，马来西亚警方对刘特佐及其父亲刘福平发起了刑事起诉，指控他们涉嫌从一马发展基金中盗取资金并洗钱近5亿美元。

书籍和电影

《鲸吞亿万：一个大马年轻人，行骗华尔街与好莱坞的真实故事》一书由布拉德利·霍普（Bradley Hope）和汤姆·赖特（Tom Wright）共同撰写，书中讲述的主要内容正是轰动全球的马来西亚一马发展基金丑闻。该书曾被《金融时报》与《财富》杂志共同评选为"2018年度最佳书籍"。

同年，纪录片《窃权者》（*The Kleptocrats*）推出，该片深入剖析了马来西亚政府基金一马发展基金这起45亿多美元的巨额资金被不法之徒窃取的惊天大案。

影响与后果

在马来西亚的政治舞台上，一马发展基金丑闻如同一颗重磅炸弹，不仅让执政长达60年的政党黯然失色，也让前总理纳吉布·拉扎克从权力巅峰跌落谷底。他不仅失去了总理宝座，还失去了人身自由。

这位自2009年4月至2018年5月一直执掌马来西亚政权的领导人，不仅是前总理阿卜杜勒·拉扎克·侯赛因（Abudul Razak Hussein）之子，还是马来民族统一机构（UMNO）主席。这段时期，马来民族统一机构长期通过议会多数席位保持着对马来西亚政府的控制，这一局面直到2018年大选才被打破。

在纳吉布的任期内，他与妻子罗斯玛的奢侈生活方式成为众矢之的。媒体曝出在2014年12月24日，也就是纳吉布与美国总统奥巴马开展"高尔夫外交"的同一天，罗斯玛在夏威夷檀香山的香奈儿店大肆购物，消费金额超过13万美元。这一消息进一步点燃了马来西亚民众对总理夫妇的不满与愤怒。然而，直到纳吉布的政治生涯遭遇滑铁卢，一马发展基金丑闻才真正开始接受全面清算。

大选失利后第三天，公开的航班资料显示，纳吉布与妻子准备乘坐私人飞机飞往雅加达的哈利姆·珀达纳库苏马国际机场。然而，根据新总理马哈蒂尔·穆罕默德的指示，移民局迅速对这对夫妇实施出境禁令，成功阻止他们离境。

2018年7月3日，马来西亚反腐败委员会逮捕了纳吉布，调查千万美元的资金是如何从一马发展基金非法流入其私人银行账户的。而且，"巴拿马文件"中有纳吉布儿子的名字，所以这笔钱是如何转至海外的，或许能解释一二。同时有报道称，刘特佐和罗斯玛的儿子里扎·阿齐兹，也就是纳吉布的继子共同创立了红岩影业，他们参与制作了多部知名电影，比如《华尔街之狼》和《阿呆与阿瓜》等。

警方在搜查纳吉布的家时，更是发现了价值高达2.7亿美元的奢侈品。因为这些东西的存在，纳吉布被提示有多项指控，包括滥用职权、多次背信犯罪、洗钱，以及篡改一马发展基金审计报告等。2020年7月28日，高等法院正式宣判，纳吉布·拉扎克因滥用职权、洗钱及背信犯罪等7项指控，而被判有罪。这使他成为马来西亚历史上第一位因腐败而被定罪的总理。他因此被判处12年监禁，并处罚款5000万美元。

另外，马来西亚警方在对一马发展基金丑闻进行调查的过程中，还对纳吉布夫妇的6处房产进行了搜查。警方在搜查中再次发现了大量奢侈品。其中包括280多箱名牌手提包、装有折合3000万美元的多币种现金的72个行李箱，以及其他贵重物品。据警方初步统计，这些贵重物品中主要为种类繁多的珠宝，包括约1400条项链、2100条手链、2200个手镯、2800对耳环、1600枚胸针以及14顶王冠。此外，还有400多块名表，主要是劳力士、萧邦和理查米尔等品牌，香奈儿、普拉达、范思哲等多个知名品牌的近600个手提包，以及272个爱马仕铂金包。

马来西亚警察总长确认，这批被查获的物品估值高达2.2亿—2.7亿美元，这可以算马来西亚历史上最大规模的查扣行动。

高盛：赚了6亿美元，罚了70亿美元

丑闻发生后，在一马发展基金债券发行中担任承销商的高盛至少受到14个国家监管机构的调查。2012—2013年，该银行通过三次发行债券筹集到65亿美元，并从中赚取6亿美元的手续费。正是这手续费为部分高管带来了丰厚奖金。

最开始，高盛的合规部门谨慎对待刘特佐的业务，极力避免与他有任何交集，但最终商业利益的诱惑还是占据了上风。在接下来的5年里，高盛卷入了一场规模庞大的国际腐败阴谋。这场阴谋涉嫌向多国政府高官行贿超过16亿美元，高盛则从中赚取了数亿美元的手续费。

高盛与刘特佐的渊源由来已久，可以追溯到刘特佐给TIA基金当顾问的时期。当时，高盛的高管黄宗华（Roger Ng）和蒂姆·莱森纳（Tim Leissner）曾与刘特佐建立了密切关系。2018年，美国司法部对两人提起了刑事诉讼。特别值得一提的是，虽然高盛的亚洲明星交易员蒂姆·莱森纳出生于德国，却与刘特佐交情匪浅，甚至还出席了刘特佐在拉斯维加斯的生日派对。而那时，高盛在马来西亚大肆敛财的

消息还没引起全球轰动。

2020年秋天，高盛集团决定向美国司法部及其他监管机构支付高达23亿美元的罚款，并额外归还6亿美元的非法所得，以此作为与美方调查组的和解条件，防止集团层面遭受刑事起诉。

此外，高盛还承诺将向马来西亚支付39亿美元，条件是马来西亚撤销对其的所有刑事指控。同时，由于高盛亚洲分部在监管上存在重大失误，导致协助筹集的一马发展基金资金被挪用，因此香港市场监管部门对其处以3.5亿美元的罚款。随后，美国司法部开始采取行动，试图追回一马发展基金被挪用的约21亿美元。与此同时，马来西亚方面表示，仍有至少43亿美元的资金去向成谜，尚未找到。

美国、瑞士和新加坡的连锁反应

这起丑闻至少触发了瑞士、美国、新加坡等国家和中国香港地区的洗钱活动调查行动。随后，瑞银集团、星展集团、瑞士信贷、大华银行和渣打银行因违反新加坡央行的反洗钱条例而遭到处罚。其中，新加坡金融管理局对渣打银行和顾资银行的新加坡分行分别开出了400万美元和200万美元的高额罚单。

顾资银行成立于1692年，是苏格兰皇家银行集团旗下唯一的私人银行和财富管理公司，该银行在全球最古老的银行中排名第八位。且直到20世纪，顾资银行还只为贵族和庄园主提供清算服务。"二战"后，它逐步转变成为拥有更广泛客户的财富管理公司，其客户包括企业家、影视明星、运动员、专业人士和高管。2016年，顾资银行被苏格兰皇家银行集团卖给瑞士联合银行（UBP）。2017年，该银行因允许一马发展基金的24亿美元资金通过其在瑞士的多家银行账户间流动而被罚款650万美元。

另外，还有一名给刘特佐办理过7亿美元转账的顾资银行工作人员因参与洗钱而被定罪。这位化名为"A先生"的工作人员被瑞士联邦刑事法院罚款5.5万美元。事情发生在2009年5月，当时刘特佐在塞舌尔群岛注册了优星公司。紧接着不到一个月，他就在顾资银行新加坡分行开立了一个账户。同年9月，刘特佐又突然提出一个不寻常的要求：希望停止与新加坡分行的所有直接沟通，转而通过他的Gmail个人邮箱接收来自顾资银行瑞士分行的信息。尽管这一要求显得非常不合理，但A先生仍然批准了刘特佐将7亿美元从一马发展基金汇至优星账户的转账请求。

除了顾资银行，瑞士金融市场监管机构还于2016年中，从瑞意银行（BSI）和安勤私人银行（Falcon）追回了与一马发展基金相关的1.1亿美元非法资金。同时，摩根大通日内瓦分行也收到过从一马发展基金或马来西亚人那里汇出的3亿美元资金。阿布扎比旗下的安勤私人银行因在马来西亚一马发展基金欺诈案中涉及资产转移，受到了瑞士和新加坡监管机构的严查。在失去银行执照后，该银行宣布将缩减在瑞士的业务，并着手与一家瑞士的对手银行商量，计划对现有客户进行转移。

瑞意银行拥有143年历史，在瑞士的老牌银行中排名第六。该银行在21世纪初开始扩张，积极涉足亚洲、东欧、中东和拉丁美洲等新兴市场。然而，由于一马发展基金曾是瑞意银行新加坡分行最重要的盈利客户，因此它也被卷入了一马发展基金的监管调查当中。

2016年5月，瑞意银行新加坡分行被吊销执照，员工名单也被强行上交，以便调查是否涉及刑事犯罪。同日，瑞士金融市场监管局对瑞意集团提起刑事诉讼，指控其在与一马发展基金的交易中，未能有效防止洗钱和贿赂行为。最终，瑞意集团被罚款1亿美元，而这恰好是该行通过非法手段获取的利润总额。随后，该行被迫关闭，集团CEO斯特凡诺·科杜里（Stefano Corduri）辞职，瑞意银行最终被苏黎世私人银行集团瑞士盈丰银行（EFG International）收购。

最新情况

经过近16个月的审判，马来西亚前总理纳吉布·拉扎克被定罪为服刑12年，并缴纳5000万美元罚款。庭审中，律师揭露了他与妻子奢侈无度的消费，比如一天之内在意大利珠宝店里豪掷82万美元，几个月后又在夏威夷的香奈儿店里消费了11万美元，等等。纳吉布坚决否认背信犯罪、洗钱及滥用职权等指控，他坚称信用卡支出均为公务所需。

而刘特佐则爆料，纳吉布的妻子罗斯玛·曼索尔用一马发展基金的钱，购买了价值超5亿美元的珠宝。

由于丑闻被曝出，距离纳吉布下台不到两年，马来民族统一机构便于2020年3月在总理穆希丁·亚辛的领导下重掌政权。

2019年10月底，在逃的刘特佐决定与美国联邦检察官达成和解，放弃争夺巨额资产，据悉其金额在6.5亿至9亿美元之间。据报道，刘特佐早在2015年9月便通过塞浦路斯的投资移民计划，取得了该国护照。当时，尽管对他的通缉令尚未发出，但他早已因一马发展基金丑闻而身处被调查的风口浪尖。

2020年4月，美国法庭对高盛前高管黄宗华做出了有罪判决，称他参与协助从一马发展基金中窃取数十亿美元的巨额资金。而黄宗华的前上司蒂姆·莱森纳在2018年便已认罪，并转为污点证人协助调查。同时，高盛银行因协助一马发展基金三次发债共筹集65亿美元资金，但后来未能履行有效监督职责，导致其中的45亿多美元在2009年至2015年期间被非法转移给政府官员、银行家及其同伙手中，不得不支付巨额罚款。

这一系列丑闻迅速在全球范围内引发了金融追捕和调查行动——从华盛顿特区到苏黎世、巴黎，再到新加坡，无一幸免。一马发展基金的钱被权贵挪作私用，挥霍于超级游艇、法拉利豪车以及毕加索、巴斯奎特等艺术大师的作品上。此外，这些资金还间接用在了制作由莱昂纳多·迪卡普里奥主演的电影《华尔街之狼》，发放高盛高管的奖金，以及支持马来西亚前总理纳吉布·拉扎克的奢侈生活。时至今日，马来西亚政府仍在不懈努力，试图追回一马发展基金45亿多美元中尚未被追回的部分。

关键内容

- 马来西亚主权财富基金一马发展基金的45亿多美元资金被非法挪用，成了轰动全球的金融丑闻，其影响范围从马来西亚一直延伸到美国和瑞士。
- 随着丑闻曝光，马来西亚执政党长达60年的统治宣告结束。前总理入狱，高盛因卷入其中被罚数十亿美元，多家银行面临重罚甚至倒闭的危险。
- 除了巨额资金不翼而飞，关键人物如刘特佐的奢华生活也备受关注，很快便登上媒体头条。他的故事堪比好莱坞大片：价值2.5亿美元的超级游艇"平静号"、法拉利跑车、豪华派对以及源源不断的金钱……应有尽有。
- 这场丑闻的核心人物包括马来西亚前总理纳吉布·拉扎克夫妇、商人及幕后黑手刘特佐、高盛交易员蒂姆·莱森纳和高管黄宗华、沙地石油公司高管塔里克·奥拜德和帕特里克·马奥尼，当然我们还要感谢勇敢的举报人泽维尔·尤斯托。
- 时至今日，刘特佐仍然逍遥法外，而马来西亚政府仍在不懈努力，试图追回一马发展基金被挪用的45亿多美元中未被追回的部分。

第十二章

肮脏的财富：爱泼斯坦与"萝莉岛"

前些年爆出，亿万富翁杰弗里·爱泼斯坦与前女友吉斯莱恩·麦克斯韦（Ghislaine Maxwell）及法国模特经纪人让-卢克·布鲁内尔（Jean-Luc Brunel），三人共同建立起专门为全球富豪和名人提供性交易的国际网络。他买下了美属维尔京群岛的私人岛屿小圣詹姆斯岛——当地人称其为"罪恶之岛"或"萝莉岛"。然后，他又凭借财富和人脉——甚至于前英国女王伊丽莎白二世的儿子安德鲁（Edward）王子都与他关系密切，将罪行隐藏了20多年。2019年，爱泼斯坦的离奇死亡引发公众猜测。人们怀疑，他是否也将某些重要人物的秘密一同带到了另一个世界。

爱泼斯坦的心中毫无道德可言。无论是对金钱还是对小女孩，他毫无道德底线。

——史蒂芬·霍芬伯格（Steven Hoffenberg）
塔楼金融公司CEO

> 爱泼斯坦案是现代刑事司法体制中最严重的漏洞。
>
> ——迈克尔·雷特（Michael Reiter）
>
> 棕榈滩警察局局长

做贼心虚

2021年11月1日，杰斯·史丹利（Jes Staley）辞去巴克莱银行CEO一职。原因是此前他曾接受警方调查以确认他与杰弗里·爱泼斯坦的关系。在加入巴克莱前，史丹利曾在摩根大通担任高管，而爱泼斯坦是该行的重要客户。虽然史丹利坚称两人仅为工作关系，但爱泼斯坦于2008年被定罪后，史丹利仍与他保持了7年联系。更值得关注的是，在2015年出任巴克莱CEO的数月前，他还去过爱泼斯坦位于美属维尔京群岛的私人小岛。

2019年8月10日清晨

2019年8月10日清晨6点33分，纽约大都会惩教中心的监狱内传出了刺耳的尖叫声，这一声音大到连路过的行人都能听见。很快，有人发现杰弗里·爱泼斯坦在监狱中死亡。被发现时，他的脖子上还缠着布条。此前，这位昔日的美国金融巨头受到性侵未成年人的指控，正在等待法庭审判。尽管狱警们立刻对他进行了心肺复苏，并紧急送往纽约市中心医院，但爱泼斯坦还是在抵达医院前停止了呼吸。法医经过详细检查后，确认了他的死是因为自缢。

66岁的杰弗里·爱泼斯坦并非普通囚犯，很多人并不知道，他对未成年人的性虐待和性交易罪行已悄然进行了15年，且涉案人员中不乏公众熟知的名人和明星。

爱泼斯坦的社交圈中有许多富商和政界名流，比如美国前总统比尔·克林顿和现总统唐纳德·特朗普都是他的朋友。更令人震惊的是，英国女王伊丽莎白二世的儿子安德鲁王子不仅与他关系密切，还因涉及性侵一名17岁少女而遭到指控。

纽约市市长比尔·德布拉西奥（Bill de Blasio）对爱泼斯坦的死表示怀疑，称这"太巧了"。他强调，现在爱泼斯坦再也无法在审判中指控他人了，这是许多人期待看到的。共和党参议员本·萨斯（Ben Sasse）愤怒地指出："司法部上下，从总部职员到夜班狱警，都清楚爱泼斯坦随时有自杀风险，也知道绝不能让那些见不得光的秘密随着他的死而永远成谜。"

为了预防爱泼斯坦自杀，监狱方面认为他入住普通牢房可能会有安全问题，便特意给他在狱警的办公桌旁安排了特殊牢房，两者相隔只有不到5米的距离。

事发时无人看守

8月9日上午，爱泼斯坦的室友被常规调离，接下来的一段时间里没有新犯人被安排入住这间牢房。当天仅有两名狱警值班，他们分别是31岁的托瓦·诺埃尔（Tova Noel）和41岁的迈克尔·托马斯（Michael Thomas）。据调查发现，两人均未按规定对该区域进行每半小时一次的巡查。此外，监控记录也显示，两人也未在规定时间组织犯人点名，反而伪造了点名记录，并谎报已完成点名。由于他们上报了虚假报告，导致控制中心以为所有巡查均已完成。

根据监控视频显示，一整晚都无人踏入该区域，也未进行任何点名或巡查活动，更无人靠近爱泼斯坦所在的楼层。直到次日早晨6点之后，才有人进入该区域送早餐。

爱泼斯坦入狱期间发生的这些巧合与异常事件，引发了公众对其死因的广泛猜测。究竟是自杀还是他杀，至今仍是个谜。

爱泼斯坦离世后，一个纽约的验尸官未经细致检查就迅速判断其为自杀。可这一结论立刻遭到了多方质疑，并引发广泛猜测。尸检结果发现爱泼斯坦的颈部前侧有骨折，而这种特征通常与勒颈谋杀有关。况且爱泼斯坦的弟弟马克也坚信他不会自杀。为此，马克聘请了私人病理学家迈克尔·巴登博士（Dr. Michael Baden）进行复查。巴登博士发现，其舌骨有三处骨折，且甲状软骨受损。巴登博士强调："我从业50年，从未在上吊自杀的案例中见过这样的伤情。"他认为，"现有证据更倾向于谋杀而非自杀"。

人们质疑爱泼斯坦的死因是有道理的，因为他知道的秘密太多了。而这些秘密一旦泄露，很可能会让很多欧美政要和各界名人受到牵连。

杰弗里·爱泼斯坦是谁？

1953年，爱泼斯坦出生在布鲁克林康尼岛的一个普通工薪家庭。他曾先后就读于库伯联盟学院和纽约大学的柯朗艺术学院，但均未获得学位。1974年，他在纽约曼哈顿的一所知名私立中学当教师，可不到两年就因为表现不好被学校解雇。据说，真实原因是他与十几岁的女学生之间常有过分亲密或不恰当的举动，给人留下了很差劲的印象。

杰弗里·爱泼斯坦：金钱、人脉和欲望

道尔顿学校的校长唐纳德·巴尔（Donald Barr）是美国司法部部长威廉·巴尔（William Barr）的父亲。尽管明知爱泼斯坦并未获得大学学位，唐纳德·巴尔还是聘请了21岁的爱泼斯坦担任学校的数学和物理老师。道尔顿学校一直是全美顶尖的私立学校之一，吸引了纽约金融、媒体、艺术领域的精英子女就读，学生当中星光熠熠，包括传

媒巨头默多克的女儿普鲁登斯·默多克、知名时装设计师吉尔·斯图尔特，以及后来当了演员的詹妮弗·格雷、特蕾西·波伦和玛吉·惠勒等。此外，华尔街投行贝尔斯登的传奇交易员兼CEO艾伦·格林伯格（Alan Greenberg）也将自己的子女送到该校读书。

虽然爱泼斯坦被前一个学校解雇，但格林伯格仍因其出色的数学能力，引荐他来贝尔斯登工作。说起来，华尔街历来偏爱顶尖学府的精英，但贝尔斯登就是不走寻常路。与摩根士丹利、高盛等精英云集的投行相比，贝尔斯登的员工显得参差不齐。格林伯格常说，他的理想员工应具有"PSD"特质——"P"代表贫穷（poor），"S"代表聪明（smart），"D"代表对金钱的强烈渴望（deep desire to get rich）。

1976年，爱泼斯坦以初级助理交易员的身份进入贝尔斯登。这个起点并不高。然而，他凭借自己的才华迅速崭露头角，在期权交易领域做得风生水起，短短四年便晋升为合伙人。而且贝尔斯登的前CEO吉米·凯恩（Jimmy Cayne）对他的评价也很好。爱泼斯坦很快就融入了追求冒险与赢利的工作氛围当中，同时也沾染上了投行中盛行的"兄弟会"风气。

合伙人的几百万美元奖金让他赚到了人生中的第一桶金。然而，仅仅一年后的1981年，爱泼斯坦就因为某些未公开的原因离开了贝尔斯登。据传是他"遇到了麻烦"。随后，他开始自己创业，成立了杰·爱泼斯坦公司（J. Epstein & Co.），专注于为亿万富翁提供资金管理服务。

此后，爱泼斯坦的财富一直在悄悄地稳步增长。1987年，他与金融家史蒂文·霍芬伯格结缘，两人关系甚密。次年，他又结识了零售巨头有限品牌公司（L Brands）的CEO莱斯利·韦克斯纳（Leslie Wexner）。有限品牌公司旗下拥有"维多利亚的秘密"和"The Limited"等知名服装品牌。这位身价超过60亿美元的富豪成了爱泼斯坦的重要客户，给他带来了丰厚回报。这位前数学教师甚至购买了私人飞机和两处房产，还曾与唐纳德·特朗普等名流一起参加在棕榈滩海湖庄园的奢华派对。1990年，爱泼斯坦斥资250万美元购置的豪宅就在海湖庄园附近。

> **书籍和电影**
>
> 畅销小说家詹姆斯·帕特森（James Patterson）的《肮脏的财富：亿万富翁杰弗里·爱泼斯坦性丑闻的惊人真相》（*Filthy Rich: The Shocking True Story of Jeffrey Epstein — The Billionaire's Sex Scandal*）取材自真实故事，该书描绘了美国顶级富豪纸醉金迷的生活以及对正义的肆意践踏。
>
> 《杰弗里·爱泼斯坦：肮脏的财富》（*Jeffrey Epstein: Filthy Rich*）是网飞拍摄的一部纪录片，影片讲述了恋童癖爱泼斯坦策划的一场"性金字塔骗局"。

到了20世纪90年代，爱泼斯坦将杰·爱泼斯坦公司的注册地变更至美属维尔京群岛。此时的他不仅已是贝尔斯登的高净值客户，而且与凯恩和格林伯格的关系也非常亲密。

尽管爱泼斯坦是公认的亿万富翁，但《福布斯杂志》认为，公众所知道的资产"很可能只是他真实财富的一小部分"。确实，爱泼斯坦生活奢华。他不仅住在超大的联排别墅中，还屡次向哈佛大学等众多高校慷慨捐款，但他的财富来源至今仍是个谜。

莱斯利·韦克斯纳和史蒂文·霍芬伯格的帮助

关于爱泼斯坦的财富有许多传闻，包括勒索、庞氏骗局、离岸避税及洗钱在内的所有不正当"搞钱"行为都被人们传过了。至少从他的供述中我们可知：他在曼哈顿的上东区坐拥一栋联排别墅，2019年时估值超5000万美元。此外，他在佛罗里达州棕榈滩的豪宅价值约1200万美元，新墨西哥州的牧场估价约为1700万美元，巴黎的公寓约860万美元。

1998年，爱泼斯坦花了800万美元，从风险资本家阿奇·坎明（Arch Cummin）手中买到了美属维尔京群岛的一个私人岛屿——小圣詹姆斯岛。由于他经常带着成群的未成年女孩出入该岛，当地人和外界遂将该岛冠以"罪恶之岛""萝莉岛"等绰号。同时，他的私人飞机也因频繁搭载小女孩而被称作"洛丽塔快线"。据当局透露，爱泼斯坦经常乘坐私人飞机穿梭于他的各处房产之间，并曾拥有至少15辆车，其中光是雪佛兰萨博班就多达7辆。

而爱泼斯坦真正的优势在于他广泛的人脉。他的朋友圈横跨政治、外交、好莱坞、商界、法律界以及学术界，例如美国总统特朗普和前总统克林顿、沙特王储穆罕默德·本·萨勒曼、好莱坞明星凯文·史派西、演艺界大腕大卫·科波菲尔、商界巨头格林伯格、法律界权威艾伦·德肖维茨（Alan Dershowitz）等等。而这些人，只是他庞大关系网络中的冰山一角而已。

吉斯莱恩·麦克斯韦——情人兼同谋

20世纪80年代末期，罗伯特·麦克斯韦（Robert Maxwell）将女儿吉斯莱恩介绍给爱泼斯坦，随后两人关系迅速升温。20世纪90年代初期，吉斯莱恩与爱泼斯坦突然分手。不过在此后的几十年间，两人依旧保持着密切联系。爱泼斯坦的性侵丑闻曝光后，多名受害者指控吉斯莱恩，称其曾帮助爱泼斯坦招募未成年女孩。

吉斯莱恩·麦克斯韦生于1961年，是家里的第九个孩子。其父罗伯特·麦克斯韦是顶着英国知名媒体大亨、国会议员光环的诈骗犯。吉斯莱恩·麦克斯韦白手起家，创建起庞大的出版王国。此后，她便在牛津过起了奢侈生活，且常乘直升机或豪华游艇"吉斯莱恩女士号"出行。

1991年11月4日，罗伯特·麦克斯韦与儿子在电话中发生争吵，起因是罗伯特从英格兰银行借出的5000万英镑贷款出现违约而被要求面谈。而他选择逃避，开游艇去了加那利群岛度假。次日清晨，罗伯特失踪，后被证实落水身亡。罗伯特死后，其挪用公司养老金等诸多财务丑闻曝光。1992年，罗伯特的公司无奈申请了破产保护。

爱泼斯坦和吉斯莱恩：诱拐未成年女孩，举办性派对

吉斯莱恩·麦克斯韦是20世纪80年代的伦敦社交名媛，在她父亲去世前一直在父亲的公司里工作。直到父亲1991年去世后，吉斯莱恩才去了美国，并成了爱泼斯坦的女朋友。另外，吉斯莱恩也与安德鲁王子保持着长期且深厚的"友谊"，甚至还曾护送他参加纽约的"特殊"派对。后来，爱泼斯坦正是因为她而认识了安德鲁王子，三人关系逐渐密切。据说，安德鲁王子2000年曾在诺福克女王府邸举办派对，为吉斯莱恩的39岁生日庆生，爱泼斯坦也参加了。吉斯莱恩不仅曾是爱泼斯坦的正牌女友，之后还是他拐卖虐待未成年女孩的主要帮手。

对此，被害者之一的弗吉尼亚·朱弗雷（Virginia Giufre）曾现身说法。她指控吉斯莱恩与爱泼斯坦诱拐未成年女孩，其中也包括她自己。他们经常在爱泼斯坦的多处豪宅里举办性派对。朱弗雷是16岁在特朗普的海湖庄园里打工时，认识的吉斯莱恩。

在最近解封的案卷中，朱弗雷声称她曾在萝莉岛的泳池边与爱泼斯坦和吉斯莱恩发生过性关系。她还声称，2001年吉斯莱恩曾单独派她去新墨西哥州爱泼斯坦的佐罗牧场去见安德鲁王子。当时她只有十七八岁，而此前她已与安德鲁王子至少发生过两次性关系了。

一直以来，对吉斯莱恩的指控不仅包括她协助爱泼斯坦等人诱拐、贩卖未成年女孩，还包括她本人对女孩的性虐待。据说，2008年

爱泼斯坦与佛罗里达州检察官达成协议，从而保护吉斯莱恩及其他共谋者。爱泼斯坦死后，FBI于2020年7月2日在新罕布什尔州布拉德福德逮捕了吉斯莱恩，主要罪名是指控她诱拐贩卖未成年人从事性交易。2021年12月，吉斯莱恩因将未成年女孩诱拐到杰弗里·爱泼斯坦身边，被判贩卖人口等罪名成立。这些女孩中有的年仅14岁。2022年6月，吉斯莱恩被判处有期徒刑20年。

经过多年努力，许多受害者都提供了有力证词，最终让爱泼斯坦与吉斯莱恩于2019年和2020年相继被捕，逮捕罪名包括性虐待和与未成年人进行性交易。对此，玛丽亚·法默（Maria Farmer）和安妮·法默（Annie Farmer）两姐妹勇敢发声，称她们早在1996年就被这两人强迫发生性关系。

关于爱泼斯坦从何时开始借助自己的财富和影响力掩盖其罪行，这对姐妹的故事至关重要。

勇敢发声，却人微言轻

玛丽亚·法默回忆说，她是在参加毕业画展时，由纽约艺术学院院长艾琳·古根海姆（Eileen Guggenheim）介绍给了爱泼斯坦。很快她便接受了爱泼斯坦的工作邀请。在为爱泼斯坦工作期间，她曾多次目睹了年轻女孩们被带到爱泼斯坦位于上东区的豪宅内。吉斯莱恩对此辩称，他们在为内衣品牌"维多利亚的秘密"选拔模特。

不久后，爱泼斯坦告诉玛丽亚，愿意安排她16岁的妹妹安妮来纽约游玩。随后，他进一步邀请安妮前往他位于新墨西哥州的农场过周末。她们的母亲误以为这是由吉斯莱恩带队的学生集体活动，便同意了安妮出行。可真相却是，去农场的女孩只有安妮一个人，她还被迫接受了吉斯莱恩的半裸按摩，心里害怕极了。

1996年夏，姐姐玛丽亚·法默在俄亥俄州爱泼斯坦的庄园里遭到了爱泼斯坦与吉斯莱恩的强烈骚扰。她担心会被性侵，便冲出房间，逃到其他地方，然后又将自己锁在房门内。事后，爱泼斯坦对此事只是予以轻描淡写。而玛丽亚从妹妹口中得知了她的那段恐怖经历后，便向纽约警方及联邦调查局报了案，但她们做的这一切毫无作用，他们并未对爱泼斯坦展开任何调查。

2003年，法默姐妹再次鼓起勇气，向《名利场》杂志袒露了她们的遭遇。当时，调查记者维基·沃德（Vicky Ward）正在撰写关于爱泼斯坦的报道，便对两姐妹进行了采访。然而，当杂志出版时大家才发现，文章对法默姐妹的遭遇只字未提。沃德和编辑格雷登·卡特（Graydon Carter）声称，他们受到了爱泼斯坦的施压，被迫删去了相关内容。另有传言称，沃德和卡特后来曾与爱泼斯坦、吉斯莱恩一同在公开场合亮相，或许他们早已被买通了。

直到10年之后，调查人员才真正着手深入调查爱泼斯坦。随着新指控的不断涌现，2006年11月，联邦调查局特工找到了玛丽亚，终于正式展开调查。最终，FBI查出了多名年轻女孩被诱骗至爱泼斯坦棕榈滩住所的真相。

沆瀣一气

2005年3月，棕榈滩警方接到一位心碎母亲的求助电话，哭诉自己14岁的女儿与棕榈滩一栋豪宅内的成年男子发生了性关系，而这栋豪宅正是富豪杰弗里·爱泼斯坦的居所。

警方迅速介入，并对案件展开了11个月的调查。在爱泼斯坦家的垃圾中，警方搜出了写有姓名和电话的纸条、情趣用品及丁字裤等。另外，他们还在手机信息中发现，有个女孩以"足球训练"为由，提出"周一放学后"再来他家。帮爱泼斯坦诱骗未成年女孩的海莉·罗布森（Haley Robson）向警方坦白，她17岁时遇到了爱泼斯坦，对方以金钱引诱，要求她提供裸体按摩，随后又对她实施了性侵。罗布森还透露，她至少还介绍过6名未成年女孩给爱泼斯坦。这些女孩和他完成裸体按摩及性行为之后，分别获得了200—1000美元不等的报酬。警方收集了十几份口供，其中有5名未成年受害者直接指认爱泼斯坦以金钱交换性行为，另有17名目击证人的口供可以予以佐证。

然而，当棕榈滩警察局局长迈克尔·赖特（Michael Reiter）于2006年初将所有证据提交给棕榈滩县检察官巴里·克里舍尔（Barry Krischer）时，克里舍尔却因爱泼斯坦身为民主党重要资助人的身份拒绝对他提起公诉，并称这些证词不具备可信度。

天价律师天团

当调查陷入僵局时，迈克尔·赖特将案件转交至联邦调查局FBI。负责此案的是联邦检察官亚历克斯·阿科斯塔（Alex Acosta）。但很快阿科斯塔便发现，联邦层面的起诉竟然也推动不了。这是因为爱泼斯坦利用其雄厚的财力和广泛的人脉，聘请了一支阵容豪华的律师团，其中包括知名律师肯尼斯·斯塔尔（Kenneth Starr）、艾伦·德肖维茨、杰克·戈德伯格（Jack Goldberger）和杰伊·莱夫科维茨（Jay Lefkowitz）等人。

2007年，阿科斯塔决定不再在联邦法院起诉爱泼斯坦，并撤销了长达53页的起诉书。而且，他还签署了不起诉协议，停止对爱泼斯坦的性犯罪继续调查，使其免于重刑。这份协议不仅庇护了爱泼斯坦，也掩盖了其同谋者的罪行。

最终，州级法庭审理了爱泼斯坦的案件。面对引诱未成年人卖淫的指控认罪，爱泼斯坦只得认罪，并在棕榈滩县监狱度过了13个月的刑期。服刑期间，他仍每日获准返回棕榈滩的豪宅，由司机负责接送。他白天忙于工作和会客，夜晚返回监狱。此外，他被判为性犯罪者，必须向受害者支付赔偿。阿科斯塔于2019年透露，他之所以会签署不起诉协议，是因有人叫他不要深究，称爱泼斯坦不是普通人。"他们说爱泼斯坦'是情报机构的人'，劝我别管。"事实上，早在2006年，联邦官员就已确认，爱泼斯坦涉嫌性侵36名女孩。

小圣詹姆斯岛——罪恶之岛

1998年，杰弗里·爱泼斯坦花了800万美元，在美属维尔京群岛买下了75英亩的小圣詹姆斯岛。这个群岛位于加勒比海，由圣克罗伊、圣约翰、圣托马斯几个主岛及周边小岛构成。而此前，美属维尔京群岛与英属维尔京群岛便已成为富豪们青睐的避税胜地。不过，由于爱泼斯坦所做的那些见不得人的行径，当地人给小圣詹姆斯岛起了不少外号，如"狂欢岛""萝莉岛""罪恶之岛"等。可这并未影响到爱泼斯坦，他更喜欢称该岛为"小圣杰夫"。这座岛屿位于圣托马斯岛海岸，无疑是超级富豪的理想居所。

爱泼斯坦经常在小圣詹姆斯岛上举办豪华派对——这是众所周知的事情。派对的嘉宾包括内衣品牌"维多利亚的秘密"创始人莱斯利·韦克斯纳和英国王子安德鲁等名流。受害者弗吉尼亚·朱弗雷透露，她曾在岛上见到美国前总统比尔·克林顿。此外，飞行记录还显示，美国前副总统阿尔·戈尔（Al Gore）、漫画家马特·格勒宁（Matt Groening）和模特娜奥米·坎贝尔（Naomi Campbell）等也曾是岛上的常客。

据受害者律师透露，在这座岛屿上，多次发生最令人发指的性虐待事件。可以说在爱泼斯坦举办的狂欢派对中，受害的未成年女孩几乎都惨遭性侵。其中一位受害者为了逃跑，想游向大圣詹姆斯岛，后来又被抓了回来。据她回忆，他们抢走了她的护照，还警告她绝对不准再逃跑。

2008年，杰弗里·爱泼斯坦承认了自己引诱未成年人从事性交易的罪行。虽然那些违背起诉的罪行饱受争议，也让人质疑法律对他过于宽容，但这一条已经足以将他定罪为性犯罪者。按规定，他根本不得与未成年人接触，更不得私自带她们飞往维尔京群岛。但是，附近圣托马斯岛的居民多次亲眼见到，爱泼斯坦将许多未成年女孩带上了小岛，且多年来未曾间断。

遗憾的是，当局并未采取任何制止行动。而且圣托马斯机场员工多次目击爱泼斯坦带着一群群未成年女孩登上私人飞机。"那些女孩看起来就像高中生，"一位员工回忆道，"她们很年轻，却穿着大学生的套头衫伪装自己。"从2018年至2019年6月，爱泼斯坦平均每月会去圣托马斯岛两次。飞行记录显示，他们频繁在世界各地短暂停留，包括巴黎、伦敦、斯洛伐克、墨西哥和摩洛哥，甚至有时仅停留数小时。

哈维·韦恩斯坦与"我也是"

哈维·韦恩斯坦（Harvey Weinstein）是好莱坞电影制片人，同时也是一名被定罪的性犯罪者。他与弟弟联手创建了米拉麦克斯影业，其间推出了《低俗小说》（Pulp Fiction）、《莎翁情史》（Shakespeare in Love）等佳作。离开米拉麦克斯后，他们兄弟俩又创立了韦恩斯坦影业。而且，哈维·韦恩斯坦在影视界成就斐然，荣获过1次奥斯卡奖及7项托尼奖。

2017年10月，韦恩斯坦因被指控犯下20世纪70年代以来的多起性虐待罪行而被公司解雇，接着又被美国影艺学院除名。《纽约时报》的一篇重磅文章揭露，韦恩斯坦几十年来向多名女性支付封口费，并让她们放弃起诉。韦恩斯坦强奸案的出庭证人包括6名女性。其中，安娜贝拉·希奥拉（Annabella Sciorra）控诉韦恩斯坦于1993年至1994年的冬季，在曼哈顿公寓里强奸了她。

韦恩斯坦曾雇佣私人侦探来打压指控者。迄今为止，已有80多名女性站出来指控他。此案引爆了"我也是"运动，该运动中众多有权有势的男性被曝出性侵丑闻。

> 2018年5月，韦恩斯坦被捕并被控强奸。2020年2月，他被裁定5项重罪中的2项罪名成立，并被判处23年监禁。

法国的让-卢克·布鲁内尔

2019年7月6日，爱泼斯坦自巴黎返回新泽西时被捕。随即，法国警方对爱泼斯坦在当地的豪华公寓进行了搜查。这栋公寓位于凯旋门附近的尊贵富凯大道，总面积超过8500平方英尺，价值1100万美元。

据爱泼斯坦的法国管家透露，公寓内设有一间特殊的按摩室，按摩室里经常有年轻女孩出入，其中部分女孩与爱泼斯坦有金钱交易。而安德鲁王子和吉斯莱恩都是巴黎豪宅里的常客。据说，这里发生过多起涉及未成年少女的违法行为。

与此同时，警方突袭了位于巴黎第八区的卡琳模特公司（Karin Models），这是法国的娱乐星探让-卢克·布鲁内尔的公司。他被控协助爱泼斯坦招募年轻女孩，和吉斯莱恩一样，让-卢克·布鲁内尔也与爱泼斯坦的性犯罪有着重要关联。

20世纪90年代，布鲁内尔是巴黎的名模经纪人，就职于知名的卡琳模特公司。英国广播公司揭露了时尚圈的虐待行为后，布鲁内尔便被公司迅速解雇了。随后，布鲁内尔移居美国。后来，他在爱泼斯坦的资金支持下，创立了MC2模特管理公司，该公司挖掘了包括克里斯蒂·特灵顿（Christy Turlington）和米拉·乔沃维奇（Milla Jovovich）在内的多位超模。

受害者之一的弗吉尼亚·朱弗雷还表示，其他受害者当中，居然包括两名12岁的东欧女孩。她们是从法国专门偷运来的，她们被让-卢克·布鲁内尔当作送给爱泼斯坦的"生日惊喜"。荷兰模特泰西娅·惠斯曼（Tysia Huisman）说，她在1991年第一次被布鲁内尔强奸时，只有18岁。

2020年12月，布鲁内尔因涉嫌参与强奸和贩卖未成年人罪，在戴高乐机场被捕。当时，他正计划飞往塞内加尔首都达喀尔。随后，他因强奸未成年人和性骚扰的指控接受调查。此后，多名知名模特公开指控他性侵和强奸，而法国警方也询问了数百名可能的目击者。

而布鲁内尔的命运与杰弗里·爱泼斯坦竟惊人地相似，两人最后都在狱中死亡。据说，2022年2月19日周六清晨，让−吕克·布鲁内尔在狱中自缢身亡。人们不禁猜测，这难道也是一起自杀事件吗？

性、权力和丑闻

> 你得赚钱，有钱就会有权力。
> 而有了权力，自然就会有女人。
>
> ——托尼·蒙塔纳
> 电影《疤面煞星》台词

西尔维奥·贝卢斯科尼（Silvio Berlusconi）
"Bunga bunga"派对与未成年人性丑闻（2011年）

众所周知，意大利前总理、传媒大亨西尔维奥·贝卢斯科尼可谓声名狼藉。无论在意大利国内还是国外，他举办的臭名昭著的"饮酒狂欢性派对"（Bunga bunga）都是重大的政治丑闻。

2013年，这位前总理因涉嫌两年前与一名未成年少女发生性关系而接受审判。该少女是年仅17岁的摩洛哥肚皮舞者卡里玛·埃尔·马鲁格（Karima El Mahroug），艺名鲁比·鲁巴库奥里。此外，贝卢斯科尼还被控告滥用职权。在另一个案件中，他曾利用职权成功帮助马鲁格从警局脱身。最终，贝卢斯科尼被判7年监禁，永久剥夺担任公职的资格。

多米尼克·斯特劳斯-卡恩（Dominique Strauss-Kahn）
强奸酒店女服务员案（2011年）

国际货币基金组织（IMF）前总裁斯特劳斯-卡恩也遭到指控，称其在纽约曼哈顿索菲特酒店性侵了32岁的女服务员纳菲莎图·迪亚洛（Nafssatou Diallo）。迪亚洛称，她在打扫其套房时被其性侵。此案历经诸多波折，最终斯特劳斯-卡恩被判无罪，而双方达成和解的赔偿金额并未公开。

2012年3月，斯特劳斯-卡恩在法国再次陷入调查风波。原因是他涉嫌卷入了卖淫网络。有指控称，他曾在里尔、巴黎和华盛顿的酒店为组织性派对而雇佣妓女。

比尔·克林顿与莫妮卡·莱温斯基（1998年）

1998年，时任美国总统比尔·克林顿承认自己背叛了妻子希拉里·克林顿，与24岁的白宫实习生莫妮卡·莱温斯基有染。这是20世纪末最大的性丑闻。莱温斯基表示，从1995年11月至1997年3月，她与克林顿总统在白宫共发生过9次性关系，甚至有时就在总统办公室里。她曾向同事透露过自己与克林顿的关系。该同事说服莱温斯基保留了克林顿送给她的礼物，并保存了沾有精液的蓝色连衣裙，为自己留了条"后路"。

随后，克林顿总统接受了弹劾审判，但结果竟然是所有指控不成立，克林顿继续留任。除了肯尼迪总统与玛丽莲·梦露之间不知真假的绯闻之外，恐怕"莫妮卡门"堪称是美国历史上最大的性丑闻了。

罗曼·波兰斯基（Roman Polanski）
迷奸未成年人（1977年）

1977年，43岁的电影制作人罗曼·波兰斯基在美国受到指控，罪名是给13岁女孩萨姆森塔·盖利（Samantha Gailey）下药并强奸。意识到自己可能难逃罪责,他在判决下达前的几小时逃到了法国。

此后,波兰斯基主要在法国生活,尽量避开可能将他引渡回美国的任何地方。然而,当他2009年前往瑞士参加苏黎世电影节并领取"终身成就奖"时,还是在苏黎世机场被瑞士警方根据1978年的逮捕令拘留。

起初,波兰斯基被软禁在格斯塔德的家中,但后来瑞士法院又放了他。2017年10月,德国女演员蕾娜特·朗格(Renate Langer)向瑞士警方报告,她15岁时,波兰斯基曾在瑞士的格斯塔德强奸了她。同月,加州艺术家玛丽安·巴纳德(Marianne Barnard)也指控波兰斯基在她10岁时对她实施了性侵。

但是令人遗憾的是,如今波兰斯基已经89岁了,国际刑警组织的通缉名单上早已没了他的名字。

伸张正义

2019年7月8日,爱泼斯坦被联邦检察官指控合谋拐卖和性侵未成年女性。若陪审团定罪,他将面临长达45年的监禁,因此他坚决否认所有指控。

警方突击搜查了爱泼斯坦在曼哈顿的住所,结果发现了数百张未成年少女照片。其中,最小的受害者只有14岁。法庭文件揭露,爱泼斯坦在其豪华别墅周边还控制着几处公寓。据说,这些公寓里藏着来自世界各地的未成年女孩。

据受害者指控,爱泼斯坦在每次性侵后,都会付给她们数百美元现金。目的是以金钱为诱饵,让她们帮忙物色新的女孩。经审讯后得知,除了吉斯莱恩·麦克斯韦和让-卢克·布鲁内尔,至少还有3名同伙招募并安排未成年人供爱泼斯坦玩乐。

爱泼斯坦与安德鲁王子交情匪浅，经常与之出入名流派对。同时，爱泼斯坦也曾与特朗普、克林顿等多位重量级人物同框。他的社交圈广泛，包括默多克、布隆伯格等商界大亨，杰克逊、鲍德温等娱乐界明星，以及肯尼迪、洛克菲勒等显赫家族。此外，他还与以色列前总理巴拉克、英国前首相布莱尔等政要有交往。有人猜测，吉斯莱恩在爱泼斯坦一案中，可能为求轻判会把涉案8人的身份供出来，不再保护他们。

2022年，安德鲁王子在美国卷入性侵诉讼。当年1月，他的母亲英国前女王伊丽莎白二世剥夺了他的军事头衔及王室赞助资格。安德鲁虽然否认指控，但还是支付了一笔赔偿金给弗吉尼亚·朱弗雷，以撤销强奸指控，避免公开审判，平息舆论风波。

人们相信爱泼斯坦的大部分财富都隐藏于海外。如《迈阿密先驱报》调查了瑞士的泄密文件，称其在不同的离岸避税天堂开设了多个巨额账户。同时，"天堂文件"也披露，他是百慕大群岛毅柏律师事务所的客户。爱泼斯坦去世时，身价接近5.8亿美元。令人感到震惊的是，他在去世两天前，这些财产已全部转进了美属维尔京群岛的一个信托基金里。

2019年8月10日，爱泼斯坦死在狱中，并被官方认定为自杀。但是在他死亡的当晚，狱警巡查存在违规的情况，加之他生前曾声称"手中掌握着权贵的敏感信息"，这不禁让人对自杀的结论存疑。有人甚至推测，他或许是被杀人灭口了，又或者被双胞胎替身换出去了。

关键内容

- 几十年来，亿万富翁杰弗里·爱泼斯坦一直操控着一个国际性交易网络，该网络涉及诱拐未成年女孩卖淫。他凭借巨额财富和广泛人脉，长期逃避法律制裁。
- 与爱泼斯坦同样声名狼藉的哈维·韦恩斯坦，也曾凭借制片人的身份性侵女性，案件涉及政界、商界及娱乐圈的众多名人。

- 爱泼斯坦案中的关键人物包括：性犯罪者杰弗里·爱泼斯坦、他的女友兼同伙吉斯莱恩·麦克斯韦、法国模特经纪人兼同伙让-卢克·布鲁内尔、英国前女王伊丽莎白二世的儿子安德鲁王子、美国检察官亚历山大·阿科斯塔，以及棕榈滩县检察官巴里·克里舍尔。
- 2019年，爱泼斯坦的神秘离世导致部分调查中断。这非但没有平息风波，反而引发更多质疑和阴谋论调。

第十三章

弗莱音乐节：眼高手低的富二代

假如有一件事美好到令人怀疑其真实性，那它极有可能就是假的。

此前，网络上曾铺天盖地地描绘过这样一幅梦幻场景：在热带小岛巴哈马的海滨，一群年轻人正与名模肯达尔·詹娜（Kendall Jenner）、电影巨星、顶级超模、说唱大咖及网络红人等共享一场豪华的音乐盛宴。

但无人意识到，这次音乐节竟是企业家比利·麦克法兰精心编织的一场骗局，投资者因此而蒙受了近3000万美元的巨额损失。当满怀期待的观众踏上这片美丽却暗藏风险的海岛，准备享受音乐节时，才愕然发现，自己其实走进了一场现实版的"饥饿游戏"之中。

比利天生就受到了护佑和诅咒。

——艾琳·麦克法兰

比利·麦克法兰的母亲

这不是骗局，不是骗局。最多是虚假宣传而已，绝不是骗局。

——说唱歌手杰·鲁（Ja Rule）

> 与弗莱音乐节所带来的恐怖灾难相比，任何事情都是小巫见大巫。
>
> ——布莱恩·伯勒
>
> 《名利场》记者

2017年初夏，在互联网上可以看到，在巴哈马的一个私人岛屿上即将举办一场具有豪华明星阵容的音乐节——弗莱音乐节（Fyre Festival），该音乐节将连续举办两个周末。除了肯达尔·詹娜、贝拉·哈迪德（Bella Hadid）和艾米丽·拉塔科夫斯基（Emily Ratajkowski）等超模外，普沙T（Pusha T）、虎娃（Tyga）、Desiigner、Blink-182乐队、Major Lazer组合、解密兄弟（Disclosure）以及坎耶·维斯特等30多位明星均会出席。策划此次音乐节的是25岁的比利·麦克法兰与知名说唱歌手杰·鲁。自从宣传公司杰瑞传媒（Jerry Media）在社交平台上率先点燃话题之后，很快便有超过400位极具影响力的社交媒体大咖加入。他们将这场音乐节炒得沸沸扬扬，"弗莱音乐节"的话题在网络上迅速成为大家热议的焦点。

音乐会的最低票价是500美元，而最贵的VIP套餐价格在12000美元以上——包含私人专机接送、豪华套房以及由名厨亲自烹饪的美食。这样的安排绝对会是一次令人难忘的非凡体验。而更令人向往的是，麦克法兰宣称音乐节的举办地点将会设在弗莱岛（Fyre Cay）。要知道，弗莱岛曾经是哥伦比亚大毒枭巴勃罗·埃斯科瓦尔的私产。而事实上，音乐节是在离弗莱岛很远的大埃克苏马岛上举行的，与埃斯科瓦尔或任何毒枭都毫无关系。

具体细节点到为止，让我们继续保持那份神秘感和对美好憧憬的向往。

网络炒作

2016年底，弗莱传媒（Fyre Media）邀请了众多网络红人，在他们各自的照片墙账号（Instagram）上发布了一个神秘的橙色瓷砖图案，并附上了弗莱音乐节的网站链接。在照片墙社交平台上，这个简单的橙色方块就代表了一切宣传。

弗莱音乐节的营销手段十分高明，正是这个橙色瓷砖将社交媒体策略、网红经济和千禧营销推上了一个新高度。同时，弗莱传媒还邀请了肯达尔·詹娜、贝拉·哈迪德、艾米丽·拉塔科夫斯基和海莉·比伯（Hailey Bieber）等超模，由他们在社交媒体上推广弗莱音乐节。这4位模特在照片墙上的粉丝总数超过了1.6亿人。肯达尔·詹娜仅仅在照片墙上发一条动态就净赚了25万美元。就这样，音乐节很快就火了起来。

《与卡戴珊姐妹同行》

1995年出生的肯达尔·詹娜是超模、网红、女商人和社交名媛。2007年，她曾与家人一同亮相真人秀《与卡戴珊姐妹同行》。参加完该节目后她迅速蹿红。特别值得一提的是，她的妹妹凯莉曾被《福布斯》杂志评为"史上最年轻的白手起家亿万富翁"。肯达尔的主要收入来源是模特工作。2017年，她更是被《福布斯》评为"全球收入最高的模特"，超越超模吉赛尔·邦辰（Gisele Bündchen），成为雅诗兰黛、拉佩拉和阿迪达斯等品牌的代言人，2017年收入超过了2200万美元。

1996年出生的贝拉·哈迪德曾被《福布斯》评为"2020年全球收入最高的模特"，她的姐姐吉吉·哈迪德（Gigi Hadid）也榜上有名。贝拉与肯达尔、凯莉姐妹有着复杂的家庭关系。简而言之，肯达尔和凯莉的父亲的前妻，后来成了贝拉和吉吉的继母。因此，她们可以算是没有血缘的四姐妹。

1991年出生的艾米丽·拉塔科夫斯基是一名演员和模特。曾参演热门电视剧《爱卡莉》(iCarly)，后来更出演了歌手罗宾·西克的专辑《模糊界限》(Blurred Lines)以及魔力红乐队的《爱上某个人》(Love Somebody)等热门歌曲MV中的角色。2014—2015年，艾米丽还登上了《体育画报》最出名的泳装特辑。

1996年出生的海莉·比伯是斯蒂芬·鲍德温的女儿，同时也是知名演员亚历克·鲍德温的侄女。作为模特、媒体焦点及社交名媛，她曾为多个大牌代言，例如盖尔斯(GUESS)、拉夫·劳伦和汤米·希尔费格等。如今，海莉已与歌手贾斯汀·比伯喜结连理。

杰瑞传媒与橙色方块

从前面的介绍中我们可知，杰瑞传媒联系了大量超模和网红，要求他们通过发布带有"弗莱音乐节"标签的橙色方块图案，共同为音乐节造势。杰瑞传媒的创始人埃利奥特·特贝尔(Elliot Tebele)于2016年底接下了这个"梦幻任务"，其主要负责弗莱音乐节的社交媒体运营，预计收入高达20多万美元。特贝尔出生于布鲁克林的康尼岛，是亨特学院的辍学者。他虽未受过正规的营销训练，却是照片墙的网红先驱。2014年，他辞掉了工作，全身心投入杰瑞传媒的发展之中。截至2015年8月，其个人照片墙账号已拥有500多万粉丝。他的第一批重要客户包括汉堡王、交友软件巴姆(Bumble)及食品巨头通用磨坊等。

弗莱音乐节的营销策略大获成功，"弗莱音乐节"标签活动迅速覆盖超过了3亿人。这场活动成功地在照片墙上营造出了人们梦寐以求的场景：一群年轻人在美丽的海岛聚会，穿梭于奢华的海滨别墅间，与网红超模亲密互动，完美实现了从线上幻想到真实生活的跨越。

营销视频迅速走红

在弗莱音乐节开幕5个月前,发起人比利·麦克法兰精心策划,专门邀请贝拉·哈迪德、海莉·比伯等超模前往巴哈马,拍摄宣传视频。宣传视频中阳光明媚,天高海阔,豪华游艇和别墅尽显奢华风范。这段视频迅速激发起人们心中不容错过的感觉,进而在网络上走红。

初见成效后,弗莱传媒遂再接再厉,邀请了更多网红和明星在照片墙上晒照,同时还在推特上向数十万粉丝分享海滩度假的精彩瞬间。接着,更有400多名社交名人在自己的账号上同时发布了橙色方块图片,并附上音乐节标签,为弗莱音乐节造势。

就这样,组织者利用社交媒体,编织出一个令人向往的梦想世界,让粉丝们完全沉浸其中、深信不疑。可见,这场音乐节的营销宣传堪称时代佳作。之所以如此成功,关键在于大手笔的宣传预算、庞大的宣传规模,以及众多明星的加持。数百万网民在偶像的引领下,欣然接受了这种虚幻却迷人的生活方式。

未能兑现的承诺

尽管弗莱音乐节的票价高昂,但仍很快售罄。网红们纷纷被邀请前往——音乐节以免费住宿为条件,吸引网红们分享自己在岛上的独特体验,从而进一步推动了门票的销售量。可是,卖票只是弗莱音乐节一系列组织筹备工作的第一步。其组织者比利·麦克法兰此前没有任何筹办音乐节的经验,也没有相应声望,更何况这次音乐节的规模还是如此盛大。

从2016年底开始宣传到音乐节正式开幕,只有短短5个月。因此在弗莱音乐节华丽营销背后,是混乱到家的组织安排。由于人手不足、地点偏远,而活动预算又主要用于聘请明星代言而非场地设施,造成

25岁的麦克法兰无法兑现音乐节的承诺。

从物流角度考量，巴哈马的私人小岛根本不适合举办音乐节。而且直到2017年4月初，音乐节团队才在巴哈马大埃克苏马岛上的罗克角（Roker Point）落脚——那是一片未完工的住宅区，紧邻桑德斯度假村。由于这里没有任何基础设施，从临时厕所到饮用水等生活必需品，都需要从外面运进来。而此时，离音乐节开幕只剩下2个月时间。

由于各种限制，音乐节的筹备费用急剧增加，眼看就要突破4000万美元大关。其中，明星邀请费就高达400万美元，而豪华餐饮的预算更是超过600万美元。然而，让参与者意想不到的是，就在活动临近开幕的几周里，为了削减成本，组织者竟将豪华住宿降级为救灾帐篷，将原本承诺的"私人飞机体验"改为折扣假期包机服务，甚至还取消了与知名餐饮集团的合约。

在音乐节上，参与者没有享受到当地海鲜、巴哈马风味的寿司或烤乳猪，取而代之的是简单包装的乳酪三明治。更糟糕的是，几辆满载依云饮用水的卡车因未支付17.5万美元的关税，直到音乐节结束还被卡在海关处无法放行。

同时，原计划在弗莱音乐节上压轴登场的几位大牌歌手，也在活动前夕纷纷宣布退出。特别是领衔乐队Blink-182，他们在退出的当天还通过社交媒体表示："我们无法确保此次音乐节为粉丝呈现的表演质量能够达到以往的水准，因此决定退出。"

《饥饿游戏》与《蝇王》

这场本应星光熠熠、有游艇摩托艇穿梭的私人岛屿音乐节，竟成了蚊虫肆虐、堪比《饥饿游戏》般的恐怖现场。巴哈马群岛上，万千乐迷满怀期待而来，而他们看到的只有混乱不堪。

迎接他们的没有奢华的VIP专车，只有简陋的校车，甚至有时还得自己叫出租车。抵达现场后，只见校车停放区一片狼藉，犹如战场。

前一晚的暴雨将未完工的场地变成了泥泞沼泽。而那些所谓的豪华小屋，实则不过是在水边的一片开阔地上临时搭建的帐篷——与电视中难民营一般。一排排圆顶帐篷阴森耸立，让人瞬间联想到电视剧《饥饿游戏》中的那些惊悚场景。

音乐节的工作人员指示失望的观众去挑选帐篷，然后向组织者报备。同时，他们还分发了免费的龙舌兰酒，意图安抚情绪。但不幸的是，帐篷已遭水浸透，无法居住，床垫也湿透了。满载行李箱的卡车抵达后，将行李随意堆放在地上，引得众人蜂拥而上翻找，帐篷争夺战愈演愈烈。有人在人群中四处奔跑，对着刚刚抵达的人大喊："别下车，快回去！"

见到如此混乱，比利·麦克法兰不得不跳到桌子上，试图指挥并维持活动秩序。然而，所有应该放入帐篷的家具，此时却仍然装在宜家的纸箱里，并没有安装好。很快，这里变成了一场生存之战，让人联想起反乌托邦小说《蝇王》。人们从帐篷里扯出床垫，在海滩上生起篝火，漫无目的地四处游荡。

书籍和电影

目前，比利·麦克法兰正在狱中撰写回忆录，暂定名为《普罗米修斯：弗莱音乐节的火神》。2019年，网飞和葫芦视频网站都推出了关于2017年弗莱音乐节的纪录片，分别是《地表最烂：弗莱豪华音乐节》(*Fyre: the Greatest Party That Never Happened*)和《弗莱骗局》(*Fyre Fraud*)。

弗莱音乐节还成了热门网剧《美国贪婪》(*American Greed*)第13季第2集的主题。这些作品不仅以扣人心弦的方式还原了事件全过程，还极具正义感，同时深入探讨了导致事件发生的根本原因。

这时，大家才恍然大悟，原来根本没人掌控全局。虽然他们提供了龙舌兰和香槟，但实际上所有东西都是放任大家随意拿取的。你可以直接绕到吧台后，把香槟带到海滩上喝。那些酒吧和小吃店里的食物都只是半成品，简单地堆放在纸箱里，而且无人看管。很多人索性自行拆开了箱子，取走里面的糖果和薯片。后来人们才发现，由于组织者拖欠薪资，现场早已没有任何工作人员。因此，音乐节在第一天深夜就被迫取消。

有很多人在抵达当天就选择了离开。为了掩盖这一尴尬事实，并稳住公众和购票者的情绪，弗莱音乐节的首席营销官格兰特·马戈林指示杰瑞传媒利用关键词过滤技术，清除掉所有负面评论。即便数月后，一系列欺诈指控浮出水面，人们仍对比利·麦克法兰在灾难发生时的现身感到不解。此举是为了让一切看起来更像是一场意外，而非精心策划的骗局，还是为了洗清自己携款潜逃的嫌疑？还有就是麦克法兰究竟掌握多少内情？投资者又知道多少？他是否真的欺骗了所有人？最为重要的是，比利·麦克法兰究竟是何许人？

比利·麦克法兰：是连环诈骗犯，还是天生的坏蛋？

在后续对弗莱音乐节事件的调查中，一位FBI探员透露："比利·麦克法兰从小学五年级起就开始骗人了。"那么，这位麦克法兰究竟是何方神圣？他又是如何精心策划了这场大型骗局呢？

1991年12月11日，比利·麦克法兰出生于新泽西州，父亲史蒂文和母亲艾琳都是从事地产工作的。他的父母都拥有MBA学位，并携手创办了RS发展房地产开发公司。他们在儿子一出生时，就想为其提供一个优渥的成长环境，因此几年后将他送到私立学校读书，并给他提供了所有可能的支持与有利条件。

后来，麦克法兰进入巴克内尔大学，学习计算机。但是，他在大一就辍学了，然后他在2011年创立了Spling广告公司。这是一个在线广告平台和内容共享网站，但没过多久就倒闭了。

专为千禧一代打造的MAGNISES信用卡

早在2013年，弗莱音乐节的始作俑者比利·麦克法兰就专门针对千禧一代推出了万事达信用卡俱乐部会员卡（Magnises）骗局。虽然这种俱乐部会员卡并非真正的银行信用卡，但它模仿了美国运通黑卡的邀请制设计，只能通过邀请获得。另外，信用卡还附带许多尊贵特权，包括酒店精英会员身份、机场休息室使用权、赤足健身房（Equinox）[1]会员资格、高端商店的购物积分，以及全天候的礼宾服务等。不过，持卡人每年至少需消费25万美元，才能获得这些服务。

从2013年到2016年间，该信用卡是麦克法兰最成功的骗局。他洞悉了千禧一代对专属特权、派对和社交网络的向往。会员只需支付250美元年费，就可将万事达信用卡俱乐部会员卡作为借记卡与银行账户连接，享受独家派对邀请、热门餐厅即时预订、纽约西村会所会员等特权。

在刚刚推出这张信用卡时，麦克法兰恰在筹备2013年的一场演出。其间，他偶遇了说唱歌手杰·鲁。很快杰·鲁便以创意顾问的身份加入了麦克法兰的公司，随后又协助创立了弗莱传媒。因此，杰·鲁也成了万事达信用卡俱乐部会员卡多场活动的明星嘉宾。截至2013年底，该信用卡的会员人数为500名。次年，公司对外宣称，会员数已增加至约1200名。2015年，该信用卡从纽约扩张至华盛顿特区，并计划进军旧金山、芝加哥及波士顿。为庆祝成立一周年，万事达信用卡俱乐部会员卡在纽约的夜店伊比萨空间（Space Ibiza）举办了周年庆，嘻哈歌手祝乐茨·桑塔纳（Juelz Santana）与艾斯·胡德（Ace Hood）成为

---

1 美国顶级健身房，1991年创办，旗下拥有Equinox健身俱乐部、奢华健身会所E By Equinox、跑步健身工作室Precision Run，旗下公司还包括精品单车工作室SoulCycle、瑜伽馆PURE Yoga、平价健身房Blink Fitness、拳击馆Rumble Boxing等。——编者注

当晚的亮点，歌手夏奇（Shaggy）也在曼哈顿著名的"道"餐厅里倾情献唱。

2016年9月，麦克法兰声称持卡人数量已达3万人。2个月之后，他更是宣称信用卡的注册用户突破了10万人，并宣布计划在全球范围内吸引百万会员。此时，投资者逐渐对公司的数据公开表示怀疑。据说，来自加州门洛帕克的深仿（Deep Fork）资本公司与纽约的大橡树（Great Oaks）风险投资公司已向万事达信用卡俱乐部会员卡投资了300万美元。

自成立之初，曼哈顿西区的一栋联排别墅就成了万事达信用卡俱乐部会员卡公司的办公与休闲场所。白天，这里是共享办公区，配备桌椅供人办公；夜幕降临之后，这里则变身为奢华的聚会场所，专为会员举办晚宴等活动，美酒佳酿任君品尝。麦克法兰经常在这里召开商务会议，甚至亲手制作了该信用卡的金属会员卡。

然而，房东对此颇为不满。2015年，房东提起了10万美元的诉讼，指责麦克法兰将住宅改为商用，导致屋内"杂乱无章"。法庭文件显示，麦克法兰"损坏了多扇窗户及几乎所有厨房设备"，而且别墅内"一片狼藉，满目疮痍"。面对大部分指控，麦克法兰在法庭上均予以否认。这起案件于2016年1月审理完毕。最终，万事达信用卡俱乐部会员卡公司迁到曼哈顿切尔西街区，入驻了更为传统的办公场所。

随着时间推移，关于信用卡不能兑现承诺的投诉日益增多。音乐会、戏剧等活动的门票订单迟迟没有着落，国际假期预订也常被临时取消，退款更是杳无音信。接踵而来的是一系列的负面新闻报道。

在此期间，多名员工选择离职，跳槽去了其他公司。而尝试在该信用卡网站上购买新会员资格的用户，则频频遭遇系统报错。与后来的弗莱音乐节类似，这类信用卡实际上也属于虚假宣传，名不副实。最终，万事达信用卡俱乐部会员卡公司陷入欺诈风波之中。

收拾烂摊子

由前面的叙述我们可知,麦克法兰其实是想通过万事达信用卡俱乐部会员卡和弗莱音乐节,为自己编织一个美梦。据其前同事透露,麦克法兰身边总是明星环绕,但他对初创公司反倒疏于管理。音乐节取消后,他们重返纽约。员工们不禁向麦克法兰和杰·鲁提出疑问:公司是否已涉嫌欺诈?

事情的真相是:弗莱音乐节不过是一场虚假的奢华音乐盛宴,其初衷是推广公司的核心产品——弗莱App,也就是一个类似于交友软件火种App(Tinder)的艺人预约平台。原本互联网巨头康卡斯特的风投部门有意合作,即向弗莱音乐节的母公司弗莱传媒注资2500万美元。可在深入调查并与公司员工交流后,他们发现弗莱传媒的关键财务信息缺失,而且音乐节筹备混乱不堪,因此认为其成功希望渺茫,于是便在音乐节举办的几天前决定退出投资。

麦克法兰曾向员工透露,康卡斯特向公司投资了2000万美元,但这一说法遭到康卡斯特的否认。康卡斯特风投的发言人明确指出,他们从未有意投资音乐节,他们仅是对相关的应用程序感兴趣。

在巴哈马的大埃克苏马岛上,音乐节的承包商和当地工人仅凭口头承诺和对公司的信任就投入了工作,但他们至今仍未收到应得的报酬。他们夜以继日地为音乐节现场忙碌,累积账单高达25万美元以上。与此同时,由于音乐节拖欠了超过30万美元的关税,巴哈马政府决定扣押多家公司的设备,这些公司至今仍焦急地等待着设备的归还。此外,模特兼网红肯达尔·詹娜因在社交媒体上推广该音乐节,也支付了9万美元的和解费用。

在音乐节开始前几周,弗莱传媒告知已购票的观众,活动中将进行无现金和无卡支付,鼓励大家预先在弗莱的数字手环中存入1500美元或以上,以应对可能产生的额外费用。据知情员工透露,这些手环其实是为了缓解公司的现金流压力而采取的临时措施。据悉，几天后手环中的预存款总额便接近200万美元，组织者收到后立刻用这些资金还了贷款。

早期投资者惨遭损失

在比利·麦克法兰的早期投资者中，有一位是俄克拉何马州的石油大亨奥布里·麦克伦登（Aubrey McClendon），其女儿因着这层关系成了万事达信用卡俱乐部会员卡公司的首席财务官。在2016年灾难降临之前，麦克伦登是能源界的璀璨明星，标志性的银发与满腔热情让他声名远扬。他不仅是美国能源合伙公司的高管之一，还是切萨皮克能源公司（Chesapeake Energy）的联合创始人，另外他还身兼CEO与董事长之职。

而纽约的女强人卡罗拉·杰恩（Carola Jain）则目睹了自己所投资的公司迅速沦为笑柄，网络上更是充斥着对她的嘲讽。作为对冲基金高手鲍比·杰恩的伴侣，卡罗拉·杰恩不仅是弗莱音乐节的重要投资人，也是比利·麦克法兰自信用卡项目起，就坚定为他站台的合作伙伴。她是首批种子投资人之一，仅是她就为麦克法兰提供了高达400万美元的贷款支持。

可惜，麦克法兰辜负了这份信任，他将弗莱传媒的估值伪造至9000万美元以上，欺骗了超过80名投资者，最终导致投资者总计损失2600多万美元。更令人震惊的是，他还虚报了个人财务状况。最终，音乐节办得一塌糊涂，而麦克法兰也因诈骗罪被判处了6年监禁。

屡教不改

显然，几年的监禁并未让麦克法兰有所悔改。刚出狱不久，他便再次卷入新的诈骗案中。这次是利用名为NYC VIP Access的公司售卖虚假门票,其门票包括纽约大都会慈善舞会、火人节及加州科切拉音乐节等热门活动。

麦克法兰于2018年被捕时生活仍然很奢华:他租住在曼哈顿市中心的豪宅顶层,月租高达21000美元。他还驾驶着价值11万美元的玛莎拉蒂跑车。交往的女友是俄罗斯名模阿纳斯塔西娅·叶尔梅年科(Anastasia Eremenko)。虽然2021年之时他的个人资产估值仍有约500万美元,且被捕时身上还揣着5000美元现金,但在法庭上竟只有一个公设律师为其辩护。

据该律师透露,麦克法兰的前律师因费用问题拒绝为其代理。麦克法兰自称计划搬回新泽西州,与父母同住。最终,2022年3月,比利·麦克法兰在密歇根州米兰的联邦监狱中服刑4年后重获自由。

关键内容

- 2017年4月,巴哈马群岛上举行的弗莱音乐节其实就是一场欺诈盛宴。这一事件深刻提醒人们,社交媒体广告泛滥可能会带来恶果。它也告诉我们,只要线上宣传做到位,便能轻易达到想要的效果。
- 最初,举办这场音乐节是为了推广一款提供艺人预约服务的App"弗莱"。
- 这场骗局的关键人物包括:音乐节的创办者比利·麦克法兰、说唱歌手及同谋杰·鲁。另外还有多位模特与网红,如肯达尔·詹娜、贝拉·哈迪德、艾米丽·拉塔科夫斯基等等。
- 麦克法兰的欺诈人生始于万事达信用卡俱乐部会员卡。这是为富裕的千禧一代专门定制的信用卡,信用卡还附赠一系列尊贵特权。尽管该项目最终以失败告终,但麦克法兰并未止步,而是继续推出了弗莱App及相关音乐节。
- 借助万事达信用卡俱乐部会员卡与弗莱传媒,麦克法兰成功地骗取了投资者将近3000万美元,之后又让满怀期待的音乐节参与者遭遇了现实中的"饥饿游戏",同时他还拖欠了大量工人与承包商的工资。最终,他因此被判入狱4年。

第十四章

币圈骗局：加密货币与比特币

2016年，"加密少年"秦和（Stefan He Qin）向投资者承诺投资他的对冲基金就能获得高额回报，但真能实现吗？毕竟比特币问世才短短14年。当时，加密货币市场正值发展期，潜力巨大，但也因监管不力，面临诸多挑战——包括盗窃、欺诈，以及大量未经监管的ICO骗局。自2016年起，投资者在ICO骗局中的损失已超百亿美元。说到加密货币界的几大骗局，就不得不提Mt.Gox被盗事件、比特互联公司骗局以及维卡币欺诈案。这三大骗局让币圈投资人损失了数十亿美元，而且大部分的钱至今下落不明。到了2022年，加密货币交易所FTX及其创始人萨姆·班克曼-弗里德（Sam Bankman-Fried）更是把币圈骗局推向高潮。

如果有人承诺每天都有1%的收益，那这必定是庞氏骗局。

——维塔利克·布特林（Vitalik Buterin）
以太坊创始人

比特币就相当于早期的股市，只不过它是打了鸡血的股市，比股市要活跃十倍。

——约翰·比加顿（John Bigatton）

比特互联公司创始人

众所周知，比特互联公司最终倒闭了，所有人都血本无归。

——卡洛斯·马托斯（Carlos Matos）

比特互联公司推广人

"加密少年"

这是一个少年得志的故事：秦和宣称自己掌握了加密货币交易秘诀时只有19岁。2016年，辍学的他在纽约创立了对冲基金Virgil Capital。后来，他又创立了Virgil Sigma Fund和VQR Multistrategy Fund两只加密货币对冲基金。截至2021年，这两只基金的投资额已超过1亿美元。

和其他公司一样，秦和也为自己编造故事：他自称开发了一种名为天神（Tenjin）的算法，可以监测世界各地加密货币交易所的价格波动。在基金成立的头一年里，他吹嘘自己的回报率高达500%，令大量投资者对其趋之若鹜。

现在已经12月中旬了，我的百万收益在哪儿呢？

——Virgil Capital的匿名投资者

然而，秦和非但没有将投资者的资金用于投资，还把钱挥霍在了自己的奢侈生活上。2019年9月，他在曼哈顿租下了一套豪宅。该豪宅视野开阔，可以俯瞰整个市中心。同时豪宅还配备有游泳池、桑拿房、蒸汽浴室、热水浴缸和高尔夫模拟球场，月租金高达2.3万美元。2020年12月，他因无法兑现赎回承诺，遭到了联邦检察官的调查。结果发现，他的基金业务全都是谎言，究其本质就是一场庞氏骗局。那时，他已经从投资者手中骗走了1亿美元。

2021年2月，24岁的秦和对证券欺诈罪供认不讳。该罪名最高可判处20年监禁，罚款35万美元。

以比特币为首的加密货币在最近这些年频频出现于人们的视野之中。特别是许多一夜暴富的人都将闲置资金投入其中，结果导致这个年轻的行业骗局丛生。

常见的币圈骗局有：虚假的首次代币发行、骗子交易所以及经典庞氏骗局。

假代币的野蛮成长

2017—2018年加密货币热潮期间，"野蛮成长"的显著标志之一就是ICO的繁荣。简单来说，ICO就是区块链初创企业采用的众筹方式，即通过发行代币来筹集资金。而这些代币常用于交换比特币、以太坊等热门加密货币。对投资者而言，ICO开辟了新的投资渠道，并承诺将带来指数级回报。与传统IPO相比，ICO的一个关键不同在于它较少受到金融监管机构的严格监管。

全球的IPO都受到如证券交易委员会（Securities and Exchange Commission, SEC）等金融监管机构的严密监管，以确保IPO能满足所有必要条件和标准。但ICO并没有受同等水平的约束。这使得ICO具有更高的灵活性，也更容易募集到资金。但是，这也为欺诈和骗局提供了可乘之机，导致投资者容易蒙受经济损失。

据加密媒体Cointelegraph报道，2016—2020年，全球ICO共筹集资金近130亿美元。但令人震惊的是，超过半数的ICO最终都被证实为有欺诈行为。其中，损失最为惨重的是"石油币骗局"（Petro scam），投资者总共被骗走了7.35亿美元。

石油币骗局

迄今为止，委内瑞拉仍陷入严重的经济危机之中。据悉，2000—2020年，已有超过500万委内瑞拉人（占总人口超15%）为求生计而迁往全球各地：有的前往邻国哥伦比亚、巴西，有的南下至秘鲁、智利、阿根廷南部，还有的北上至巴拿马、加勒比沿海国家、墨西哥及美国。

马杜罗政府执政期间，委内瑞拉的经济状况更是雪上加霜。特别是2015年初油价暴跌，而石油生产因缺乏维护和投资不足不断下滑，更令委内瑞拉的经济走到崩溃边缘。2019—2020年，委内瑞拉国内贫困率直线上升。因此，该国沦为拉美及加勒比地区贫困国家之一。

回溯往昔，20世纪50—80年代，委内瑞拉的经济繁荣强盛，甚至曾是南美地区的佼佼者。当时，委内瑞拉人均GDP几乎与美国持平。时至今日，委内瑞拉已探明石油储量仍居全球之首——超过3000亿桶。

为应对经济危机，委内瑞拉政府决定利用石油资源想办法。2017年12月，当加密货币热潮高涨时，委内瑞拉首都加拉加斯市政府便宣布，将于次年2月推出一种名为"石油币"的加密货币，且由委内瑞拉政府背书。据悉，其价值与委内瑞拉国家石油公司（PDVSA）的石油产量挂钩，一枚石油币相当于60美元。

特别值得一提的是，委内瑞拉政府于2018年8月末发行了新的官方货币——主权玻利瓦尔（sovereign bolívar）。这种货币其实就是政府先将旧玻利瓦尔大幅贬值95%，然后再将钞票面值去掉了5个零而已。此前，1美元可兑换约600万旧玻利瓦尔。政府此举也是为了应对自2016年以来肆虐的恶性通货膨胀。通货膨胀是物价上涨速度的指标，而恶性通货膨胀则是指物价加速飞涨，月增速通常在50%以上。

很快，恶性通货膨胀便令委内瑞拉2017年的物价较上年飙升了440%。此后，由于经济崩溃，通胀数据便只能粗略估算了。

石油币根本没有在市场上流通，也没有智能合约或代币规则，更别提区块链了。

——豪尔赫·法里亚斯（Jorge Farias）
数字货币交易所首席执行官

石油币根本不存在。整件事情就是一个骗局。

——史蒂夫·汉克（Steve Hanke）
经济学家

在这场旷日持久的社会经济与政治动荡中，委内瑞拉政府推出了加密货币"石油币"。该加密货币推出的主要目的是筹集资金，即在绕过美国制裁的同时，获取国际资金支持。2018年1月5日，马杜罗总统宣布，委内瑞拉将发行1亿枚"石油币"，估计总价值为60多亿美元。据他公布，在数字货币预售首日，委内瑞拉就从全球投资者那里筹集了7.35亿美元。但官方数据显示，此次ICO实际筹得的全部资金共33亿美元，仅为政府预期的一半。

路透社调查发现，"石油币"发行了六个月之后，原本用于宣传的"石油币"官网竟突然消失无踪。而且，备受瞩目的加密货币监管机构也与委内瑞拉财政部并无实际联系。截至今日，委内瑞拉政府仍未真正发行"石油币"。更糟糕的是，"石油币"至今也没有实现任何交易功能，根本无从购买，也没有人用"石油币"购买过任何东西。

币圈人士直接指出，委内瑞拉的"石油币"并没有与石油产量挂钩，它甚至不能算作一种加密货币。加密货币网站上的相关评论称："石油币是由无能、腐败且不透明的委内瑞拉政府发行并控制的，这个政府同样管理着每天都在贬值的委内瑞拉货币。人们不是傻子，没人会去购买这种货币。"甚至有人更直白地说："这是一个骗中骗。"可是，委内瑞拉政府依然在继续推广"石油币"。而时至今日，"石油币"也依然没有制定与其他货币的兑换机制。

不过，与币圈Mt.Gox被盗事件、比特互联公司骗局以及维卡币欺诈案这三大骗局相比，"石油币"根本不值一提。

Mt.Gox关闭

2014年2月24日，总部位于东京的加密货币交易所Mt.Gox突然停止了比特币交易。随后，交易所又关闭了网站和交易服务，并申请了破产保护以躲避债权人。而在此之前，Mt.Gox一直是全球最大的比特币交易平台。

10年过去了，至今Mt.Gox仍然是体现虚拟货币投资风险的典型案例。加密货币交易所是投资者买卖和存储数字货币的地方。然而，这些交易所大多游离于监管之外，并逐渐演变成欺诈的温床。而且，许多交易所在遭遇盗窃后都会关闭，导致客户资金无法追回。

从"魔法风云会"到Mt.Gox被盗事件

Mt.Gox的前身是一个名为"魔法风云会"（Magic: the Gathering）的线上买卖交易平台，它于2010年7月转型为比特币交易所。2007年，电驴网络（eDonkey）的创始人杰德·麦卡莱布（Jed McCaleb）购买下"魔法风云会"的域名，即"Mt.Gox"。三年后，麦卡莱布的兴趣完全转向比特币，Mt.Gox很快变成了首批数字货币交易所之一。

2011年，麦卡莱布将Mt.Gox的大部分股份都转让给法国人马克·卡佩莱斯（Mark Karpelès）及其公司Tibanne。

卡佩莱斯接手时，Mt.Gox仅有3000名用户。但随着比特币逐渐受到追捧，Mt.Gox也迎来了快速发展时期。2012年11月，卡佩莱斯开始与西雅图CoinLab公司CEO彼得·维森尼斯（Peter Vessenes）合作，共同为美国和加拿大的用户提供服务。2013年11月初，比特币的价格只有200美元左右，但到了12月初，就暴涨至1100美元的历史高位。

到了2013年，Mt.Gox已拥有来自200多个国家的100多万活跃用户。在全球比特币交易量中，占据了75%的份额。

> 他（卡佩莱斯）喜欢被人称赞，也喜欢"比特币之王"这个称号。
> ——Mt.Gox公司内部人士

随着Mt.Gox的用户数量不断增加，一系列问题逐渐浮出水面。早在2013年11月，《连线》杂志就曝光了客户提现时存在长时间延迟的情况，由此揭示出Mt.Gox在美国存在监管难题。

2014年2月，客户对提现延迟的投诉愈发频繁，Mt.Gox因技术故障不得不暂停提现服务。2月28日，Mt.Gox在东京突然申请了破产。在破产的同时，人们还发现了一条惊人消息：客户名下的近75万枚比特币以及平台名下的10万枚比特币被盗了。

在这85万枚被盗的比特币中，大约有20万枚后来被追回。这相当于当时全球比特币总量的7%，价值高达5亿美元。若按当前价格计算，则相当于损失了近500亿美元。从2014年2月初至3月底，也就是Mt.Gox遭遇危机期间，比特币的价格迅速暴跌了36%。

2015年4月，新的证据揭示了一个令人震惊的事实：早在2011年底，大部分比特币就已经从Mt.Gox的"热钱包"中被盗了。这里的"热钱包"是指保持联网、便于存储、发送和接收代币的一种工具。

Mt.Gox的问题并非一朝一夕。早在2011年，该交易所就出现过比特币失窃的问题：近500个客户账户中的2.5万枚比特币被盗。

欺诈、黑客攻击还是内部作案？

2013年末，比特币交易是由Mt.Gox系统中的Willy和Markus这两款交易算法操控的。截至2014年2月末Mt.Gox崩溃时，它们共吸走了约65万枚比特币。

不久，Mt.Gox的CEO卡佩莱斯于2015年8月被日本警方抓获，他面临着欺诈、贪污和操控Mt.Gox系统的指控。日本检察官指责他在Mt.Gox倒闭的前半年，曾擅自将投资者的250万美元资金转入其个人账户。但是，该指控并未涉及后来失踪的那65万枚比特币。

美国司法部将目标锁定在了比特币交易平台BTC-e的所有者亚历山大·文尼克（Alexander Vinnik）身上，认为他是Mt.Gox比特币失窃案洗钱环节的关键人物。应美方要求，希腊警方于2017年7月25日在希腊逮捕了文尼克，罪名是通过BTC-e洗钱，且涉案金额高达40亿美元。

2019年，东京地方法院宣布了判决，卡佩莱斯因篡改财务数据，被判处两年半有期徒刑，缓期执行。也就是说，如果他四年内不再违法，就不用再坐牢了。

目前，仍有许多在Mt.Gox被盗的比特币下落不明，其破产财产受托人小林信明（Nobuaki Kobayashi）仍在积极为债权人追讨资金。

值得关注的是，比特币在2021年底价格飙升，创下了68000多美元的历史新高。这使得Mt.Gox的比特币被盗事件更显重要。要知道，2014年那85万多枚比特币的丢失，几乎让数字货币走向了灭亡。

别相信卡洛斯·马托斯

2017年10月28日，泰国芭堤雅皇家克利夫酒店的桃子会议中心热闹非凡，比特互联公司举办的第一届年度盛典在这里拉开帷幕。这场活动吸引了超过2000名参与者,而且还在油管视频平台上进行全球直播。舞台上,比特互联公司的推广人卡洛斯·马托斯为比特互联公司摇旗呐喊,全力站台,还发表了一场虽然简短却极具感染力的演讲。

然而,好景不长,仅三个月这家公司便走向破产。同时,其代币价格也一落千丈,从500美元左右的高位暴跌至一文不值。

又一个庞氏骗局

比特互联公司成立于2015年,并于2016年推出了自己的加密货币。同年11月15日,它启动了BCC币(BitConnect coin)的ICO,并于年底前完成发行。这次发行共筹集到468枚比特币,市值接近50万美元。关于其创始人萨蒂夏·库姆巴尼(Satish Kumbhani)和迪维耶什·达尔吉(Divyesh Darji)以及公司的经营活动,我们只知道两名创始人都是印度人,而公司的活动基本上都发生在迪拜的哈利法塔上。

自ICO之后,BCC币也在加密货币数据网站coinmarketcap.com上迅速受到关注,成为2017年表现抢眼的加密货币之一,甚至排到了全球前20名。

如果深入研究就会发现,比特互联公司本质上就是一个结合了多层传销策略的贷款和交易平台。在这个匿名平台上,用户可以借出加密货币给公司,以获得高额回报,回报率根据借出期限而定。据说,一笔1万美元、期限180天的贷款,每月回报率能达到40%!

比特互联公司平台宣称,只要通过其开发的交易机器人和基于高级投资算法的"波动交易软件"进行交易,就能获得高额收益。它居然声称,每天可为客户带来约1%的回报。也就是说,年回报率高达3780%。具体而言,这种算法能够利用比特币的日常价格波动,实现低买高卖,从中获利。

投资一千美元，三年赚五千万美元！

比特互联公司的所有贷款均以美元计价，但必须用平台自己的加密货币BCC币进行交易。为了贷款，用户还必须将比特币存到该平台，然后按照当前市场汇率将其兑换为BCC币才行。另外，贷款本金和利息也均以BCC币支付。这意味着，在贷款到期后，用户还需要将BCC币先兑换成比特币，然后再兑换成美元。

比特互联公司成功的另一关键是其发达的多层传销体系。抛开五花八门的数字营销和线下推广不谈，公司还建立起一支庞大的多层网络传销团队，利用油管、脸书、照片墙等社交平台吸引新投资者，而这些新来的投资者又能通过招募更多人来提升自己的地位。像特雷文·詹姆斯（Trevon James）这样的推广者，就因推荐人数的增多而获得了更高的投资回报。目前，许多推广者都因此而官司缠身。比特互联公司平台本质上就是为了招募新成员而设的，通过推荐加入获得高额奖励，这种做法其实就是典型的金字塔骗局，因为老成员的大部分收益并非来自投资回报，而是来自新成员加入带来的资金。

想要在平台上借贷，就必须使用BCC币。这极大地推动了BCC币的需求增长，而其价格也随之水涨船高。2017年12月，BCC币的价格从ICO后的0.17美元暴涨至巅峰时期的463美元。同时，警告的声音也此起彼伏。多层传销结构和近乎不可能的每天1%的复利，都指向比特互联公司可能是庞氏骗局，但比特互联公司平台依旧在持续扩张，市值一度突破了27亿美元大关。

监管的警觉

英国监管当局于2017年11月进行调查后，提出了严正警告，计划关闭比特互联公司平台，并终止其运营。消息一经媒体报道，立刻引发了成千上万投资者的恐慌。而平台的推广者则迅速辟谣，称这是假消息，以此来缓解监管压力。

然而，就在比特互联公司全力以赴提升全球知名度和品牌形象之际，新的危机接踵而至。

在美国，得克萨斯州证券监管机构果断出手，要求比特互联公司平台即刻停业并停止BCC币的流通。紧接着，北卡罗来纳州证券部门也紧随其后采取了相同措施。两家监管机构均称比特互联公司涉嫌诈骗，其推广人员也已经触犯法律。这一系列动作让许多推广者惊慌失措，纷纷撤下推广内容，逃离是非之地。而比特互联公司则仍在批评媒体，称这些都是"不实消息"。

而后，澳大利亚证监会也对比特互联公司的业务展开了调查，澳大利亚联邦法院对其推广者采取了旅行禁令，并冻结了相关交易。

可惜的是，这些强烈的警示信号并未引起广大投资者的警觉。在币圈，投资者并不关心比特互联公司的具体位置、创始人身份、交易算法和赢利逻辑等关键细节，他们关心的只是利润。以太坊创始人维塔利克·布特林曾明确指出："比特互联公司不过是一场骗局。"可是投资者对业内专家的警告依然置若罔闻。

戛然而止

2018年1月17日，比特互联公司宣布即刻终止贷款业务，并计划不久后停止平台上的所有BCC币交易。公司虽然否认将永久关闭，但指出负面报道、法律问题和黑客攻击是促使他们做出该决策的主要原因。消息一出，惊慌失措的投资者炸了锅，纷纷网上发帖讨论。随即，BCC币的价格暴跌至30美元以下，缩水近96%，令人瞠目结舌。

据统计，约150万人因比特互联公司骗局遭受了财产损失，有人甚至都倾家荡产了。

2019年2月20日，联邦调查局在比特互联公司网站上发布公告，呼吁受害者主动协助案件调查。

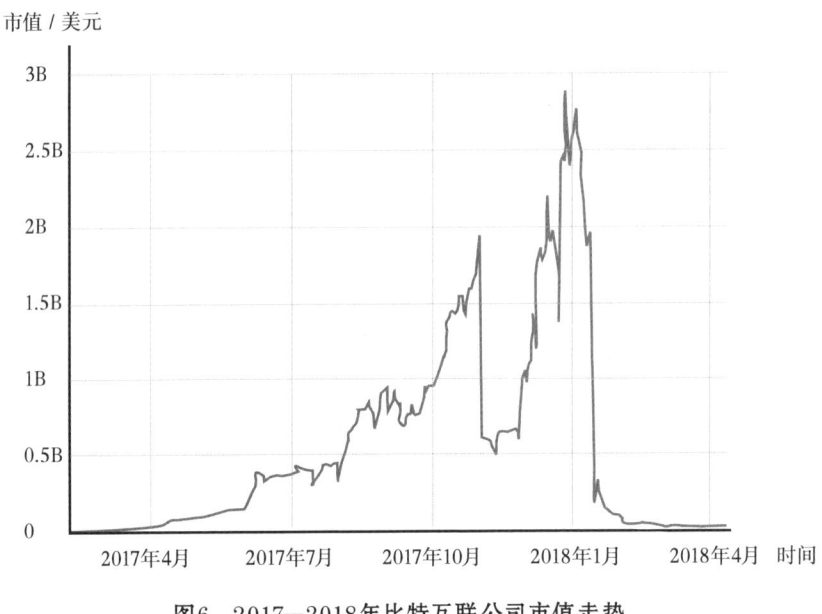

图6　2017—2018年比特互联公司市值走势
（数据来源：彭博）

简而言之，比特互联公司骗局堪称加密货币领域最大、最臭名昭著的庞氏骗局。仅用了短短一年多，它便从一个不起眼的ICO迅速发展为市值27亿美元的加密货币项目。为了让更多受害者理解其运营途径，比特互联公司网站的可使用语言已有越南语、韩语、印地语、印尼语、日语、泰语、柬埔寨语和菲律宾语等。

比特互联公司的创始人迪维耶什·达尔吉被控告从个人手中非法集资，随后携款潜逃。2018年8月18日，达尔吉在印度德里被捕。有人怀疑他与某个知名犯罪组织有关联。在印度政府废除大面值卢比之后，该组织便进行了大规模黑市洗钱活动。

而比特互联公司另一位创始人萨蒂夏·库姆巴尼，则在韩国暴露行踪后又神秘消失了。据传，他负责公司的全球业务运营，手中很可能掌握着大量本应属于投资者的比特币。

在美国，比特互联公司的传销网络以格伦·阿卡罗（Glenn Arcaro）为首，还包括克雷格·格兰特（Craig Grant）、特雷冯·詹姆斯（Trevon James）、瑞安·希尔德雷思（Ryan Hildreth）和币圈尼克（Crypto Nick）等人。他们各自通过推广比特互联公司赚到至少100万美元。作为美国区推广负责人，阿卡罗的抽成为该地区总资金流的10%。在比特互联公司倒闭前一个月，美国业务每周流入700万美元左右。这意味着阿卡罗每周能从中抽取约70万美元用于推广活动。

在加拿大，比特互联公司业务由吉恩–西蒙·拉布雷奇（Jean-Simon Labreche）领导。与此同时，在地球的另一端，约翰·比加顿、穆罕默德·宾耶戈布（Muhammad Binyeegob）、汗·索菲娜（Khan Sophanna）、乔内尔·贾维尔拉娜（Jonel Javellana）、桑托索·瓦尔达（Santoso Wardah）和诺科佐·曼芬古（Nontokozo Mamfengu）分别在澳大利亚、泰国、柬埔寨、菲律宾、印度尼西亚和南非积极推广比特互联公司。值得一提的是，在乔内尔·贾维尔拉娜的积极努力下，比特互联公司甚至成功打入了比利时市场。

卡洛斯·马托斯自比特互联公司初创时期便参与了推广工作。可后来面临起诉时，他却声称自己也是受害者之一。其他推广比特互联公司的网红则遭遇了不同的命运：有些在不同的国家被捕，尤以印度为多；有的则转换到其他赛道，比如克雷格·格兰特就转型成为美食主播。

澳大利亚的唯一推广人约翰·比加顿以前是悉尼与墨尔本财富管理集团的持证顾问，现在正在接受调查，银行账户也全被冻结。

比特互联公司的关闭暴露了在监管缺位的情况下，投资加密货币的巨大风险。尽管比特互联平台已停止运营，其他类似的骗局却层出不穷，如EthConnect、XRPConnect和NEOConnect等等。

想要彻底收拾比特互联公司骗局的烂摊子，可能需要多国司法机关的长年配合才行。投资者追回资金的希望十分渺茫，因为比特互联公司早就利用避税天堂转走了资金，很难追踪。投资者只能期盼幕后黑手能够得到法律的严惩。与此同时，许多相关诉讼仍在进行当中。那些进行误导推广并从多层传销中牟利的人，很可能会为此付出沉重代价。

鲁娅·伊格纳托娃与维卡币骗局

2016年6月的一天，伦敦温布利体育馆内座无虚席，热闹非凡。36岁的鲁娅·伊格纳托娃（Ruja Ignatova）博士站在台上。面对着数千名热切期盼的听众，饱含激情地阐述了她对维卡币的憧憬。她身着一袭昂贵礼服，佩戴着长款钻石耳环，涂着鲜艳的口红。在舞台上，她将维卡币这一新型加密货币誉为"比特币杀手"，并承诺它能让早期投资者获得惊人回报。现场许多人都毫不犹豫地拿出了自己的毕生积蓄用来购买维卡币。而在未来数月中，维卡币的投资热潮还吸引了更多人的加入。

2014年起，一种新型且令人兴奋的金融产品开始在欧洲掀起波澜。其创建者和推广者都向投资者承诺，他们的这款加密货币将彻底颠覆传统金融市场。维卡币不仅提供了令人咋舌的投资回报率，还致力于为那些没有银行账户的人群提供透明、便捷的银行服务，且这一切都不受政府监管。

鲁娅·伊格纳托娃这位光彩夺目的商业领袖，吸引了全球数百万人投资所谓的"新比特币"。她自诩为"加密女王"，甚至还登上了《福布斯》（保加利亚版）等著名商业杂志的封面。可接下来，她却突然人间蒸发。后来的事实证明，这是史上大型的加密货币骗局之一。

伊格纳托娃的早期欺诈行为

鲁娅·伊格纳托娃1980年出生于保加利亚首都索非亚，10岁时随家人迁居德国。她精通多门外语，不仅从牛津大学获得了多个学位，还从德国康斯坦茨大学获得了法学博士学位。不过也有传言称，她涉嫌学历造假。在她的职业生涯中，她自诩为麦肯锡公司副合伙人，而且自称曾与安联保险、德意志银行、俄罗斯储蓄银行及裕信银行等巨头合作，另外也曾为多家加密货币公司提供了咨询服务。然而在2012年，她却因与父亲普拉门·伊格纳托夫（Plamen Ignatov）共同参与欺诈收购案而被德国定罪。次年，即2013年，她又参与了一个名为"大币"（BigCoin）的传销骗局。

2014年，伊格纳托娃与瑞典商人塞巴斯蒂安·格林伍德（Sebastian Greenwood）联手创造了维卡币。格林伍德曾在挪威人雅尔·托森（Jarle Torsen）2009年创立的亿龙公司中担任项目经理。后来，他与约翰·恩格（John Ng）合作，通过中国香港公司繁荣有限公司（Prosper Limited），又于2013年推出了加密货币"大币"，而伊格纳托娃也参与其中。尽管"大币"的推广并不尽如人意，但这段经历为他们后来设计维卡币提供了灵感。维卡币实际上是基于加密货币的网络传销，后来被包装成加密货币进行营销，其所有者是在迪拜注册的维卡币公司（OneCoin Ltd）及其母公司——在伯利兹注册的一生网络公司（OneLife Network Ltd），两家公司的总部均在保加利亚。而事实证明，这又是一场典型的庞氏骗局。

骗局的思路

维卡币迅速在国际上走红。它通过社交媒体吸引大众，尤其是那些对加密货币或技术了解不多的人。这不光是个加密货币骗局，更因其领导人的强势和信徒们的盲目追随，公司类似于之前的比特互联公司，越来越像一个邪教。这些信徒一心想改变世界，甚至他们还发明出一个由圆圈和数字"1"组成的专属手势作为象征。

维卡币公司通过向会员卖课实现盈利。每套课价格从100美元到25万美元不等，并附赠不同数量的"挖矿"代币。不过，新会员必须等待三到六个月,才能开始"挖矿"。

如今,人们普遍认为,这些课程套餐实际上只是一种障眼法,让会员误以为自己只是在买课,而非购买代币或维卡币本身。

从未存在过的维卡币

维卡币骗局的可怕之处在于,其所谓的挖矿根本就是虚构的,那些与课程套餐捆绑的代币更是毫无价值。如今业内已达成共识:维卡币与区块链技术毫无关系。

2016年10月初,也就是伊格纳托娃在温布利体育馆亮相的四个月之后,区块链专家比约恩·比约克(Bjorn Bjercke)接到了来自日本猎头的电话。对方提供了一个颇具吸引力的职位:一家保加利亚的加密货币初创公司正在招募首席技术官,来负责区块链的开发工作,并承诺提供公寓、汽车及35万美元的年薪。可当猎头透露了这家公司的名字后,比约克却选择了拒绝。

尽管伊格纳托娃声称维卡币就是加密货币,但实际上维卡币并不能在公开市场上进行交易,而只能通过其母公司一生网络公司控制的维卡币交易所才能进行网上交易。这种采用集中式数据库而非区块链的做法,赋予了维卡币极大的操作空间,不仅可以随意调整货币的价格,甚至还可以删除交易记录。

公司的业务分为两大块:负责维卡币运维与营销的主体部门、吸引投资者并获取佣金的分支机构。这种体系实际上是一种典型的金字塔传销,每个人都要向上线支付费用。各地的推广员会组织宣讲活动,在区域内对维卡币进行虚假宣传。他们在网络讲座上表现得激情四溢,目的不是为了介绍产品,而是为了吸引新的信徒。凭借这种手段,维卡币在亚洲逐渐发展壮大起来。

伊格纳托娃频繁地将维卡币与比特币相提并论,试图营造出维卡币同样成功甚至更优越的错觉。在全球范围内,人们纷纷掏出自己的积蓄，梦想成为这场"新革命"当中的一员。从2014年8月至2017年3月，维卡币已经吸引了来自几十个国家的投资者，总额超过50亿美元。这股热潮席卷了全球，从巴基斯坦到巴西，从中国香港到挪威，再到加拿大、也门和巴勒斯坦，仅英国一地的投资额就高达约2亿美元，新的投资源源不断。据估算，维卡币骗局的涉案总金额高达150亿美元。

书籍和电影

在2022年出版的《失踪的加密货币女王》（*The Missing Cryptoqueen*）一书中，畅销书作家杰米·巴特利特（Jamie Bartlett）精彩地描述了鲁娅·伊格纳托娃与维卡币骗局：从一鸣惊人到神秘消失，再到最终陨落——整个过程令人瞠目结舌。他走访了全球多地，深入调查了腐败的政府、隐秘的富豪圈子，以及事件背后的黑暗。

该书揭露了21世纪最狡猾、规模最大的骗局。而策划了这一切的人，至今仍逍遥法外。值得一提的是，2019年，杰米·巴特利特参与录制的BBC的同名播客系列节目荣登iTunes榜首，下载量破百万次。

维卡币的垄断

维卡币骗局之所以如此成功，关键在于其构建的垄断体系。因为要想把维卡币换成其他货币，只能在维卡币交易平台上进行兑换。在这个平台上，维卡币可以兑换成欧元，存入一个虚拟钱包，并通过电汇方式提现。但是，每天可兑换的维卡币数量是有上限的，不同的投资套餐也设有不同上限。

2017年1月，维卡币交易平台在未经事先通知的情况下，突然宣布关闭。投资者一开始并不清楚这意味着什么，而后只能眼睁睁看着自己的投资变得遥不可及，直至消失无踪。

放虎归山？

维卡币尽管表面风光无限，实则暗流涌动。而且，交易平台所承诺的提现功能一再推迟上线，让投资者心生疑虑。

2016年2月，英国媒体《每日镜报》率先发难，指责维卡币及其母公司一生网络公司制造了一场快速敛财的骗局，其实"一文不值"。紧接着，《泰晤士报》更是将其冠以"史上最大金融骗局"的标题。

2016年初，维卡币成了多国金融监管机构的重点关注对象。就在伊格纳托娃于伦敦温布利体育馆演讲后不久，英国金融行为监管局（Financial Conduct Authority）便在网上发布警告，提醒公众警惕维卡币。然而，由于非法定加密货币不在英国金融行为监管局的监管权限之内，这份警告很快就被撤回了。而这在维卡币的宣传者看来，却成了他们获得官方默许的"信号"，于是他们立刻加大营销攻势。

2017年4月，德国联邦金融监管局对迪拜的维卡币公司和伯利兹的一生网络公司下达了禁令，明确指出维卡币交易涉嫌欺诈。

在中国，执法机关起诉了98人，并成功追回了近3亿美元的涉案资金。而在印度，警方于2017年4月在孟买逮捕了18人，原因是他们涉嫌为维卡币骗局招募下线。随着调查的深入，金字塔骗局的高层人员逐渐浮出水面。7月，印度指控维卡币的创始人鲁娅·伊格纳托娃涉嫌诈骗。执法机关开始收网。

而这位"加密女王"早就开始挥霍无度了。她在保加利亚首都索非亚和黑海度假胜地索佐波尔购置了价值数百万美元的豪宅。闲暇之余，她还会在私人游艇"达维娜号"上举办盛大的派对。

然而，由于维卡币公司的结构异常复杂，监察人员想追踪资金流向也变得异常艰难。例如，伊格纳托娃在索非亚购置了房产，并登记在一家名为天一地产（One Property）的公司名下。这家天一地产公司又隶属于风险有限公司（Risk Ltd）。而风险有限公司最初归伊格纳托娃所有，后来其所有权转移给巴拿马当地的受益人，并由佩拉贡（Peragon）公司负责接手管理。佩拉贡公司受控于远征艺术（Artefx）公司，而远征艺术公司的所有者则是伊格纳托娃的母亲维斯卡（Veska）。

成功的骗局必须全身而退

2017年10月，鲁娅·伊格纳托娃无故缺席了在葡萄牙里斯本举办的维卡币活动，之后便神秘消失。本来这场欧洲的维卡币推广者大会应当对近期的负面报道与欺诈质疑做出回应，但一向以守信守时著称的伊格纳托娃竟然始终没有现身。

她最后一次公开露面，还是在保加利亚黑海边的索佐波尔。当时，她正在自己的游艇上度假。很显然，她是事先得知了FBI的追捕行动，于是从索非亚飞往雅典后就不见了踪影。

从此伊格纳托娃就销声匿迹了。

随后，她的弟弟康斯坦丁·伊格纳托夫（Konstantin Ignatov）接管了维卡币公司及其母公司一生网络公司。然而，他于洛杉矶机场等待飞回保加利亚时，却被美国联邦调查局逮捕了。面对美方的电汇欺诈和洗钱指控，他选择了认罪。

美方还抓捕了两名嫌疑人：马克·斯科特（Mark Scott）和塞巴斯蒂安·格林伍德。作为维卡币的联合创始人，塞巴斯蒂安·格林伍德负责市场营销。目前，他因欺诈指控被关押在美国监狱候审。而曾为维卡币效力的律师马克·斯科特，则被联邦法院裁定犯有洗钱罪，涉案金额高达4亿美元。

然而，主谋鲁娅·伊格纳托娃却依然逍遥法外，至今下落不明。关于她的行踪，外界有众多猜测。有人说她躲藏在匈牙利的布达佩斯，也有人猜测她已遭遇不测或被绑架，还有人认为她正以假身份在法兰克福生活，且与德国的前夫和孩子始终保持着联系。

自2016年起，ICO骗局已让投资者蒙受超过100亿美元的损失。Mt.Gox被盗事件、比特互联公司骗局以及维卡币欺诈案更是让无数人的生活陷入困境。2022年，加密货币市场风雨飘摇，稳定币（Terra/Luna）、摄氏币（Celsius）、三箭资本（Three Arrows Capital）等接连倒闭。而加密货币交易所FTX及其创始人萨姆·班克曼-弗里德的丑闻，更是让业界人心惶惶。一时间比特币的价格也在一年内接连暴跌，从68000美元的高位跌至不足16000美元。不过，这一系列的挫折也反映出加密货币技术作为新兴领域的成长之痛。相信随着时间的推移，这项技术无疑将深刻改变我们的生活方式，并通过创新方式，将更多新的公司和概念带给消费者，为各行各业带来便利。

关键内容

- 2013年，Mt.Gox曾是全球最大的比特币交易平台。但很快，该平台便有65万枚比特币被盗——折算为今天的价值是510亿美元。这些钱至今尚未追回，甚至还差点让处于婴儿期的比特币灭亡。Mt.Gox的首席执行官马克·卡佩莱斯在此案中的角色仍有争议，但已经确定亚历山大·文尼克是协助被盗比特币洗钱的关键人物之一。
- 比特互联公司远不止进行一次传销骗局，它近乎于一个邪教组织。在这个价值27亿美元的加密货币骗局中，核心人物为创始人萨蒂夏·库姆巴尼和迪维耶什·达尔吉，以及一系列有巨大影响力的推广者，如卡洛斯·马托斯，还有在美国的格伦·阿卡罗、特雷文·詹姆斯、克雷格·格兰特、瑞安·希尔德雷斯和币圈尼克等。尽管比特互联公司平台已停止运营，但其他类似的骗局仍层出不穷。

- 维卡币是史上最大的加密货币骗局，从全球投资者手中骗取的资金估计在50亿至150亿美元之间。这场骗局的关键人物包括鲁娅·伊格纳托娃、她的弟弟康斯坦丁·伊格纳托夫、联合创始人塞巴斯蒂安·格林伍德以及公司律师马克·斯科特。
- 自诩为"加密女王"的鲁娅·伊格纳托娃卷走了5亿美元的客户资金。目前，她的下落依然是个谜。
- 2022年，加密货币行业遭遇了重大挫折，标志性事件是加密货币交易所FTX及其创始人萨姆·班克曼-弗里德的丑闻。而在此之前，多家知名公司已接连倒闭，整个行业跌入谷底。

致谢

本书凝聚了我20年来在金融投资领域的丰富经验，同时也借鉴了朋友、同事及行业专家的研究成果和宝贵意见。感谢我在德意志银行工作期间，克劳斯·马丁尼（Klaus Martini）、乌尔里希·斯蒂芬（Ulrich Stephan）、比约恩·耶施（Björn Jesch）和克里斯蒂安·诺尔廷（Christian Nolting）对我的帮助与鼓励。在转战33ABL集团及后续职业生涯中，克里斯蒂安·安格迈耶（Christian Angermayer）的启示也令我受益匪浅。另外还要感谢瑞士楚格台比留（Tiberius）集团的联合创始人克里斯托夫·埃布尔（Christoph Eibl）和马库斯·梅茨格（Markus Mezger），他们在商品市场遭遇寒冬时仍与我并肩作战，这份坚持尤为难得。同时，我也想对芭芭拉和雷吉娜表达谢意，感谢你们的温暖和周到。

特别感谢弗谢沃洛德·伯恩斯坦（Vsevolod Bernstein），正是他于2020年为我的上一部作品《商品投机400年：从郁金香到比特币》精心策划了苏黎世发布会。也正是在那时，我产生了写作本书的构思。感谢阿努克为本书撰写的精彩序言。2001年，你我在宾夕法尼亚州立大学度过了难忘的时光，让我们为母校加油！

我将《贪婪的游戏：金融投机100年》第十章献给我在法兰克福的同事：德意志银行、德国商业银行、法国兴业银行和汇丰银行的马库斯·瓦尔纳（Markus Wallner）、马蒂亚斯·汉斯克（Matthias Hanske）、马尔科·彼得斯（arco Peters）、托比亚斯·加贝尔（Tobias Gabel）、彼得·博森伯格（Peter Bösenberg）和蒂洛·沃尔夫（Tilo Wolf）。要知道在2008年金融危机之后，银行业已经今非昔比了。

感谢我的爱妻阿莉娜，还有2021年出生的宝贝女儿奥雷莉亚，是你们的爱与支持让我能完成这部作品。这本书献给你们母女二人。

感谢我的母亲和父亲，虽然你们已经于1999年和2017年去世，但没有你们，就没有今天的这一切。

感谢我在巴黎的经纪人克里斯蒂娜·基亚拉西尼（Cristina Chiarasini），是她让《贪婪的游戏：金融投机100年》在国际上获得了诸多殊荣。感谢德国慕尼黑金融图书出版社的克里斯蒂安·容德（Christian Jund）和格奥尔格·霍多利奇（Georg Hodolitsch）对我的帮助。

最后，衷心感谢得克萨斯州绿叶图书集团的出版团队。特别感谢丹尼尔又一次远赴意大利的马焦雷湖畔，将好消息带给我。感谢詹妮出色的项目管理和日程安排。感谢林赛无可挑剔的工作。感谢乔丹和斯蒂芬妮的润色，让文字更加生动。感谢蔡斯充满创意的排版设计。特别感谢北卡罗来纳州的编辑伊丽莎白，为我提供了新颖的观点和宝贵的建议。尽管新冠疫情给全球带来了诸多挑战，但多亏你们的努力和坚持，才让全球出版工作得以顺利进行。感谢你们！

扩展阅读

引言

- Dawkins, Richard. *the Selfish Gene*. Oxford University Press, 1976.
- Fama, Eugene. *Efficient Capital Markets: A Review of Teory and Empirical Work*. the Journal of Finance, 1970.
- Foxman, Abraham. *Jews and Money: The Story of a Stereotype*. Macmillan, 2010.
- Keynes, John Maynard. *The General Teory of Employment, Interest and Money*. Macmillan, 1936.
- Smith, Adam. *The Wealth of Nations*. W. Strahan and T. Cadell, 1776.
- Taler, Richard. *Misbehaving: the Making of Behavioral Economics*. W. W. Norton & Company, 2016.
- Weber, Max. *Die protestantische Ethik und der Geist des Kapitalismus*. Mohr, 1905.

第一章 富人的警钟：巴拿马文件、潘多拉文件等被曝光

- *A Timeline of U.S. Whistleblowing*. The Employment Law Group. www.employmentlawgroup.com/timeline-us-whistleblowing/.
- Fitzgibbon, Will. *"Offshore Magic Circle" Law Firm Has Record of Com-*

pliance Failures. International Consortium of Investigative Journalists, November 5, 2017, https://www.icij.org/investigations/paradise-papers/appleby-offshore-magic-circle-law-firm-record-ofcompliance-failures-icij/.

- Fitzgibbon, Will and Ben Hallman. *What Is a Tax Haven? offshore Finance, Explained*. International Consortium of Investigative Journalists, April 6, 2020, www.icij.org/investigations/panama-papers/what-is-a-tax-haven-offshore-finance-explained/.
- Guardian Investigations Team. *Pandora Papers: Biggest Ever Leak of offshore Data Exposes Financial Secrets of Rich and Powerful*. Guardian, October 3, 2021, www.theguardian.com/news/2021/oct/03/pandora-papers-biggest-ever-leak-of-offshore-data-exposesfinancial-secrets-of-rich-and-powerful.
- Hodgson, Camilla. *Panama Papers 2? the Financial Secrets of the Super-rich May Be About to Be Leaked After an offshore Law Firm Was Hacked*. Business Insider, October 25, 2017, www.businessinsider.com/financial-secrets-of-super-rich-stolen-offshore-appleby-2017-10?r=DE&IR=T.
- International Consortium of Investigative Journalists. www.icij.org.
- Pandora Papers Reporting Team. *Pandora Papers: A Simple Guide to the Pandora Papers Leak*. BBC News, October 5, 2021, www.bbc.com/news/world-58780561.
- Woodman, Spencer. *Jeffrey Epstein's offshore Fortune Traced to Paradise Papers*. International Consortium of Investigative Journalists, July 18, 2019, www.icij.org/investigations/paradise-papers/Jeffrey-epsteins-offshore-fortune-traced-to-paradise-papers/.

第二章 麦道夫诈骗案：史上最大庞氏骗局

- Arvedlund, Erin. *A Decade After Bernie Madoff's Arrest, FBI Agents Reveal More About His Ponzi Scheme*, Philadelphia Inquirer, December 6, 2018, www.inquirer.com/philly/business/bernie-madof-fbi-patrick-dufy-paul-roberts-fbi-20181206.html.
- Carlton, Genevieve. *Charles Ponzi and the Incredible Story Behind His Notorious Scheme*. All That's Interesting, February 10, 2020, https://allthatsinteresting.com/charles-ponzi.
- Cohn, Scott. *Is the Next Madoff Lurking on the Horizon? Experts Will Not Rule It Out*. CNBC, December 11, 2018, www.cnbc.com/2018/12/10/experts-wont-rule-out-the-possibility-of-another-madof-like-fraud.html.

- King, Gilbert. *The Smoothest Con Man That Ever Lived*. Smithsonian, August 22, 2012, www.smithsonianmag.com/history/the-smoothest-con-man-that-ever-lived-29861908/.
- Lacurci, Greg. *Ponzi Schemes Hit Highest Level in a Decade, Hinting Next 'Investor Massacre' May be Near*. CNBC, February 11, 2020, www.cnbc.com/2020/02/11/ponzi-schemes-hit-the-highest-level-in-10-years.html.
- Larson, Erik. *The Madoff Players: Where Are They Now?* Bloomberg, December 11, 2018, www.bloomberg.com/news/articles/2018-12-11/the-bernie-madof-ponzi-scheme-who-s-where-now.
- Maysh, Jef. *The Man Who Sold the Eiffel Tower. Twice*. Smithsonian, March 9, 2016, www.smithsonianmag.com/history/man-who-sold-Eiffel-tower-twice-180958370/.
- McCoy, Kevin and Kelly Tyko. *Ponzi Scheme Mastermind Bernie Madoff Says He's Dying, Seeks Release from 150-year Prison Term*. USA Today, February 6, 2020, https://eu.usatoday.com/story/money/2020/02/05/bernie-madof-seeks-prison-release-due-terminal-kidney-failure/4672816002/.
- Schütte, Christian. *Charles Ponzi—der Erfinder des Schneeballsystems*. Capital, April 28, 2020, www.capital.de/geld-versicherungen/capital-history-charles-ponzi-schneeballsystem.
- Städeli, Markus. *Auch Schweizer sind reingefallen*. Neue Zürcher Zeitung, December 14, 2008, www.nzz.ch/auch_schweizer_sind_reingefallen-1.1421818.
- Welker, Bryce. *The Biggest Ponzi Schemes of the 20th and 21st Centuries*. Society of Corporate Compliance and Ethics and the Health Care Compliance Association's Compliance & Ethics Blog, December 11, 2019, https://complianceandethics.org/the-biggest-ponzi-schemes-ever.

第三章　牛仔资本主义：马夫罗季的MMM骗局

- Coleman, Lester. *MMM Global Closes Republic of Bitcoin, an Alleged Ponzi Scheme*. Capital & Celeb News, April 12, 2016, www.ccn.com/mmm-global-closes-republic-of-bitcoin-an-alleged-ponzi-scheme/.
- Hess, Sara and Eugene Soltes. *Russia's Greatest Ponzi Mastermind Is Dead, but His Legacy Lives on in the Crypto World*. Quartz, February 15, 2019, https://qz.com/1259524/mmm-and-bitcoin-russian-ponzi-mastermind-sergei-mavrodi-is-dead-but-his-legacy-lives-on-in-crypto/.
- Hofmann, David E. *The Oligarchs: Wealth and Power in the New Russia*. New York: PublicAffairs, 2011.

- Kaminska, Izabella. *Mavrodi's MMM Global pyramid Scheme Collapses, Unsurprisingly*. Financial Times, April 11, 2016, www.ft.com/content/8499c0a3-8367-30c4-9e07-3e5689cd584e.
- Mark, Monica. *Here's Why So Many People Keep Falling for This Russian Scam*. BuzzFeed News, August 26, 2017, www.buzzfeednews.com/article/monicamark/how-a-russian-con-artist-is-running-a-multi-billion-dollar.
- Sinelschikova, Yekaterina. *MMM: the Biggest Fraud in the History of Modern Russia*. Russia Beyond, May 29, 2020, www.rbth.com/history/332261-mmm-fraud-mavrodi.
- Turteltaub, Adam. *The Biggest Ponzi Schemes of the 20th and 21st Centuries*. Society of Corporate Compliance and Ethics and the Health Care Compliance Association's Compliance & Ethics Blog, December 11, 2019, www.complianceandethics.org/the-biggest-ponzi-schemes-ever.

第四章　贪得无厌：安然公司破产案

- CNN Editorial Research. *Enron Fast Facts*. CNN, www.edition.cnn.com/2013/07/02/us/enron-fast-facts/index.html.
- Cohn, Scott. *Former Enron CEO Wants Back into the Energy Business*. CNBC, March 23, 2019, www.cnbc.com/2019/03/23/former-enron-ceo-Jeffrey-skilling-wants-back-into-the-energy-business.html.
- *Enrons gigantischer Bilanzbetrug*. Capital, www.capital.de/wirtschaft-politik/western-von-gestern-der-bilanzbetrug-von-enron.
- Fischemann, Thomas and Thomas Kleine-Brackhof. *Der Totalausfall*. Die Zeit, February 7, 2002, www.zeit.de/2002/07/200207_enron_haupttext_xml.
- McLean, Bethany and Peter Elkind. *The Smartest Guys in the Room: The Amazing Rise and Scandalous Fall of Enron*. Portfolio, 2003.
- Segal, Troy. *Enron Scandal: the Fall of a Wall Street Darling*. Investopedia, www.investopedia.com/updates/enron-scandal-summary, updated May 29, 2019.
- Streitfield, David and Lee Romney. *Enron's Run Tripped by Arrogance, Greed*. Los Angeles Times, January 27, 2002, www.latimes.com/archives/la-xpm-2002-jan-27-mn-25002-story.html.
- Weare, Christopher. *The California Electricity Crisis: Causes and Policy Options*. Public Policy Institute of California, 2003. Wikipedia, s.v. "Enron Scandal," last modifed April 18, 2020, https://en.wikipedia.org/wiki/Enron_scandal.

第五章　魔鬼交易员：奇人、高手还是罪犯

- Ball, Deborah and Dana Cimilluca. *UBS Equities Chiefs Resign in Wake of Scandal*. Wall Street Journal, October 6, 2011, www.wsj.com/articles/SB10001424052970203476804576613022086838188?mod=djemalertNEWS.
- BBC News. *How Leeson Broke the Bank*. BBC Online, June 22, 1999, http://news.bbc.co.uk/2/hi/business/375259.stm.
- BBC News. *Rogue Trader Jérôme Kerviel Leaves French Jail*. BBC News, September 8, 2014, www.bbc.com/news/world-europe-29106135.
- Clark, Nicola and David Jolly. *Fraud Costs Bank $7.1 Billion*. New York Times, January 25, 2008, www.nytimes.com/2008/01/25/business/worldbusiness/25bank-web.html.
- Iskyan, Kim. *Here's the Story of How a Guy Making $66,000 a Year Lost $7.2 Billion for One of Europe's Biggest Banks*. Business Insider, May 8, 2016, www.businessinsider.com/how-jerome-kerviel-lost-72-billion-2016-5?r=US&IR=T.
- Iskyan, Kim. *Here's the Story of How a Rogue Copper Trader Lost $1.2 Billion for the Chinese Government*. Business Insider, May 16, 2016, www.businessinsider.com/rogue-copper-trader-lost-12-billion-for-chinese-government-2016-5?r=US&IR=T.
- Leeson, Nick. *Rogue Trader*. Little, Brown, 1996.
- *Nick Leeson Tells Former Boss: I'm Sorry*. The Telegraph, August 5, 2011, www.telegraph.co.uk/finance/newsbysector/banksandfinance/8684212/Nick-Leeson-tells-former-boss-Im-sorry.html.
- Olson, Parmy. *UBS "Rogue Trader" Told Facebook Friends "I Need a Miracle"*. Forbes, September 16, 2011, www.forbes.com/sites/parmyolson/2011/09/16/ubs-trader-told-facebook-friends-i-need-a-miracle/?sh=-41f396e679ae.
- RiskGlossary, s.v. *Nick Leeson and Barings Bank*. Last modifed March 12, 2005, www.riskglossary.com/articles/barings_debacle.htm (site inactive).
- Rodrigues, Jason. *Barings Collapse at 20: How Rogue Trader Nick Leeson Broke the Bank*. Guardian, February 24, 2015, www.theguardian.com/business/from-the-archive-blog/2015/feb/24/nick-leeson-barings-bank-1995-20-archive.
- Walker, Peter and Afua Hirsch. *How Kweku Adoboli's Gilded Life Came Crashing Down*. Guardian, November 20, 2012, www.theguardian.com/business/2012/nov/20/kweku-adoboli-gilded-life-star-trader-ghana.

第六章　拉斯维加斯：赌城风云

- Ball, Janet. *How a Team of Students Beat the Casinos*. BBC News, May 26, 2014, www.bbc.com/news/magazine-27519748.
- Beckett, Samantha. *The 5 Biggest Gamblers of All Time*. Casino.org, January 28, 2015, www.casino.org/blog/5-biggest-gamblers-time/.
- *Biography of Cynthia Jay Brennan: Megabucks Winner*. Gamblingsites.org, www.gamblingsites.org/biographies/cynthia-jay-brennan.
- Crowley, Michael. *The Whale That Nearly Drowned the Donald*. Politico, February 14, 2016, www.politico.com/magazine/story/2016/02/japanese-gambler-donald-trump-213635/.
- *How Much Money Slot Machine Makes?* Exposed, March 26, 2020, www.exposedmagazine.co.uk/features/how-much-money-slot-machine-makes.
- Keaton, Brooke and Archie Karas. *The Rise and Fall of the Ultimate High-Roller*. Casino.org, November 18, 2020, www.casino.org/blog/archie-karas-the-rise-and-fall-of-the-ultimate-high-roller/.
- Keremcan, *Story of the Japanese High Roller That Almost Kicked Casino Mogul Trump Out of Business*. Gambling Herald, August 25, 2016, www.gamblingherald.com/story-of-the-japanese-high-roller-that-almost-kicked-donald-trump-out-of-business/.
- Lu, Garry. *Kerry Packer Once Tipped MGM's staff $1 Million After a Big Night*. Boss Hunting, December 10, 2019, www.bosshunting.com.au/hustle/kerry-packer-tipped-mgm-staf-1-million/.
- Stackpole, Thomas. *We Asked a Founder of the MIT Blackjack Team How to Get Rich Beating Casinos*. Boston Magazine, June 21, 2019, www.bostonmagazine.com/arts-entertainment/2019/06/21/mit-blackjack-team/.
- Waters, Shawn. *9 of the Biggest Casino Heists in History*. Legitgambingsites.com, January 9, 2017, www.legitgamblingsites.com/blog/9-of-the-most-popular-casino-heists/.

第七章　巴西石油：南美最大贪腐案

- Amadeo, Kimberly. *Brazil's Economy and Its effect on the United States*. the Balance, December 14, 2020, www.thebalance.com/brazil-s-economy-3306343.
- *Brazil Meat-packing Giant JBS to Pay Record $3.2bn Corruption Fine*. BBC News, May 31, 2017, www.bbc.com/news/world-latin-america-40109232.

- Brito, Ricardo. *Brazil "Car Wash" Corruption Probe Facing "Worst Moment" as Establishment ights Back*. Reuters, September 4, 2019, www.reuters.com/article/us-brazil-corruption-analysis-idUSKCN1VP2SR.
- Fonseca, Pedro. *Former Odebrecht CEO Sentenced in Brazil Kickback Case*. Reuters, March 8, 2016, https://de.reuters.com/article/us-brazil-corruption-odebrecht-idUSKCN0WA1X8.
- Netto, Vladimir. *the Mechanism: A Crime Network So Deep It Brought Down a Nation*. Ebury Press, 2019.
- Sotero, Paulo. *Petrobras Scandal: Brazilian Political Corruption Scandal*. Britannica, April 10, 2018, www.britannica.com/event/Petrobras-scandal.
- *Switzerland Hands CHF365m Petrobras-Odebrecht Assets to Brazil*. Swissinfo, April 9, 2019, www.swissinfo.ch/eng/illicit-funds_switzerland-hands-chf365m-petrobras-odebrecht-assets-to-brazil/44884118.
- Wasley, Andrew and Alexandra Heal, Lucy Michaels, Dom Phillips, André Campos. *JBS: the Brazilian Butchers Who Took Over the World*. the Bureau of Investigative Journalism, July 2, 2019, www.thebureauinvestigates.com/stories/2019-07-02/jbs-brazilian-butchers-took-over-the-world.
- Watts, Jonathan. *Operation Car Wash: Is This the Biggest Corruption Scandal in History?* Guardian, June 1, 2017, www.theguardian.com/world/2017/jun/01/brazil-operation-car-wash-is-this-the-biggest-corruption-scandal-in-history.

第八章　追逐"独角兽"：一滴血的骗局

- Abelson, Reed and Katie Thomas. *Caught in the Teranos Wreckage: Betsy DeVos, Rupert Murdoch and Walmart's Waltons*. New York Times, May 4, 2018, www.nytimes.com/2018/05/04/health/theranos-investors-murdoch-devos-walmart.html.
- Bilton, Nick. *"She Absolutely Has Sociopathic Tendencies": Elizabeth Holmes, Somehow, Is Trying to Start a New Company!* Vanity Fair, June 8, 2018, www.vanityfair.com/news/2018/06/elizabeth-holmes-is-trying-to-start-a-new-company.
- Carreyrou, John. *Bad Blood: Secrets and Lies in a Silicon Valley Startup*. Vintage, 2020.
- Carreyrou, John. *Hot Startup Teranos Has Struggled with Its Blood-Test Technology*. Wall Street Journal, October 16, 2015, www.wsj.com/articles/theranos-has-struggled-with-blood.
- Carreyrou, John. *Teranos Whistleblower Shook the Company—and His*

Family. Wall Street Journal, November 18, 2016, www.wsj.com/articles/theranos-whistleblower-shook-the-companyand-his-family-1479335963.
- Leskin, Paige. *Teranos Founder Elizabeth Holmes Has Reportedly Gotten Married in a Secret Wedding*. Business Insider, June 17, 2019, www.businessinsider.com/elizabeth-holmes-theranos-everything-about-fance-william-billy-evans-2019-3?r=US&IR=T.
- McKenna, Francine. *The Last Days of Teranos—the Financials Were as Overhyped as the Blood Tests*. MarketWatch, October 20, 2018, www.marketwatch.com/story/the-last-days-of-theranos-the-financials-were-as-overhyped-as-the-blood-tests-2018-10-16.
- Pfanzer, Lydia Ramsey. *The Rise and Fall of Teranos, the Blood-testing Startup That Went from Silicon Valley Darling to Facing Fraud Charges*. Business Insider, April 11, 2019, www.businessinsider.com/the-history-of-silicon-valley-unicorn-theranos-and-ceo-elizabeth-holmes-2018-5?r=US&IR=T.
- Shelly, Jared. *An Entire Industry Was Duped by a Well-Spoken, Well-Dressed Silicon-Valley Tycoon; Here's Why It'll Happen Again*. Risk & Insurance, December 5, 2018, https://riskandinsurance.com/an-entire-industry-was-duped-by-a-well-spoken-well-dressed-silicon-valley-tycoon-heres-why-itll-happen-again/.
- Stockton, Nick. *Everything You Need to Know About the Teranos Saga So Far*. Wired, May 4, 2016, www.wired.com/2016/05/everything-need-know-theranos-saga-far/."The Complete List of Unicorn Companies." CBInsights, January 2021, www.cbinsights.com/research-unicorn-companies.
- Tugend, Alina. *"It Kept Failing": Whistleblower Erika Cheung on Working at Teranos*. California, March 16, 2019, https://alumni.berkeley.edu/california-magazine/just-in/2019-03-16/whistleblower-erika-cheung-on-working-at-theranos (inactive link).

第九章　无价之宝：史上最大名画失窃案

- ABC News. *$30 Million Art Heist at Stockholm Museum*. ABC News, January 6, 2006, https://abcnews.go.com/International/story?id=81873&page=1.
- *Art Sleuth Finds Matisse 25 Years after Swedish Heist*. Reuters, January 7, 2013, https://uk.reuters.com/article/uk-crime-art-matisse-idUKBRE9060EP20130107.
- Associated Press. *Picasso, Braque Paintings Stolen from Sweden's Museum*

扩展阅读 | 241

of Modern Art. APNews, November 8, 1993, https://apnews.com/article/c74e485b27efd18c940cb23b19a258da.
- Boser, Ulrich. *The Gardner Heist: the True Story of the World's Largest Unsolved Art Teft*. Harper, 2010.
- Chen, Frederick and Rebecca Regan. *Why Are There So Many Art Tefts, and What Can Be Done about Tem?* EconomistsTalkArt.org, May 31, 2016, https://economistsalkart.org/2016/05/31/why-are-there-so-many-art-thefts-and-what-can-be-done-about-them/.
- Hoobler, Dorothy and Thomas Hoobler. *Stealing Mona Lisa*. Vanity Fair, May 2009, www.vanityfair.com/culture/2009/05/mona-lisa-excerpt200905.
- Klein, Christopher. *The Real-Life Story Behind "The Monuments Men"*. History.com, May 13, 2014, www.history.com/news/the-real-life-story-behind-the-monuments-men (inactive link).
- Mahony, Edmund. *Convicted Gangster Robert Gentile, Who May Know Details of Gardner Art Museum Heist, Will Be Released from Prison*. Hartford Courant, March 11, 2019, www.courant.com/news/connecticut/hc-news-gentile-prison-release-gardner-art-heist-20190311-gnwbwl24h-5feredc5jdk4od5oy-story.html.
- Mayyasi, Alex. *How Do You Make Money Of Stolen Art?* Priceonomics, November 21, 2013, in: https://priceonomics.com/how-do-you-make-money-of-stolen-art/.
- Silverman, Leah. *Inside the Bafing, Unsolved Case of the Isabella Stewart Gardner Museum Heist*. All That's Interesting, March 26, 2019, https://allthatsinteresting.com/isabella-stewart-gardner-museum-heist.
- Suddath, Claire. *The Case of the Empty Frames Remains Art World's Biggest Mystery*. Bloomberg, June 30, 2020, www.bloomberg.com/news/features/2020-06-30/gardner-museum-theft-remains-art-world-s-biggest-mystery.
- Torpe, Vanessa. *The Gangster Vanishes: Twist in Hunt for World's Largest Haul of Stolen Art*. Guardian, October 11, 2020, www.theguardian.com/artanddesign/2020/oct/11/the-gangster-vanishes-twist-in-hunt-for-worlds-largest-haul-of-stolen-art.
- Wittman, Robert K. and John Shifman. *Priceless: How I Went Undercover to Rescue the World's Stolen Treasures*. Crown, 2011.

第十章　华尔街之魂：戈登·盖柯和乔丹·贝尔福特

- Bajaj, Vikas and Michael M. Grynbaum. *For Stocks, Worst Single-Day*

- *Drop in Two Decades.* New York Times, September 29, 2008, www.nytimes.com/2008/09/30/business/30markets.html.
- Belfort, Jordan. *the Wolf of Wall Street: How Money Destroyed a Wall Street Superman*. Bantam Books, 2013.
- Kelly, Kate. *Street Fighters: the Last 72 Hours of Bear Stearns, the Toughest Firm on Wall Street*. Portfolio, 2009.
- Parker, Garrett. *The 20 Richest Investment Bankers in the World*. Money, Inc., March 2018, https://moneyinc.com/20-richest-investment-bankers-world/.
- Ribeiro, Ana Gonzalez. *Financial Villains: Where Are They Now?* Investopedia, June 8, 2021, www.investopedia.com/financial-edge/0310/financial-villains-where-are-they-now.aspx.
- Singh, Manoj. *The 2007–2008 Financial Crisis in Review*. Investopedia, November 27, 2021, www.investopedia.com/articles/economics/09/financial-crisis-review.asp.
- Stiglitz, Joseph. *The Roaring Nineties*. the Atlantic, October 2002, www.theatlantic.com/magazine/archive/2002/10/the-roaring-nineties/302604/.
- Wealthy Gorilla Staf. *Jordan Belfort Net Worth*. Wealthy Gorilla, https://wealthygorilla.com/jordan-belfort-net-worth/.

第十一章　国家腐败：一马发展基金丑闻

- Adam, Shamim and Laurence Arnold and Yudith Ho. *How Malaysia's 1MDB Scandal Shook the Financial World*. Washington Post, July 28, 2020, www.washingtonpost.com/business/energy/how-malaysias-1MDB-scandal-shook-the-financial-world/2020/07/28/dade64d6-d094-11ea-826b-cc394d824e35_story.html.
- Burroughs, Callum and Yusuf Khan. *The Bizarre Story of 1MDB, the Goldman Sachs-backed Malaysian Fund that Turned into one of the Biggest Scandals in Financial History*. Business Insider, August 9, 2019, www.businessinsider.com/1MDB-timeline-the-goldman-sachs-backed-malaysian-wealth-fund-2018-12?r=US&IR=T.
- Ellis-Petersen, Hannah. *1MDB Scandal Explained: A Tale of Malaysia's Missing Billions*. Guardian, July 28, 2020, https://www.theguardian.com/world/2018/oct/25/1MDB-scandal-explained-a-tale-of-malaysias-missing-billions.
- Goldstein, Matthew. *Goldman Sachs Is Said to Admit Mistakes in 1MDB Scandal*. New York Times, October 20, 2020, www.nytimes.

com/2020/10/20/business/goldman-sachs-1MDB-malaysia.html.
- Harris, Elizabeth and Alexandra Stevenson. *A Yacht, a Monet, a See-Through Piano: the U.S. Collects on a Fugitive's Shopping Spree*. New York Times, December 9, 2018, www.nytimes.com/2018/12/09/arts/jho-low-1MDB-assets-piano.html.
- Helmore, Edward. *Ex-Goldman Banker Roger Ng Found Guilty in Billion-dollar 1MDB Scandal*. Guardian, April 8, 2022, www.theguardian.com/world/2022/apr/08/roger-ng-1MDB-scandal-fraud-found-guilty.
- Hope, Bradley and Tom Wright. *Billion-Dollar Whale: the Man Who Fooled Wall Street, Hollywood, and the World*. Hachette Books, 2019.
- Latif, Rozanna. *Understanding Goldman Sachs' Role in Malaysia's 1MDB Mega Scandal*. Reuters, October 22, 2020, www.reuters.com/article/us-goldman-sachs-1MDB-settlement-explain-idUSKBN2772HC.
- Ratclife, Rebecca. *1MDB Scandal: Najib Razak Handed 12-year Jail Sentence*. Guardian, July 28, 2020, www.theguardian.com/world/2020/jul/28/1MDB-scandal-najib-razak-verdict-malaysia.
- *Timeline: How Malaysia's 1MDB Financial Scandal Unfolded*. Al Jazeera, July 28, 2020, www.aljazeera.com/news/2020/7/28/timeline-how-malaysias-1MDB-financial-scandal-unfolded.
- Wright, Tom and Bradley Hope. *The Billion-Dollar Mystery Man and the Wildest Party Vegas Ever Saw*. Wall Street Journal, www.wsj.com/articles/the-billion-dollar-mystery-man-and-the-wildest-party-vegas-ever-saw-1536984061.

第十二章　肮脏的财富：爱泼斯坦与"萝莉岛"

- Aguirre, Holly. *"The Girls Were Just So Young": the Horrors of Jeffrey Epstein's Private Island*. Vanity Fair, July 20, 2019, www.vanityfair.com/news/2019/07/horrors-of-Jeffrey-epstein-private-island.
- Baker, Mike and Amy Julia Harris. *Jeffrey Epstein Taught at Dalton. His Behavior Was Noticed*. New York Times, July 12, 2019, https://www.nytimes.com/2019/07/12/nyregion/Jeffrey-epstein-dalton-teacher.
- Choiniere, Alyssa. *Who Killed Jeffrey Epstein: the Theories on His Death*. Heavy.com, July 10, 2020, https://heavy.com/entertainment/2020/05/who-killed-Jeffrey-epstein-theories-death/.
- Fitzpatrick, Sarah and Rich Schapiro. *Ex-Florida Police Chief: Epstein Case "the Worst Failure of the Criminal Justice System" in Modern Times*. NBC News, September 21, 2019, www.nbcnews.com/news/us-news/ex-fori-

da-police-chief-epstein-case-worst-failure-criminal-justice-n1057226.
- Gasparino, Charlie and Lydia Moynihan. *The Woes of Jeffrey Epstein: How He Maintained Wall Street Connections while Downplaying Child Sex Accusations*. FoxBusiness, August 10, 2019, www.foxbusiness.com/features/Jeffrey-epstein-wall-street-connections-child-sex-trafficking.
- Hallemann, Caroline. *What We Do and Don't Know About Jeffrey Epstein*. Town & Country, July 2, 2020, https://www.townandcountrymag.com/society/money-and-power/a28352055/Jeffrey-epstein-criminal-case-facts.
- Henley, Jon and Angelique Chrisafs. *French Police Search Jeffrey Epstein's Paris Apartment*. Guardian, September 24, 2019, www.theguardian.com/us-news/2019/sep/24/french-police-search-Jeffrey-epstein-paris-apartment.
- Jack, Simon. *Barclays Boss Jes Staley in Shock Exit Angry at Epstein Probe*. BBC News, November 2, 2021, www.bbc.com/news/business-59117084.
- Levenson, Eric. *A Timeline of What Jeffrey Epstein and His Prison Guards Did in His Final Hours*. CNN, November 19, 2019, https://edition.cnn.com/2019/11/19/us/Jeffrey-epstein-death-timeline/index.html.
- MacBeth, Carmen. *Jeffrey Epstein's Island: Everything to Know about "Orgy Island"*. Film Daily, August 25, 2020, https://filmdaily.co/obsessions/Jeffrey-epstein-island-facts/.
- Metcalf, Tom and Caleb Melby and Sophie Alexander. *The Mystery Around Jeffrey Epstein's Fortune and How He Made It*. Time, July 9, 2019, https://time.com/5622565/Jeffrey-epsteins-fortune/.
- Midkif, Sarah. *Two Sisters Tried to Expose Jeffrey Epstein Over 20 Years Ago—But No One Listened*. Refinery29, June 30, 2020, www.refinery29.com/en-us/2020/05/9835505/who-are-farmer-sisters-from-Jeffrey-epstein-netfix-docuseries.
- Patterson, James. *Filthy Rich: the Shocking True Story of Jeffrey Epstein—The Billionaire's Sex Scandal*. Grand Central Publishing, 2017.
- Savin, Jennifer. *How Did Jeffrey Epstein Make His Money and Get So Rich?* Cosmopolitan, June 11, 2020, www.cosmopolitan.com/uk/reports/a32824007/Jeffrey-epstein-wealth.
- *Shrieking Heard from Jeffrey Epstein's Jail Cell the Morning He Died*. CBS News, August 13, 2019, www.cbsnews.com/news/Jeffrey-epstein-death-shrieking-heard-jail-cell-morning-he-died-metropolitan-correctional-center.
- Thomas, Landon. *Jeffrey Epstein: International Moneyman of Mystery*. New York, October 28, 2002, https://nymag.com/nymetro/news/people/

n_7912/.
- Voytko, Lisette. *Jeffrey Epstein's Dark Façade Finally Cracks*. Forbes, July 12, 2019, www.forbes.com/sites/lisettevoytko/2019/07/12/Jeffrey-epsteins-dark-faade-finally-cracks/ ?sh=4031130529cf.
- Ward, Vicky. *The Talented Mr. Epstein*. Vanity Fair, June 27, 2011, www.vanityfair.com/news/2003/03/Jeffrey-epstein-200303.

第十三章　弗莱音乐节：眼高手低的富二代

- Abrams, Margaret. *What Is Fyre Festival? Guests Who Got Scammed by Billy McFarland Tell Their Horrifying Stories*. Evening Standard, April 9, 2019, www.standard.co.uk/insider/celebrity/fyre-festival-what-happened-a4039896.html.
- Burrough, Bryan. *Fyre Festival: Anatomy of a Millennial Marketing Fiasco Waiting to Happen*. Vanity Fair, June 29, 2017, www.vanityfair.com/news/2017/06/fyre-festival-billy-mcfarland-millennial-marketing-fasco.
- Haylock, Zoe. *6 Billy McFarland Stories That Should've Tipped Everyone Of About Fyre Fest*. Vulture, January 30, 2019, www.vulture.com/2019/01/billy-mcfarland-magnesis-fyre-fest-scams.html.
- Huddleston, Tom. *Fyre Festival: How a 25-year-old Scammed Investors Out of $26 Million*. CNBC, August 18, 2019, www.cnbc.com/2019/08/18/how-fyre-festivals-organizer-scammed-investors-out-of-26-million.html.
- Minutaglio, Rose. *How Carola Jain, a Well-connected New York Investor, Got Duped into Funding the Fyre Festival*. Town & Country, January 26, 2019, www.townandcountrymag.com/ society/money-and-power/a26009895/carola-jain-fyre-festival-billy-mcfarland/.
- Mosendz, Polly and Kim Bhasin. *Comcast Rejected Funding Days Before Doomed Fyre Festival*. Bloomberg, May 4, 2017, www.bloomberg.com/news/articles/2017-05-04/comcast-rejected-funding-days-before-fyre-festival.
- Ohlheiser, Abby. *The Complete Disaster of Fyre Festival Played Out on Social Media for All to See*. Washington Post, April 28, 2017, www.washingtonpost.com/news/the-intersect/wp/2017/04/28/the-complete-and-utter-disaster-that-was-fyre-festival-played-out-on-social-media-for-all-to-see/.
- Sternlicht, Alexandra. *Fyre-Proof: the Sudden Fall and Swift Reemergence of FuckJerry's Elliot Tebele*. Forbes, October 24, 2019, www.forbes.com/sites/alexandrasternlicht/2019/10/24/fyre-proof-the-sudden-fall-and-swift-re-emergence-of-fckjerrys-elliot-tebele/?sh=3a5df66964e8.

- Steffy, Loren. *Out of Gas: Will the Shocking Fall of Late Fracking Billionaire Aubrey McClendon Take Down a Chunk of the Houston Energy Sector?* Texas Monthly, July 2016, www.texasmonthly.com/articles/the-fall-of-aubrey-mcclendon/.
- "*The Fyre Festival.*" American Greed, CNBC, August 19, 2019.

第十四章　币圈骗局：加密货币与比特币

- Alford, Tom. *BitConnect Scam: The $2.6 BN Ponzi Scheme.* Total Crypto, March 5, 2020, https://totalcrypto.io/bitconnect-scam/ (inactive).
- Bartlett, Jamie. *The £4bn OneCoin Scam: How Crypto-queen Dr. Ruja Ignatova Duped Ordinary People Out of Billions—Ten Went Missing.* The Times, December 15, 2019, www.thetimes.co.uk/article/the-4bn-onecoin-scam-how-crypto-queen-dr-ruja-ignatova-duped-ordinary-people-out-of-billions-then-went-missing-trqpr52pq.
- *BitConnect—Anatomy of a Scam.* Hackernoon, January 25th, 2018, https://hackernoon.com/bitconnect-anatomy-of-a-scam-61e9a395f9ed.
- Dolmetsch, Chris. *Scammer Crypto Kid, Who Defrauded Over 100 Investors with His Ponzi Scheme, Lived a Luxurious Life in a $23K per Month Condo.* Economic Times, February 19, 2021, https://economictimes.indiatimes.com/magazines/panache/crypto-kid-who-defrauded-over-100-investors-with-his-ponzi-scheme-lived-a-luxurious-life-in-a-23k-per-month-condo/articleshow/81046707.cms?from=mdr.
- Grobys, Klaus. *Did You Fall for It? 13 ICO Scams That Fooled Thousands.* Cointelegraph, December 6, 2020, https://cointelegraph.com/news/did-you-fall-for-it-13-ico-scams-that-fooled-thousands.
- Hackett, Robert. *Police Nab Alleged Boss Behind Bitcoin Pyramid Scheme BitConnect.* Fortune, August 21, 2018, https://fortune.com/2018/08/20/bitcoin-scam-bitconnect-arrest/.
- *How BitConnect Pulled the Biggest Exit Scheme in Cryptocurrency.* Hardfork, January 17, 2018, https://thenextweb.com/hardfork/2018/01/17/bitconnect-bitcoin-scam-cryptocurrency/.
- Jacobs, Sam. *Controversial Digital Coin Exchange BitConnect Has Imploded in the Crypto Blood Bath.* Business Insider, January 17, 2018, www.businessinsider.com/bitconnect-to-shut-down-2018-1?r=US&IR=T.
- Leising, Matthew. *"Trillion Dollar" Mt. Gox Demise as Told by a Bitcoin Insider, 31.* Bloomberg, January 31, 2021, www.bloomberg.com/news/articles/2021-01-31/-trillion-dollar-mt-gox-demise-as-told-by-a–bitcoin-insid-

er.
- Liebkind, Joe. *Beware of These Top Bitcoin Scams.* Investopedia, September 24, 2020, www.investopedia.com/articles/forex/042315/beware-these-five-bitcoin-scams.asp.
- Marson, James. *OneCoin Took in Billions. Ten Its Leader Vanished.* Wall Street Journal, August 27, 2020, www.wsj.com/articles/onecoin-took-in-billions-then-its-leader-vanished-11598520601.
- McMillan, Robert. *The Inside Story of Mt. Gox, Bitcoin's $460 Million Disaster.* Wired, March 3, 2014, www.wired.com/2014/03/bitcoin-exchange/.
- Morris, David Z. *Is OneCoin the Biggest Financial Fraud in History?* Fortune, November 6, 2019, https://fortune.com/2019/11/06/is-onecoin-the-biggest-financial-fraud-in-history/.
- Moskvitch, Katia. *Inside the Bluster and Lies of Petro, Venezuela's Cryptocurrency Scam.* Wired, August 22, 2018, www.wired.co.uk/article/venezuela-petro-cryptocurrency-bolivar-scam.
- *OneCoin: the Biggest On-going Cryptocurrency Scam Ever.* Trading Education, March 13, 2021, https://trading-education.com/onecoin-the-biggest-on-going-cryptocurrency-scam-ever.
- Patni, Shubh. *Crypto Scam Worth $15 Billion, Shook the Whole Industry. How a Ph.D. Fooled the Entire World.* Level Up Coding, July 16, 2020, https://levelup.gitconnected.com/biggest-crypto-scam-in-history-worth-15-billion-381e97cf2c0f.
- Scheck, Justin and Bradley Hope. *The Man Who Solved Bitcoin's Most Notorious Heist.* Wall Street Journal, August 10, 2018, www.wsj.com/articles/the-man-who-solved-bitcoins-most-notorious-heist-1533917805.

后记

- Chand, R. *Offshore Financial Services—Time for a New Strategy?* Mauritius Times, March 22, 2012, www.mauritiustimes.com/mt/r-chand-6/.
- Ingram, David and Jason Abbruzzese. *Hackers Steal More than $600 Million from Maker of Axie Infnity.* NBC News, March 29, 2022, www.nbcnews.com/tech/tech-news/hackers-steal-600-million-maker-axie-infnity-rcna22031.
- Tan, Gillian and Steven Arons, *Deutsche Bank Fired Senior Bankers Over Strip Club Bill.* Bloomberg, March 25, 2022, www.bloomberg.com/news/articles/2022-03-25/deutsche-bank-fired-senior-bankers-over-expensed-strip-club-bill.

书籍和电影推荐

电影、电视剧推荐

片名	年份	内容
《华尔街》	1987	华尔街
《抢钱大作战》	2000	华尔街
《华尔街：金钱永不眠》	2010	华尔街
《商海通牒》	2011	华尔街
《华尔街之狼》	2013	华尔街
《大空头》	2015	华尔街
《亿万》（共七季）	2016	华尔街
《危机解密》	2013	朱利安·阿桑奇
《斯诺登》	2016	爱德华·斯诺登
《MMM金字塔骗局》	2011	俄罗斯MMM骗局
《魔鬼营业员》	1999	尼克·李森
《局外人》	2016	杰罗姆·科维尔
《欺诈圣手》	2017	伯尼·麦道夫
《十一罗汉》（翻拍版）	2001	拉斯维加斯
《决胜21点》	2008	拉斯维加斯
《龙凤斗智》（翻拍版）	1999	艺术品盗窃案
《偷天陷阱》	1999	艺术品盗窃案
《盟军夺宝队》	2014	艺术品盗窃案

纪录片

片名	年份	内容
《倒塌的大厦》	2003	安然破产案
《安然：房间里最聪明的人》	2005	安然破产案
《窃权者》	2018	一马发展基金
《黑金高墙》（共两季）	2018	巴西洗车行动
《地表最烂：弗莱豪华音乐节》	2019	弗莱音乐节
《杰弗里·爱泼斯坦：肮脏的财富》	2020	杰弗里·爱泼斯坦
《加密女王：维卡币大骗局》（BBC播客）	2022	加密货币
《Tinder诈骗王》	2022	诈骗

书籍

作者	书名	年份	内容
迈克尔·刘易斯（Michael Lewis）	《说谎者的扑克牌：华尔街的投资游戏》（Liar's Poker: Rising Through the Wreckage on Wall Street）	1989	华尔街
詹姆斯·B. 斯图尔特（James Stewart）	《贼巢：美国金融史上最大内幕交易网的猖狂和覆灭》（Den of Thieves）	1991	华尔街
尼克·李森（Nick Leeson）	《魔鬼营业员》（Rogue Trader）	1996	魔鬼交易员
本·梅兹里奇（Ben Mezrich）	《攻陷拉斯维加斯：六个麻省理工高才生如何玩转21点》（Bringing Down the House: The Inside Story of Six MIT Students Who Took Vegas for Millions）	2002	拉斯维加斯

作者	书名	年份	主题
贝瑟尼·麦克莱恩 (Bethany McLean), 彼得·埃尔金德 (Peter Elkind)	《房间里最精明的人：安然破产案始末》(The Smartest Guys in the Room: The Amazing Rise and Scandalous Fall of Enron)	2004	安然破产案
约瑟夫·斯蒂格利茨 (Joseph Stiglitz)	《喧嚣的九十年代》(The Roaring Nineties: A New History of the World's Most Prosperous Decade)	2004	华尔街
布赖恩·伯勒 (Bryan Burrough), 约翰·希利亚尔 (John Helyar)	《门口的野蛮人：史上最强悍的资本收购》(Barbarians at the Gate: The Fall of RJR Nabisco)	2007	华尔街
乔丹·贝尔福特 (Jordan Belfort)	《华尔街之狼》(The Wolf of Wall Street: How Money Destroyed a Wall Street Superman)	2008	华尔街
凯特·凯利 (Kate Kelly)	《华尔街斗士：贝尔斯登的最后72小时》(Street Fighters: The Last 72 Hours of Bear Stearns, the Toughest Firm on Wall Street)	2009	华尔街
乌利希·博泽 Ulrich Boser	《加德纳博物馆失窃案：世界头号艺术品盗窃悬案真相》(The Gardner Heist: The True Story of the World's Largest Unsolved Art Theft)	2009	艺术品盗窃案
戴维·霍夫曼 (David E. Hofman)	《寡头：新俄罗斯的财富与权力》(The Oligarchs: Wealth and Power in the New Russia)	2011	俄罗斯
杰罗姆·科维尔 (Jérôme Kerviel)	《齿轮》(L'Engrenage)	2011	魔鬼交易员

作者	书名	年份	主题
迈克尔·刘易斯（Michael Lewis）	《大空头》（The Big Short: Inside the Doomsday Machine）	2011	华尔街
罗伯特·K. 惠特曼（Robert Wittman），约翰·席福曼（John Shifman）	《追缉国家宝藏：FBI 艺术犯罪组首席卧底探员破案实录》（Priceless: How I Went Undercover to Rescue the World's Stolen Treasures）	2011	艺术品盗窃案
丹尼尔·卡尼曼（Daniel Kahneman）	《思考，快与慢》（Thinking, Fast and Slow）	2012	经济学
迈克尔·刘易斯（Michael Lewis）	《将世界甩在身后》（The New New Thing: A Silicon Valley Story）	2014	硅谷
巴斯丁·奥博迈尔（Bastian Obermayer），弗雷迪瑞克·欧巴麦尔（Frederik Obermaier）	《巴拿马文件：揭露富人和权贵如何隐藏他们的财富》（The Panama Papers: Breaking the Story of How the Rich and Powerful Hide Their Money）	2016	潘多拉文件、天堂文件、巴拿马文件
理查德·塞勒（Richard Thaler）	《"错误"的行为：行为经济学的形成》（Misbehaving: The Making of Behavioral Economics）	2016	经济学
罗伯特·J. 希勒（Robert Shiller）	《非理性繁荣》（Irrational Exuberance, Revised and Expanded Third Edition）	2016	华尔街
戴安娜·亨里克斯（Diana Henriques）	《欺诈圣手：伯尼·麦道夫与信任之死》（The Wizard of Lies: Bernie Madoff and the Death of Trust）	2017	伯尼·麦道夫
爱德华·索普（Edward Thorp）	《战胜一切市场的人：从拉斯维加斯到华尔街》（A Man for All Markets: From Las Vegas to Wall Street, How I Beat the Dealer and the Market）	2017	拉斯维加斯

作者	书名	年份	相关事件
杰克·伯恩斯坦 (Jake Bernstein)	《隐秘的世界：巴拿马文件揭秘非法金钱网络与全球精英内幕》(Secrecy World: Inside the Panama Papers Investigation of Illicit Money Networks and the Global Elite)	2017	潘多拉文件、天堂文件、巴拿马文件
詹姆斯·帕特森 (James Patterson)	《肮脏的财富：亿万富翁杰弗里·爱泼斯坦性丑闻的惊人真相》(Filthy Rich: The Shocking True Story of Jeffrey Epstein— The Billionaire's Sex Scandal)	2017	杰弗里·爱泼斯坦
布拉德利·霍普 (Bradley Hope)、 汤姆·赖特 (Tom Wright)	《鲸吞亿万：一个大马年轻人，行骗华尔街与好莱坞的真实故事》(Billion Dollar Whale: The Man Who Fooled Wall Street, Hollywood, and the World)	2019	一马发展基金
弗拉基米尔·内托 (Vladimir Netto)	《机制：一个足以摧毁国家的犯罪网络》(The Mechanism: A Crime Network So Deep It Brought Down a Nation)	2019	巴西洗车行动
杰夫·约翰·罗伯茨 (Jeff John Roberts)	《加密之王：币基的崛起、危机与加密经济的未来》(Kings of Crypto: One Startup's Quest to Take Cryptocurrency Out of Silicon Valley and Onto Wall Street)	2020	加密货币
约翰·卡雷鲁 (John Carreyrou)	《坏血：一个硅谷巨头的秘密与谎言》(Bad Blood: Secrets and Lies in a Silicon Valley Startup)	2020	西拉诺斯血检公司/硅谷"独角兽"

丹尼尔·卡尼曼（Daniel Kahneman）	《噪声：人类判断的缺陷》（Noise: A Flaw in Human Judgment）	2021	经济学
朱莉·K.布朗（Julie K. Brown）	《正义的沦丧：杰弗里·爱波斯坦事件》（Perversion of Justice: The Jeffrey Epstein Story）	2021	杰弗里·爱波斯坦
理查德·塞勒（Richard Thaler）	《助推（终极版）》（Nudge: The Final Edition）	2021	经济学
奥利弗·布洛夫（Oliver Bullough）	《世界的管家：英国如何为全球最恶之人保驾护航》（Butler to the World: How Britain Helps the World's Worst People Launder Money, Commit Crimes, and Get Away with Anything）	2022	潘多拉文件、天堂文件、巴拿马文件
杰米·巴特利特（Jamie Bartlett）	《失踪的加密货币大王》（The Missing Cryptoqueen）	2022	加密货币
托斯滕·丹宁（Torsten Dennin）	《商品投机400年：从郁金香到比特币》（From Tulips to Bitcoins）	2019	应用经济学

后记

别人贪婪时我恐惧，别人恐惧时我贪婪！

——沃伦·巴菲特

2022年，我在毛里求斯的首都路易港和家人度假时，惊讶地发现这里竟注册了超过2万家离岸机构。当然，我指的是那些全球运营，但在此设有至少一家子公司或信托的企业及个人。对富人来说，这应是个警示，但全球精英们选择忽视，他们希望世界继续沉睡，等待问题自行解决。

2020年，德国上市企业维卡发生欺诈与破产丑闻，其审计公司安永也牵涉其中。这再次证明，类似近20年前安然和世通公司的大型企业欺诈行为，并未因新法规的出台而消失。

的确，至今这种欺诈行为依旧时有发生。2008年金融危机后，银行的监管确实加强了不少。华尔街作为金融界的风向标，推崇风险与收益并重的文化，对员工长时间的努力工作也给予了丰厚回报。但值得注意的是，并非所有员工在工作时间都是在辛苦劳作，比如最近纽约德意志银行就有团队因为将脱衣舞俱乐部的万元账单列为"公务"开销而被解雇！

如果戈登·盖柯泉下有知，也一定会怒不可遏。银行业，早就不是当年的样子了。

如今，欺诈行为又转移至监管较松的领域，比如金融科技与加密货币。举例而言，2022年3月末，黑客从非同质化代币（NFT）游戏平台阿蟹（Axie Infinity）上盗取了价值逾6亿美元的加密货币。而此事迅速成为云游戏领域的最大损失案例。

《贪婪的游戏》一书列举了20世纪以来全球的各种重要骗局，从华尔街、硅谷到赌城拉斯维加斯，从盗窃名画到操控股市，从比特币到音乐节上的虚假宣传。物理学家及哲学家斯蒂芬·霍金曾在一场关于人类威胁的访谈中深刻指出："我们的贪婪和愚蠢并没有减少。"

纳斯达克前主席伯尼·麦道夫、魔鬼交易员尼克·李森与杰罗姆·科维尔、音乐节骗子比利·麦克法兰，当然还有华尔街传奇人物乔丹·贝尔福特，这些曾经名噪一时的名字终将随着岁月淡去。取而代之的，将是更新鲜、规模更大、手法更为巧妙的骗局，当然还有更为离谱的挥霍无度。而这一切的根源，依然是深植于人们心中的恐惧与贪婪。美国加密货币交易平台FTX及其创始人萨姆·班克曼-弗里德的陨落，便是最新例证。

油管、照片墙和抖音等社交平台上，充斥着关于AMC和游戏驿站等热门股票的推介。而诸如狗狗币（Dogecoin）和柴犬币（Shiba Inu）的网红代币本身一文不值，可是其价格却像过山车般反复经历着暴涨和暴跌。

如今，金字塔骗局、多级营销、欺诈性ICO等各种骗局仍是层出不穷，而全球各地的人们仍在不断落入陷阱，这着实令人惊讶。这些骗局的共同点在于：承诺在短期内可获得零风险的高额回报。贪婪与愚蠢交织在一起，担心错失赚钱机会，让我们丧失了理性思考能力。

相信恐惧与贪婪还将继续影响我们的生活与金融市场。但是否受其摆布，完全在于我们自己的选择。